21世纪普通高等院校系列规划教材

财务管理课程实训

Caiwu Guanli Kecheng Shixun

（第二版）

主　编　刘后平　　王丽英

西南财经大学出版社

21 世纪普通高等院校系列规划教材
编 委 会

总序

为推进中国高等教育事业可持续发展，经国务院批准，教育部、财政部启动实施了"高等学校本科教学质量与教学改革工程"（下面简称"质量工程"）。这是深入贯彻科学发展观，落实"把高等教育的工作重点放在提高质量上"的战略部署，在新时期实施的一项意义重大的本科教学改革举措。"质量工程"以提高高等学校本科教学质量为目标，以推进改革和实现优质资源共享为手段，按照"分类指导、鼓励特色、重在改革"的原则，加强课程建设，着力提升我国高等教育的质量和整体实力。为满足本科层次经济类、管理类教学改革与发展的需求，培养高素质有特色应用型创新型人才，迫切需要普通本科院校经管类教学部门开展深度合作，加强信息交流。值得庆幸的是，西南财经大学出版社给我们搭建了一个平台，协调组织召开了普通本科院校经管学院院长联席会议，就教学、科研、管理、师资队伍建设、人才培养等方面的问题进行了广泛而深入的研讨。

为了切实推进"质量工程"，第一次联席会议将"课程、教材建设与资源共享"作为讨论、落实的重点。与会人员对普通本科的教材内容建设问题进行了深入探讨，认为目前各高校使用的教材存在实用性和实践性不强、针对性不够等问题，需要编写一套高质量的普通本科教材，以促进课程体系和教学体系的合理构建，推动教学内容和教学方法的创新，形成具有鲜明特色的教学体系，以利于普通本科教育的可持续发展。通过充分的研讨和沟通，与会人员一致同意，共同打造切合教育改革潮流、深刻理解和把握普通本科教育内涵特征、贴近教学需求的高质量的21世纪普通高等院校系列规划教材。鉴于此，本编委会与西南财经大学出版社合作，组织了二十余所院校的教师共同编写本系列规划教材。

本系列规划教材编写的指导思想：在适度的基础知识与理论体系覆盖下，针对普通本科院校学生的特点，夯实基础，强化实训。编写时，一是注重教材的科学性和前沿性，二是注重教材的基础性，三是注重教材的实践性，力争使本系列教材做到"教师易教，学生乐学，技能实用"。

本系列规划教材以立体化、系列化和精品化为特色，包括教材、辅导读物、讲课课件、案例及实训等；同时，力争做到"基础课横向广覆盖，专业课纵向成系统"；力争把每本教材都打造成精品，让多数教材能成为省级精品课教材、部分教材成为国家级精品课教材。

为了编好本系列教材，在西南财经大学出版社的支持下，经过了多次磋商和讨论成立了由西南财经大学副校长、博士生导师丁任重教授任名誉主任，章道云教授任主任，王朝全教授、李成文教授、花海燕教授、赵鹏程教授、傅江景教授、蒋远胜教授任副主任，二十余所院校的专家教授任委员的编委会。

在编委会的组织、协调下，该系列教材由各院校具有丰富教学经验并有教授或副教授职称的教师担任主编，由各书主编拟订大纲，经编委会审核后再编写。同时，每一种教材均吸收多所院校的教师参加编写，以集众家之长。自 2008 年启动以来，经几年的打造，现在已出版了公共基础、工商管理、财务与会计、旅游管理、电子商务、国际商务、专业实训、金融、综合类九大系列 70 余种教材。该系列教材出版后，社会反响好，有 9 种获评四川省"十二五"规划教材，有多种成为省级精品课程教材。

下一步根据各院校的教学需要，还将做两件事：一是结合转变教学范式，按照理念先进（体现人才培养的宽口径、厚基础、重创新的现代教育理念）、特色鲜明（体现科学发展观要求的学科特色、人才质量水平和转变教学范式的最新成果）、理论前沿（体现学科行业新知识、新技术、新成果和新制度）、立体化建设（基于网络与信息技术支持，形成一本主教材加与之配套的数字化资源，以辅助教学的网络平台提供创新型教学服务为支撑的内容产品体系）、模块新颖（教材应充分利用现代教育技术创新内容结构体系，以利于进行更加生动活泼的教学，引导学生利用各种网络资源促进自主学习和个性化学习，兼具"客观化教材"、"开放性索引"、"研究性资料"和"实践性环节"的功能）的要求，引进先进的教材编写模块来修订、完善已出版的教材；二是重点补充规划旅游管理类、实训类教材。

希望经多方努力，力争将此系列教材打造成适应教学范式转变的高水平教材。在此，我们对各学院领导的大力支持、各位作者的辛勤劳动以及西南财经大学出版社的鼎力相助表示衷心的感谢！

21 世纪普通高等院校系列规划教材编委会

2013 年 4 月

Foreword 前言

    21 世纪是科技高度发达，知识和技能急剧扩展的时期。为适应我国市场经济对创新性、复合性财务高级人才的需求，成都理工大学在 2001 年开办和招收财务管理本科专业。在六年来，共培养四届本科毕业生。在财务管理专业的建设与发展过程中，我们通过艰辛努力，逐渐形成了有一定特色的人才培养模式。在培养财务管理专业学生中，我们不断完善人才培养计划，加大实用性、综合性实践能力的培养，我校财务管理专业综合性实验模式体系日渐形成和完善。

    2006 年 11 月由刘后平教授主持申报的四川省教育厅 2006 年度高等教育人才培养质量和教学改革项目"高校财务管理专业综合性实验模式研究"，在学校和四川省教育厅的大力支持下成功获得立项（项目编号 06 - 511 - 70）。

    在课题研究中，课题组立足于财务管理发展的前沿性，以微观企业为出发点，以广阔的资本市场为舞台，构建了有别于传统财务管理模式的新型综合性实验模式。在该实验模式中，充分体现创新性、实用性财务人才的培养理念。通过设置企业创立、税收筹划、上市融资、风险管理、证券交易等实验模块，将财务管理知识与技能培养进行系统性整合，构建一个综合性人才培养的有机体系。

    在课题申报、研究工作中，课题组得到了成都理工大学教务处、商学院各级领导的关心、支持和帮助，尤其是商学院龚灏院长、花海燕副院长、匡建超副院长、赵泽松教授，信息管理学院副院长王新庄教授等，他们对本课题的研究提出了很好的建议，并提供了很多研究帮助，在此，课题组全体成员向他们致以诚挚地感谢！同时，课题研究中，也参考了一些高校和学者的研究成果，也一并向他们致谢。

    在课题研究的基础上，由刘后平教授、王丽英副教授主持编写了《财务管理课程实训》教材，希望能对专业课程实训予以指导。本教材的编写人员还有程夏教授、肖霞副教授、何玉梅副教授、荆蕾副教授、陈庆红副教授、雷佑新副教授、伍艺讲师、曹愉讲师、徐涛讲师等。

本教材适用于普通高等学校财务管理及相关专业本科实践性教学。我们深知本书可能存在种种有待商榷和不完善之处，对此我们将不断努力加以改进。西南财经大学出版社对于本书的出版给予了大力支持，对此深表感谢！

编写组

2009 年 4 月

第二版修订说明

Foreword

　　财务管理是综合性、应用性很强的学科专业之一，1998 年教育部将财务管理专业独立设置，各高校开展财务管理专业的招生培养也只有短短的十余年时间。为培养综合性、应用性人才，各院校财务综合技能和应用技能培养也是在不断探索和实践过程之中。

　　作者从 2001 年以来，开始负责财务管理专业，承担了财务管理相关课程的教学与研究，完成了四川省教育厅 2006 年度高等教育人才培养质量和教学改革项目"高校财务管理专业综合性实验模式研究"（项目编号 06 - 511 - 70），发表了多篇相关论文，《财务管理课程实训》（第一版）体现了这些研究成果。《财务管理课程实训》（第一版）自 2009 年 9 月出版以来，受到了各院校的广泛欢迎和普遍好评。2012 年 7 月，西南财经大学出版社将该教材列为 2012 年度重点出版教材，应出版社之约，作者在上一版教材的基础上，进一步完善了财务管理课程实训的框架和方法，更新了部分实验实训的内容。

　　本教材这次修订，具体体现在以下几个方面：①在结构方面，进一步根据现代财务管理专业人才需要和课程教学体系要求，对部分章节和相关实验项目进行了重新调整，比如第二章的统计学实训，补充了假设检验和方差分析实验项目，第四章补充了 ERP 综合实训项目。②在内容方面，更新了操作软件、实验实训内容以及相关数据资料。同时，各章增加了学习指导、小知识、小提示等新的板块，加强了教材的知识性和趣味性。③在实用性方面，实验项目的设计更加注重应用技能、财务综合思维、团队协作能力的训练，主要提升学生面对现实问题的实战能力。

　　本书可作为高等院校财务管理、会计学、工商管理、经济学等各专业以及其他相关专业师生开设的"财务管理课程实训"或相关课程单独实验实训教材。

　　本书的再版修订工作是由成都理工大学商学院刘后平教授和成都理工大学管理科学学院王丽英教授共同完成的。同时，本书的修订出版得到了西南财经大学出版社的大力支持，出版社编辑李雪老师、涂洪波老师等对本书的出版倾注了大量心血。本书的出版也得到了成都理工大学 2010 年度财务管理校级特色专业建设项目支助（项目编号 XTS2010 - 12 - 1）。在此，对关心本书出版的各位老师致以衷心地感谢！

　　需要说明的是，由于作者水平有限，书中难免存在不足之处，恳请广大读者批评指正。

编者

2013 年 8 月

目录

第一章　绪论　　1

第二章　财务基础实训　　8

第一节　统计学实验　　8
第二节　成本管理实验　　50
第三节　中级财务管理实验　　58
第四节　财务管理方法实验　　80
第五节　风险管理实验　　92
第六节　运筹学实验　　103

第三章　财务应用技能实训　　136

第一节　项目投资实验　　136
第二节　项目评价实验　　155
第三节　税收学实验　　176
第四节　税收筹划实验　　196
第五节　证券投资分析实验　　226
第六节　期货与期权交易实验　　258

第四章　财务综合技能实训　　296

第一节　高级财务管理实验　　296
第二节　资本市场运作实验　　310
第三节　证券投资信息系统实验　　339
第四节　ERP 沙盘模拟实验　　363

参考文献　　377

第一章 绪论

 ## 学习提示

　　财务管理是理论性、应用性、操作性、综合性非常强的专业，从事本专业的学生不仅需要具备扎实的理论基础，还需要系统的操作性技能。本章系统介绍了"财务管理课程实训"教材的写作背景、课程实验的设计理念、实验教学模式的基本思路与方案等基本内容。本章学习要求学生形成系统的课程实验思维，对财务管理课程的基本内容有一个完整的认识。

一、教材写作的基本背景

　　本实训教材是根据 2006 年度四川省高等教育人才培养质量和教学改革一般项目"高校财务管理专业综合性实验模式研究"（项目编号 06 - 511 - 70）的成果编制的。

　　从国内高校财务管理的实验设计考察，许多高校都在做一些尝试。国内绝大多数综合性大学和专业财经院校主要着重培养财务管理专业学生的资本运作能力，而财经类院校等主要加强学生的会计技能、基础财务能力的训练与培养。这些大学的实验设计要么从中观、宏观角度，要么从微观角度培养学生的实践能力，其整体性、综合性均不是很强。

　　通过项目的研究，我们力图改变旧的培养模式，立足于培养具有市场竞争力和整体思维的复合性财务管理人才。根据研究设想，通过设计科学的财务管理专业综合性实验，将财务会计基础技能、公司融资、上市、并购与清算、股票发行与证券市场操作、税务策划等整体融入一个实验框架，培养学生的整体思维和综合处理现实财务问题的技能。

项目研究的意义在于探索形成新型本科财务管理人才培养模式，适应企业对创新性、复合性财务人才的要求。在此基础上，我们结合财务管理人才培养方案的总体要求，根据人才知识结构相关板块的内容，建立了一套财务管理专业综合实验模式。该实验模式体现了财务管理专门人才知识与技能的综合性演练，着力提高学生的实际从事财务工作的能力。

这种模式的成功之处在于：①有利于知识的整合与系统性应用，提高学生综合应用财务专业知识的能力；②有利于提高学生自主学习、独立创新的意识，提高学生专业学习的兴趣；③改变了传统填鸭式单一教学模式，增加了教学形式的多样性，增强了学生动手能力的培养，为学生毕业以后的就业或自主创业奠定了坚实的基础；④有利于学生团队合作意识的训练与培养，提高学生的团队精神、合作意识与组织协调能力。

 小提示：

财务管理的起源

1900 年，巴舍利耶（Louis Bachelier）的博士论文《投机理论》是财务管理从经济学中独立出来成为一门新学科的标志。至今，财务学及财务管理已经完整地走过了一个世纪。

二、财务管理课程实验的设计理念

长期以来，高等教育实验教学总是依附于理论教学而存在，这种状况严重地制约着大学生实践能力、创新能力的提高。财务管理综合性实验教学在人才培养中的地位与作用表现在以下几个方面：①它是培养应用型财务管理专业人才的有效途径；②它是培养复合型财务管理专业人才的有效方式；③它是培养创新型财务管理专业人才的有效平台。财务管理专业的综合性实验教学，是借助计算机信息技术，在实验室内模拟管理环境条件，组织学生参加的专业实践活动。这是培养社会生产建设需要的、高素质大学生的重要教学环节。在高等学校财务管理专业综合性实验教学模式设计中，我们树立并坚持了以下理念：

（1）实验教学与理论教学统筹协调。要充分认识并落实财务管理实验教学在学校人才培养和教学工作中的重要地位，改变实验教学依附于理论教学的传统观念，坚持理论教学与实践教学的统筹协调。

（2）知识、能力、素质"三位一体"。实验教学要从单纯的理论知识验证转向知识、能力、素质融为一体的复合型、应用型、创新型人才培养途径，为本科毕业生迅速进入财务管理专业角色奠定基础。

（3）多层次实验教学体系。从认识论角度看，实验教学也是一个从简单到复杂，从单一到综合的循序渐进过程。因此，要研究制定多层次、多模块有机统一的实验模式，构建包括课程单项型实验、课程综合型实验、专业综合型实验等在内的多层次的实验教学体系。

（4）合理配置实验项目。根据财务管理专业的培养目标，合理配置单项性实验与综合性实验、验证性实验与设计创新性实验、静态性实验与动态性实验。

 小提示：

财务管理专业在我国的发展情况

该专业是我国管理学科中一个新兴的、具有广阔发展前景的专业。1998 年，为了适应市场经济对财务分析和财务决策人才的需要，教育部决定设立财务管理专业。

三、实验教学模式设计的思路及方案

（一）思路

财务管理专业综合性实验模式的总体思路是：以现代教育理念为指导，现代教育方法和现代教育手段为支撑，整合分散、小又不全的原有实验室建设模式，建立财务知识技能结构相对完善、实验模块有机统一的专业实践教学体系，培养开拓型、复合型和应用型的管理专业本科人才提供支撑。

（二）方案

依据上述思路，财务管理专业综合实验教学模式的方案为：

1. 实验总目标

以培养学生实践能力、创新能力和提高教学质量为宗旨，以实验教学改革为核心，以实验教学资源利用为基础，以高素质实验教学队伍和完备的实验条件为保障，创新实验教学机制，全面提高实验教学水平和实验室使用效益，实现学生自主学习与教师导向作用相结合、专业知识学习与相关知识学习相结合、理论升华与理论应用相结合，将知识传授、能力培养和素质提高融为一体，开拓一条培养复合型、应用型、创新型管理类本科专业人才成功之路，达到和保持国内同类院校实验教学的先进水平。

2. 实验教学模式设计的主要任务

①改革和理顺实验教学管理体制；②建立和完善实验教学创新体系；③整合和建设新的实验教学平台；④强化实验教学师资队伍建设；⑤建立和完善实验教学的政策保障体系等。

3. 实验教学模式的主要内容

①建立健全实验教学的实验教学大纲体系；②编写各相关实验教学项目的实验指导书；③实施实验教学项目的规范化管理；④探索建立有效的实验教学激励机制；⑤培育财务管理实验教学的文化氛围等。

具体的实验项目模块见图 1-1。

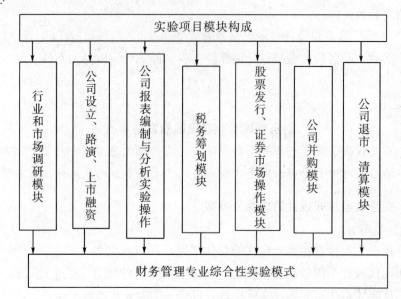

图 1-1 财务管理专业综合性实验模式内容

4. 实验教学的学期安排

表 1-1 　　　　　　　　　　**财务管理课程实训学期安排**

实验教学层次	财务基础实训		财务应用技能实训		财务综合技能实训
学期	三	四	五	六	七
实验项目	统计实验 运筹学实验 成本管理实验	中级财务实验 财务管理方法实验 风险管理实验	税收学实验 证券投资分析实验 项目投资实验	税收筹划实验 项目评价实验 期货与期权交易实验	高级财务管理实验 证券投资信息系统实验 资本运作实验 ERP 实验

小提示:

财务管理与相关学科的关系

　　财务与会计:会计为财务提供一些基础性、背景性资料。基于相关性与决策有用性的考虑,会计在财务信息提供的充分性、及时性以及信息的提供方式上都做了新的尝试与改进。因此,财务对会计的依赖会更大,但财务更加着重于如何发展壮大企业。

　　财务与金融学:现代金融微观化的趋势日益明显。鉴于此,许多人将财务视为微观金融(以金融市场为背景,分析金融工具的充分应用),而不讨论金融监管问题(将其视为内生变量)。

　　财务与经济学:经济学为财务理论的发展提供指导,或者可以说,财务本身便是金融经济学的一个主要组成部分（现代财务理论的几个重要基础——资产选择、资本资产定价模型、有效市场假设、期权定价理论、资本结构理论等均为金融经济学的主要内容）。

四、财务管理专业课程实验模式主要特色与创新性

（一）主要特色

（1）强调理论、方法教学与现实实际相结合；

（2）培养学生实际动手能力、组织能力和创新能力；

（3）培养学生财务管理知识的综合性应用能力；

（4）建立学生财务管理工作的整体性思维框架。

（二）创新性

1. 人才培养模式创新

过去将财务管理专业学生等同于会计专业学生，在培养计划上与会计雷同，专业定位不清，一度造成培养思路的混乱。通过新教学计划的修订、综合性配套实验设置，将会计知识和技能作为本专业的基础，公司财务运作和管理作为本专业的重心，打破旧的培养模式。

2. 综合实践动手能力培养新模式的建立

通过设计一套具有整体操作思路的综合实验体系，调动学生主动学习的积极性，亲自参与公司财务的一整套运作，强化学生的实践动手能力培养。

3. 教学方式的全面创新

过去以书面教学为主的教学方式，主要以传授知识、方法作为教学手段，学生只能被动接受，学习自觉性、主动性不高。通过本项目的推进，要求教师在教学中，关注、研究现实问题，加强案例教学和财务管理专题讲座，积极引导学生、指导学生分析研究现实财务管理中的问题，提高学生分析解决问题的能力。

4. 学生创业和创新能力培养的探索

通过本专业的综合实验，充分调动学生的积极性和主动性，通过大量的行业调查和市场调查，去发现创业机会，自主选择项目；进行可行性论证；筹划公司设立、融资、上市、资本市场操作、并购、清算、税务等一系列方案。培养学生的自主创业和创新能力。

五、财务管理专业课程实验模式运行效果

财务管理综合实验模式在财务管理专业初步运用三年，开设了16门实验课程，通过每一年的总结，现正在逐步完善。

在实验过程中，学生表现出极大的积极性。从大学二年级上学期开始，我们在专业教学中，按照综合实验模式的总体框架，在商学院经济管理实验中心陆续开设相关模拟实验课程，以手工操作模拟实验为基础，结合计算机模拟实验教学软件，实现手工模拟实验与计算机会计模拟实验有机结合，使学生既能够在手工环境下进

行财务管理业务操作，又能熟练运用先进的计算机商业软件，模拟经济业务的处理。巩固了以前所学财务理论知识，同时提高了实际动手能力和操作能力，为适应现实中的工作需要打下扎实的基本功。

通过三年的实验运行，该模式总体效果良好。从学生制作的实验报告和撰写的实验心得体会中充分地反映了学生对实验课程具有的浓厚兴趣。从用人单位的反馈信息来看，我校财务管理专业学生的实际动手能力较强，能够很快适应企业财务管理岗位工作，我校财务管理专业毕业生很受用人单位的好评，毕业生一次就业率保持在95%以上。我校财务管理专业的市场影响力不断提高，本专业的招生规模也逐年扩大，年招生由60人左右上升到195人以上，近三年录取线逼近一本线。我校财务管理专业学生在全国和西南省区校园财会知识大赛、证券期货模拟投资大赛、高效管理咨询大赛、ERP模拟大赛中多次荣获团体和个人一、二等奖项。

六、财务管理专业课程实验模式研究项目取得的成果

围绕本项目的研究，课题组成员共发表课题相关论文20余篇，根据财务管理专业教学内容体系设计了有机统一的16个实验教学项目，并编制了16个实验项目的实验大纲和实验项目指导书，形成了各实验项目有机联系，具有集综合性和创新性于一体的财务管理专业实验教学体系，从而完成了财务管理专业综合性实验模式的总体设计。最后，由课题负责人刘后平教授撰写和形成了本课题的结题报告并总撰编制了课题结题材料。具体取得的成果如下：

（1）财务管理专业综合性实验模式研究（结题报告）；

（2）财务管理专业综合性实验模式实验项目大纲（已成为教学文件）；

（3）财务管理专业综合性实验模式实验项目指导书（已成为教学文件）；

（4）财务管理专业综合实验教学研究相关论文。

七、财务管理专业课程实验模式的价值

随着我国社会主义市场经济的不断完善，各种资本市场的建立健全，全社会对具有创新意识和综合能力的高级财务人才的需求会越来越多。在高校财务管理人才培养中，关注市场经济改革，跟踪资本市场发展，建立一套综合性财务管理专业实验模式十分必要并具有很强的推广价值。经过几年的探索和实践，我校财务管理专业已成为成都理工大学特色专业之一。我们的探索虽然是初步的，但却是有益的和具有创新价值的，对高校财务管理专业人才培养模式的改革有较大的借鉴意义，对更好地加强人才培养质量工程建设和建立完善财务管理本科人才培养体系具有较大的理论价值和现实应用价值。

小提示：

主要教学科研网站

1. 中国经济学教育科研网 http://www. cenet. org. cn/

2. 中国政治经济学教育科研网 http://www. cpeer. org/shell/main？appHandler = cpeer&pageHandler = main

3. 中国会计学会网站 http://www. asc. net. cn/Pages/common/Default. aspx

4. 中国统计信息网（国家统计局网站）http://www. stats. gov. cn

5. 美国经济分析局 http://www. bea. doc. gov

6. 美联储经济数据库 http://www. stls. frb. org/fred

7. 美国联邦统计 http://www. fedstats. gov

8. 世界银行 http://www. worldbank. org

9. 国际货币基金组织 http://www. imf. org

 经典文献

1. （美）麦克杰根. 现代财务管理 [M]. 英文版. 王斌，译. 北京：高等教育出版社，2010.

2. （美）威廉·L. 麦金森. 公司财务理论 [M]. 刘明辉，译. 大连：东北财经大学出版社，2011.

3. （美）斯蒂芬·罗斯. 公司理财 [M]. 吴世农，等，译. 北京：机械工业出版社，2008.

4. （美）斯蒂芬·罗斯. 公司理财精要 [M]. 英文版. 张建平，译. 北京：人民邮电出版社，2010.

5. 沈艺峰. 公司财务理论主流 [M]. 大连：东北财经大学出版社，2009.

6. 王化成. 财务管理研究 [M]. 北京：中国金融出版社，2007.

7. 叶永刚. 金融工程学 [M]. 大连：东北财经大学出版社，2006.

8. 张亦春. 金融市场学 [M]. 北京：高等教育出版社，2007.

9. 张新民，钱爱民. 财务报表分析 [M]. 2版. 北京：中国人民大学出版社，2011.

10. （美）戈登·亚历山大，威廉·夏普. 证券投资原理 [M]. 倪克勤，等，译. 成都：西南财经大学出版社，1992.

第二章　财务基础实训

学习提示

　　财务管理专业需要扎实的理论和方法论支撑。本章围绕财务管理专业的相关基础理论课程，设计了统计学、财务成本管理、中级财务管理、财务管理方法、风险管理、运筹学六门课程的专项实验，系统训练学生的数据处理、基础财务管理技能与方法以及运用 Excel 工具开展财务管理相关工作的基本能力。本章学习，要求学生结合各门基础课程，开展具体的实验实训，提高各方面技能。

● 第一节　统计学实验

▦ 统计名言

　　统计思维总有一天会像读与写一样成为一个有效率公民的必备能力。

——威尔士（H. G. Wells）

　　统计思维总有一天会像读与写一样成为一个有效率公民的必备能力。

——威尔士（H. G. Wells）

　　在终极的分析中，一切知识都是历史；在抽象的意义下，一切科学都是数学；在理性的基础上，所有的判断都是统计学。

——罗奥（C. R. Rao）

小知识：

用统计识别作者

1787—1788 年，三位作者亚历山大·汉密尔顿（Alexander Hamilton），约翰·杰（John Jay）和麦迪逊（James Madison）为了说服纽约人认可宪法，匿名发表了著名的 85 篇论文。这些论文中的大多数作者已经得到了识别，但是，其中的 12 篇论文的作者身份引起了争议。

通过对不同单词的频数进行统计分析，得出的结论是，麦迪逊最有可能是这 12 篇论文的作者。现在，对于这些存在争议的论文，认为麦迪逊是原创作者的说法占主导地位，而且几乎可以肯定这种说法是正确。

实验项目一　Excel 基本操作和统计功能

实验项目：Excel 基本操作和统计功能

实验学时：1 学时

实验类别：综合性实验

实验目的与要求：

了解 Excel 界面及一般功能；熟悉 Excel 基本工具；掌握 Excel 的统计功能；熟练掌握 Excel 的统计函数及运用。

实验过程要点：

Excel 界面及一般功能；Excel 基本工具；Excel 的统计功能；Excel 的统计函数及运用。注意电脑的安全开启和退出；注意实验室防火安全。

实验设备、工具及材料：电脑、Microsoft Excel 操作软件

编写报告及实物制作：实验小结

小提示：

Excel：严格说来并不是统计软件，但作为数据表格软件有一定统计计算功能。而且凡是装有 Microsoft Office 的计算机，基本上都有 Excel。但要注意，有时在安装 Office 时没有安装数据分析的功能，则必须安装该功能后才能进行数据分析。当然，画图功能是默认具备的。对于简单分析，Excel 还算方便，但随着问题的深入，Excel 就不那么"傻瓜"，需要使用宏命令来编程，这时就没有相应的简单选项了。多数专门一些的统计推断问题还需要其他专门的统计软件来处理。

一、Excel 界面及基本功能简介

Excel 的界面主要由两大部分组成，一部分是菜单和工具栏，这一部分主要在屏幕的顶部；另一部分是电子表格和其状态栏，这一部分位于屏幕的中间、左右边和下端，如图 2-1 所示。

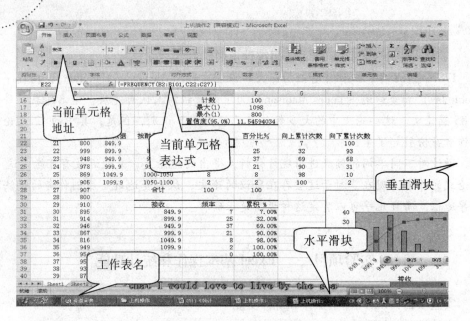

图 2－1　Excel 2007 界面

对于首次在 Windows 环境下工作的用户，如果还不知道各按钮的作用，可以先用鼠标将光标移到该按钮处，让光标在此停留片刻，光标下面将自动用黄色文字框显示该按钮的中文提示。

电子表格由一个二维表构成。二维表的横轴为由 A—IV 之间的字母表示，纵轴用 1~65 536 之间的数字表示，一个工作表文件由一个最大不超过 256×65 536 的二维表构成。如果每个单元格只放 1 个字节的内容，那么这张工作表就将占用 16MB 存贮空间。因此，工作表中内容的多少，完全取决于所使用计算机的存储容量。

Excel 电子表格由以下几部分构成：

●单元格（CELL）。单元格是电子表格中最基本的存贮单元，单元格中可以存放常数型的数字、字符和文字，也可以存放表达式和宏变量。

●当前单元格。当前单元格是 Excel 当前正在工作的单元格，如图 2－1 中的 F10 单元格即为当前单元格。

●快速滑块。电子表格的上下翻屏和左右卷屏可以通过键盘上的"PgUp"和"PgDn"键，以及左右光标键来实现，也可以通过鼠标左键直接拖动垂直或水平滑块来完成。

●工作表名。一个工作表即对应一个电子表格。Excel 的文件管理以工作簿文件为基础，一个工作簿文件内可以同时使用多达 64 个以上的工作表文件，每一个工作表由最多不超过 256×65 536 个单元格组成。在 Excel 工作期间，可以同时打开若干个工作簿文件。实际上，工作簿文件中引用工作表文件后，形成了三维电子表格，而这个三维电子表格的大小，完全取决于所使用计算机的内存容量。

二、单元格和单元格区域

单元格是 Excel 最基本的存贮单元，每一个单元格的位置由该位置的横坐标和纵坐标确定，如 A1 表示第 A 列第 1 行，F10 表示第 F 列第 10 行等。

单元格区域是由若干单元格构成的矩形区域，如 A1：F10 表示以 A1 到 F10 为对角线的矩形区域共 60 个单元格；D3：E10 表示从 D3 开始到 E10 结束的矩形区域，共 16 个单元格，如图 2－2 所示。

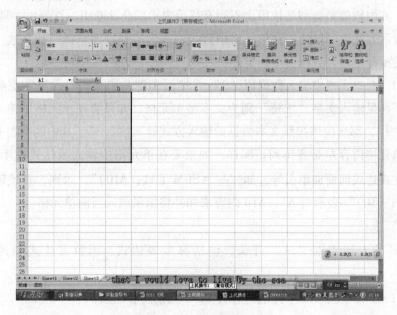

图 2－2 单元格区域

如前面所提到的，当前单元格是指当前光标所在的工作单元格，那么当前单元格区域就是由当前光标所覆盖的单元格区域，如图 2－2 中所示 D3：E10 区域即为当前单元格区域。单元格区域的覆盖首先是用鼠标将光标移至单元格区域的起始单元格，如图 2－2 中的 D3，然后按住鼠标左键不放，拖动光标将阴影区域扩大到 E10 单元格，完成对 D3：E10 区域的覆盖。

另外，单元格地址的表示方法还有相对与绝对之分，一般的表示方法如 A1、D3：E10 是相对地址表示法，像 $A$1 表示绝对地址，而 $D3：$E10 则为混合地址表示方法。所谓相对是指在单元格进行移动或复制操作时，单元格中表达式涉及的单元格变量地址会随着位置的相对位移而自动发生变动，而对于标有绝对说明符 $ 的单元格，变量地址不会随单元格中表达式的移动而发生变动。

最后，作为完整的单元格地址或单元格区域地址，前面还应有当前工作表说明，这一点在 Excel 图表工作或一些宏程序调用中会涉及。例如，"SHEET1！A1：D10"表示"SHEET1"工作表中的 A1：D10 单元格区域，"工资！D3：E10"表示工资工作表中的 D3：E10 单元格区域等。

三、数据类型

(一)常数

和一般的计算机软件一样，Excel 同样涉及数据和表达式问题。在单元格里，既可以存放常数型的的数字、符号或文字，也可以存放各种表达式，如算术表达式、函数表达式或关系表达式。

Excel 单元格的数据类型在"单元格格式"中定义，有文本、日期、时间和数值几种，其中数值型类型又依用途不同有货币表示、会计专用、百分比、科学记数、分数等表示方法。一般地，在单元格中直接输入内容并按回车链，那么这一单元格的数据类型即由输入数据类型确定。

例如，在单元格中输入数据值"3"并按回车键，那么该单元格数据类型即为数值型；如果输入文字"工资"则为文本型单元格。如果要在单元格中输入文本型的数字"3"，那么应该按照文本数据的输入方式输入"'3"，其中的单引号实际上表示该单元格内容左对齐排列。同样，如果要在单元格中输入表达式说明字符串，也必须在表达式前面加单引号，如"'=SUM（A1：A10)"，否则，直接输入"=SUM（A1：10)"表示对 A1：A10 内容求和并将结果放入当前单元格。

(二)表达式

Excel 的表达式以"="开头，包括算术表达式、函数表达式和逻辑表达式。如：

=A1+B2，表示 A1 单元格内容与 B2 单元格内容相加；

=AVERAGE（A1：A10)，表示将 A1：A10 区域内容算术平均；

=IF（B1=1, D1, E1)，表示如果表达式 B1=1 成立，则结果为 D1，否则结果为 E1；

=SUM（IF（B15=B5：B10, D5：D10×E5：E10))，表示 B5：B10 单元格区域中的内容与 B15 单元格内容相匹配，则执行 D5：D10×E5：E10 两区域相乘操作；

=IF（AND（F6<91, F6>60), E6, ")，表示如果 F6<91 与 F6>60 同时满足，则结果为 E6，否则为空。

通常，在 Excel 单元格中输入表达式后应按回车键（ENTER 或 RETURN)，但如果表达式涉及矩阵运算或单元格区域的操作，则就按"Ctrl‑Shift‑Enter"组合键。

四、常用 Excel 统计函数一览

● AVEDEV 平均差

● AVERAGE 算术平均数

● BINOMDIST 二项分布

● CHIDIST 计算单尾 χ^2 分布的概率值

- CHIINV 计算 χ^2 分布单尾概率的反值
- CHIDIST χ^2 检验
- COMBIN 组合函数
- CONFIDENCE 置信区间计算
- CORREL 相关系数
- COUNT 计数函数
- COVAR 协方差函数
- CRITBINOM 累积二项分布
- DEVSQ 误差平方和
- ECPONDIST 指数分布
- FDIST 计算 F 累积概率分布的值
- FINVF 累积概率分布函数的反函数
- FORECAST 线性趋势预测
- FREQUENCY 频数分布
- FTEST F 检验
- GAMMADIST 伽玛分布
- GAMMAINV 伽玛累积分布函数的反函数
- GEOMEAN 几何平均数
- GROWTH 成长分析
- HARMEAN 调和平均数
- HYPGEOMDIST 超几何分布
- INTERCEPT 线性回归截距分析
- KURT 峰态
- LINEST 线性估计最小平方法
- LOGEST 曲线估计回归分析
- LOGINV 对数正态累积分布函数的反函数
- LOGNORMDIST 对数正态累积分布函数
- MAX 求最大值函数
- MCOVAR 协方差矩阵函数
- MEDIAN 中值
- MINVERSE 求逆阵
- MIN 求最小值函数
- MMULT 矩阵相乘
- MODE 众数

- MOETERM 求行列式
- NORMDIST 正态分布
- NORMINV 正态累积分布函数的反函数
- NORMSDIST 标准正态累积分布
- NORMSINV 标准正态累积分布的反函数
- PEARSON 皮尔逊相关系数
- PERCENTILE 百分位数
- PERMUT 排列函数
- POHSON 泊松分布
- QUARTILE 四分位数
- RAND 产生介于 0 ~ 1 之间的随机数
- RSQ 判定系数 R^2
- SKEW 偏斜度
- SLOPE 线性回归斜率分析
- STANDARIZE 标准化 Z 统计量
- STDEVP 总体标准差
- STDEV 样本标准差
- STEYX 预测 r 值标准误差
- SUMPRODUCT 矩阵乘积和
- SUMRQ 计算变量平方和
- SUMX2MY2 计算两数组平方和的差
- SUMX2P 计算两数组平方和
- SUMXMY2 计算两数组差的平方和
- SUM 求和函数
- TDIST 计算学生 t 氏累积分布概率值
- TINV 学生 t 氏累积分布函数的反函数
- TRANSPOSE 矩阵转置
- TREND 趋势分析
- TREST t 检验
- VARP 总体方差
- VAR 样本方差
- WEIBULL 韦伯分布
- ZTEST 双尾 Z 检验

有关函数的应用见 Excel 帮助或 Excel 有关书籍。

小知识：

变量与数据

变量（variable）：从一次观察到下一次观察会出现不同结果的某种特征。观察一个企业的销售额，这个月和上个月有所不同；观察股票市场上涨股票的家数，今天与昨天数量不一样；观察一个班学生的生活费支出，一个人和另一个人不一样；投掷一枚骰子观察其出现的点数，这次投掷的结果和下一次也不一样。"企业销售额"、"上涨股票的家数"、"生活费支出"、"投掷一枚骰子出现的点数"等就是变量。

数据（data）：观察到的变量的结果。

五、分析工具

Excel 提供一组分析工具，称为分析工具库。在建立复杂的统计分析时，使用现存的分析工具，可以节省很多时间。只需为每一个分析工具提供必要的数据和参数，该工具就会使用适宜的统计或数学函数，并在输出表格中显示相应的结果。其中一些工具在生成表格时还能产生图表。如果要浏览已有的分析工具可单击"数据"—"数据分析"命令。如果"数据分析"没有出现在"数据"下，则必须运行程序来加载"分析工具库"。加载过程如下：

单击左上角的"Office 按钮"→"Excel 选项"→"加载项"→"分析工具库"→"转到"→勾选"分析工具库"→"确定"。

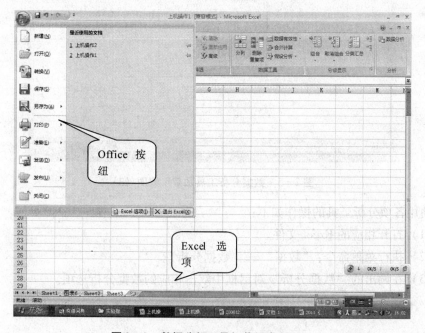

图 2-3　数据分析工具加载示意图（1）

图 2-4　数据分析工具加载示意图（2）

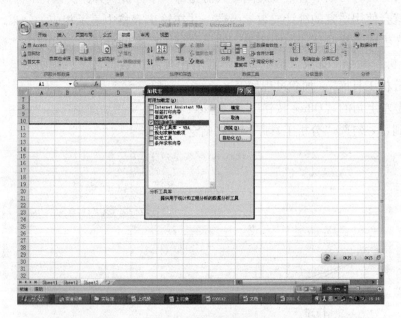

图 2-5　数据分析工具加载示意图（3）

使用各项分析工具的操作如下：

（1）打开相应的 Excel 文件。

（2）执行菜单命令："数据"——"数据分析"。

（3）在调出的"数据分析"对话框中双击相应的数据分析选项。

统计学家传记

阿道夫·凯特勒

阿道夫·凯特勒（Adolphe Quetelet，1796—1874 年）出生于比利时，24 岁的时候被选入布鲁塞尔皇家学会会员，1835 年出版了《论人类及其能力的发展》或称《社会物理学》一书，因此获得了"现代统计学之父"的称号。

实验项目二 用 Excel 作频数分布表和统计图形

实验项目：用 Excel 作频数分布表和图形

实验学时：2 学时

实验类别：综合性

实验目的与要求：

了解统计表、统计图制作的一般原理；熟悉统计表、统计图制作的方法；掌握统计表、统计图的 Excel 操作方法。

实验过程要点：

统计表、统计图制作的方法；统计表、统计图的 Excel 操作方法。注意电脑的安全开启和退出；注意实验室防火安全。

实验设备、工具及材料：电脑、Microsoft Excel 操作软件

编写报告及实物制作：实验小结

小提示：

大约在一个世纪以前，政治家本杰明（Benjamin Disraeli）曾有一个著名的论断："有三类谎言：谎言、糟透的谎言和统计。"他还说："图并没有说谎，是说谎者在画图。"

一、用 Excel 作频数分布表和图形

我们通过下面的例子来说明具体的操作步骤。

【例1】一家市场调查公司为研究不同品牌饮料的市场占有率，对随机抽取的一家超市进行了调查。调查员在某天对 50 名顾客购买饮料的品牌进行了记录，如果一个顾客购买某一品牌的饮料，就将这一饮料的品牌名字记录一次。表 2-1 是记录的原始数据。

调查员需要对不同品牌的饮料做一张频数分布表，并用条形图显示其分布状况。

我们用 Excel 完成上面的工作。为了建立一张频数分布表和绘制条形图，必须首先将不同品牌的饮料用一个数字代码来表示，如对各种品牌饮料指定的代码是：1 旭日升冰茶；2 露露；3 可口可乐；4 百事可乐；5 汇源果汁。

表 2-1		顾客购买饮料的品牌名称			
旭日升冰茶	露露	旭日升冰茶	可口可乐	百事可乐	可口可乐
汇源果汁	可口可乐	露露	可口可乐	可口可乐	旭日升冰茶
可口可乐	百事可乐	露露	旭日升冰茶	旭日升冰茶	百事可乐
可口可乐	旭日升冰茶	旭日升冰茶	可口可乐	可口可乐	旭日升冰茶
露露	旭日升冰茶	可口可乐	露露	百事可乐	百事可乐
汇源果汁	露露	百事可乐	可口可乐	百事可乐	汇源果汁
可口可乐	汇源果汁	可口可乐	汇源果汁	露露	可口可乐
旭日升冰茶	百事可乐	露露	汇源果汁	可口可乐	百事可乐
露露	旭日升冰茶				

然后，将各品牌的代码输入到 Excel 表格中。假定将品牌代码输入到图 2-6 中的 B2：B51。

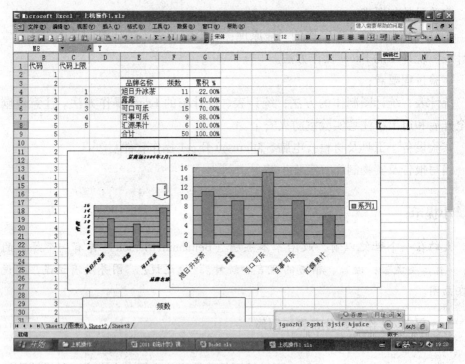

图 2-6　Excel 数据输入及输出结果

Excel 现在把代码视为数值型数据。为建立频数分布表和条形图，Excel 要求对每个品牌代码指定一个上限，将代码上限输入到工作表的 C4：C8 中。Excel 对数据值小于或等于每一品牌代码的项目数据进行计数。这样，Excel 提供的合计数就是各品牌的频数分布。下面给出使用 Excel 产生频数分布表和条形图的步骤。

第 1 步，选择"数据"菜单。

第 2 步，选择"数据分析"选项。

第 3 步，在分析工具中选择"直方图"。

第4步，当出现对话框时：

在"输入区域"方框内输入 B2：B51；

在"接收区域"方框内输入 C4：C8；

在"输出区域"方框内键人 E3；

选择"累积百分率"；

选择"图表输出"；

选择"确定"。

Excel 输出的结果如图 2-6 所示。

为了把频数表转化为易于阅读的形式，我们可以将频数表中的"组界"用描述性标题"饮料品牌"来代替，将品牌的代码 1、2、3、4、5 用品牌的名称旭日升冰茶、露霹、可口可乐、百事可乐、汇源果汁来代替，并将"其他"改为"合计"，将频数总数 50 输入到 F9 中。

二、用 Excel 作数值型数据的频数分布

对于数值型数据，如果是做单变量值分组，做频数分布表的过程与上述类似；如果是组距分组，只需在第 4 步的"输入区域"方框内，输入各组的上限值所在的单元各区域。需要注意的是，Excel 在作频数分布表时，每一组的频数包括一个组的上限值。

三、用 Excel 作统计分布图

Excel 提供了较强的作图功能，使用者可以根据需要选择图形的类型，并进行图形编辑。在工作表中输入数据后，可按下面的步骤进行操作。

第1步，选中原始数据；

第2步，选择"插入"下拉菜单，在"图表"中选中你所需要的图。

如果要对图形进行适当的修改，可用单击鼠标右键，并进行修改。如图 2-6 所示。

● 上机操作：根据教材资料数据编制统计图表。

小提示：

数据显示，2010 年中国名义国内生产总值（GDP）为 58 786 亿美元，GDP 增速为 10% 左右。而 2010 年日本名义 GDP 为 54 742 亿美元，GDP 增速为 3.9%。中国 GDP 比日本多 4044 亿美元，这意味着中国超越日本成为世界第二大经济体。尽管中国总量 GDP 超过日本，但中国人均 GDP 却只有日本 1/10，在世界排名第 100 位左右，不到世界平均水平的一半。这样的结果对我们意味着什么呢？毫无疑问，我们需要知道一些统计知识。

⊙ 人物小传

瓦尔德

有人把统计学定义为数据处理的一门艺术，瓦尔德（A. Wald，1902—1950 年）的事例就是明证。瓦尔德是第二次世界大战时期的统计学家，他发明的一些统计方法在战时被视为军事机密。瓦尔德被咨询飞机上什么部位应该加强钢板时，他开始研究从战役中返航的军机上受敌军创伤的弹孔位置。他画了飞机的轮廓，并且标示出弹孔的位置。资料累积一段时间后，几乎把机身各部位都填满了。于是瓦尔德提议，把剩下少数几个没有弹孔的部位补强……因为这些部位被击中的飞机都没有返航。这是一个简单但近乎完美的实例，简单的统计方法一旦融入了统计学家的智慧，便显得生动而唯美！

实验项目三　用 Excel 计算描述统计量

实验项目：用 Excel 计算描述统计量

实验学时：2 学时

实验类别：综合性实验

实验目的与要求：

理解描述性统计指标的计算原理；掌握 Excel 的统计指标计算功能；熟练掌握 Excel 的统计指标计算操作。

实验过程要点：

Excel 的统计指标计算功能；Excel 的统计指标计算操作。注意电脑的安全开启和退出；注意实验室防火安全。

实验设备、工具及材料：电脑、Microsoft Excel 操作软件

编写报告及实物制作：实验小结

为说明方便，通过下面的例子来说明操作过程。

某车间 30 名工人每周加工零件数如表 2-2 所示。

表 2-2　　　　　　　　某车间 30 名工人每周加工零件数

工人编号	周加工零件数	工人编号	周加工零件数	工人编号	周加工零件数
1	106	11	99	21	85
2	84	12	94	22	106
3	110	13	119	23	101
4	91	14	88	24	105
5	109	15	118	25	96

表2-2(续)

工人编号	周加工零件数	工人编号	周加工零件数	工人编号	周加工零件数
6	91	16	97	26	105
7	111	17	103	27	107
8	107	18	106	28	128
9	121	19	95	29	111
10	105	20	106	30	101

假定已将30个数据输入到Excel工作表的B2：B30单元格中。下面给出用Excel计算这些数据统计量的具体步骤。

第1步，选择"数据"菜单。

第2步，选择"数据分析"选项。

第3步，在分析工具中选择"描述统计"（见图2-7）。

第4步，当出现对话框时（见图2-8）：

在"输入区域"方框内输入B2：B31；

在"输出选项"中选择输出区域（在此选择"新工作表"）；

选择"汇总统计"（该选项给出全部描述统计量）；

选择"确定"。

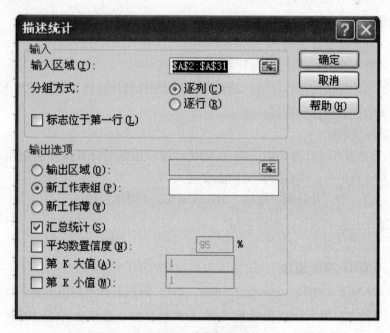

图2-7 参数设置

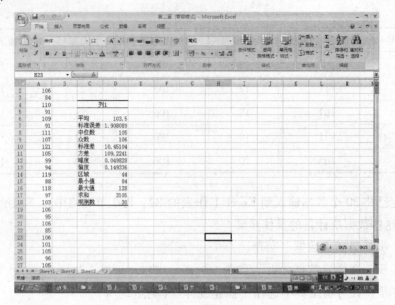

图 2-8 用 Excel 计算描述统计量

实验项目四 用 Excel 进行参数估计

实验项目：用 Excel 进行参数估计

实验学时：2 学时

实验类别：综合性实验

实验目的与要求：

了解统计抽样法的基本原理；理解 Excel 的抽样估计计算功能；掌握 Excel 的统计抽样推断的计算操作和应用。

实验过程要点：

Excel 的抽样估计计算功能；Excel 的统计抽样推断的计算操作和应用。注意电脑的安全开启和退出；注意实验室防火安全。

实验设备、工具及材料：电脑、Microsoft Excel 操作软件

编写报告及实物制作：实验小结

一、CONFIDENCE 函数

CONFIDENCE（alpha，standard-dew，size）返回总体平均值的置信区间

Alpha（即 a）用于计算置信度的显著水平参数。置信度等于 100 × （1 - alpha）% ，亦即，如果 alpha 为 0.05，则置信度为 95%。

Standard-dew 数据区域的总体标准差，假设为已知（实际中，总体标准差未知时通常用标准差代替）。

Size 样本容量（即 n）

【例1】某企业对一批产品的质量进行抽样检验，采用重复抽样抽取样品 200 只，样本优质率为 85%。试计算当把握程度为 90% 时优质品率的允许误差。

● 在 B1 单元格中输入样本容量

● 在 B2 单元格中输入样本比率 85%

● 在 B3 单元格中输入计算样本比率的标准差公式 "=SQRT（B2×（1-B2））"

● 在 B4 单元格中输入 a 的值 10%

● 在 B5 单元格中输入表达式 "=CONFIDENCE（B4，B3，B1）"，即得到抽样平均误差等于 4.15%

CONFIDENCE 函数的应用如图 2-9 所示。

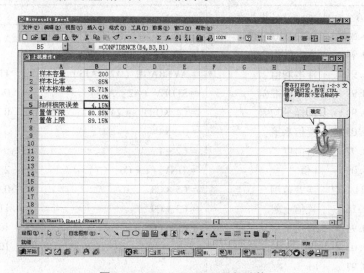

图 2-9 CONFIDENCE 函数计算

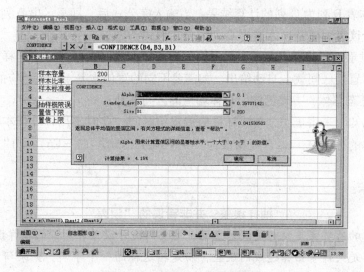

图 2-10 用 Excel 求置信区间

二、用 Excel 求置信区间

用 Excel 的函数工具以及读者自己输入公式等组合方式，可以构造出专门用于估计的 Excel 工作表。下面结合一个例子说明具体的操作步骤。

（1）正态总体，方差未知，总体均值的区间估计

【例2】某零件加工企业生产一种螺丝钉，对某天加工的零件抽取 12 个，测得其长度（单位：mm），数据如表中的 A2：A13。假定零件服从正态分布。试以 95% 的置信水平估计该企业生产的螺丝钉平均长度的置信区间。

为构造区间估计的工作表（见表 2-3），我们在工作表中输入下列内容：A 列输入样本数据，B 列输入变量名称，C 列输入计算公式。

表 2-3　　　　　　　　　　　　Excel 工作表中区间估计设置

	A	B	C	D
1	样本数据	计算指标		
2	10.94	样本数据个数	= COUNT（A2：A13）	12
3	11.91	样本均值	= AVERAGE（A2：A13）	11.07417
4	10.91	样本标准差	= STDEV（A2：A13）	0.272746
5	10.94	抽样平均差	= C4/SQRT（C2）	0.078735
6	11.03	置信水平	= 0.95	0.95
7	10.97	自由度	= C2 - 1	11
8	11.09	t 值	= TINV（1 - C6，C7）	2.200986
9	11	误差范围	= C5 × C8	0.173294
10	11.16	置信上限	= C3 + C9	11.24746
11	10.94	置信下限	= C3 - C9	10.90087
12	11.03			10.90087
13	10.97			

（1）本表 D 列为 C 列的计算结果，当输入完公式后，即显示出 D 列结果。这里只是为了让读者看清楚，才给出 C 列的公式形式。

（2）对于不同的样本数据，只要输入新的样本数据，再对 C 列的样本数据区域略加修改，置信区间就会自动给出。如需要不同的置信水平，填入相应的数值即可。

（3）正态总体，方差已知，总体均值的区间估计：

方差已知时采用正态分布统计量构造置信区间，此时不用计算样本标准差，直接使用总体的标准差；C8 单元格改为 " = NORMSINV（（1 - C6）/2）" 即可。

小提示：

抽样误差：并非错误的"误差"

调查中的有些误差纯粹是统计上的，主要的统计误差即所谓的抽样误差。

这并不是某件事出错造成的误差，而是指这样的一个事实：如果研究被再做一遍，结果未必会和上次一模一样。

实验项目五　用 Excel 进行假设检验

实验项目：用 Excel 进行假设检验

实验学时：2 学时

实验类别：综合性实验

实验目的与要求：

理解 Excel 的假设检验功能；掌握总体均值的检验。

实验过程要点：

Excel 的假设检验功能；Excel 操作及应用。注意电脑的安全开启和退出；注意实验室防火安全。

实验设备、工具及材料：电脑、Microsoft Excel 操作软件

编写报告及实物制作：实验小结

假设检验包括一个正态总体的参数检验和两个正态总体的参数检验。对于一个正态总体参数的检验，可利用函数工具和自己输入公式的方法计算统计量，并进行检验。本试验主要介绍如何使用 Excel 进行两个正态分布的均值方差的检验。

统计名言

……正如一个法庭宣告某一判决为"无罪"而不为"清白"，统计检验的结论也应为"不拒绝"而不为"接受"。

——肯门塔（Jan Kmenta）

【例1】为了评价两个学校的教学质量，分别在两个学校抽取样本。在 A 学校抽取 30 名学生，在 B 学校抽取 40 名学生，对两个学校的学生同时进行一次英语标准化考试，成绩如表 2-4 所示。假设学校 A 考试成绩的方差为 64，学校 B 考试成绩的方差为 100。检验 A、B 两个学校的教学质量是否有显著差异。（$\alpha = 0.05$）（两个总体均值之差的检验：σ_1^2, σ_2^2 已知，大样本）

表 2-4　　　　　　　两个学校学生考试成绩

学校 A						学校 B							
70	97	85	87	64	73	76	91	57	62	89	82	93	64
86	90	82	8 3	92	74	80	78	99	59	79	82	70	85
	72	94	76	89	73	88	83	87	78	84	84	70	79	72
	91	79	84	76	87	88	91	93	75	85	65	74	79	64
	85	78	83	84	91	74	84	66	66	85	78	83	75	74

假定我们将表 2-4 中 A 学校的数据输入到工作表中的 A1：A30，B 学校的数据输入到工作表中的 B1：B40。检验的步骤如下：

第 1 步，将原始数据输入到 Excel 工作表格中。

第 2 步，选择"数据"下拉菜单并选择"数据分析"选项。

第 3 步，在"数据分析"对话框中（图 2-11）选择"Z-检验：双样本平均差检验"对话框，见图 2-12。

图 2-11　Excel 检验过程 A

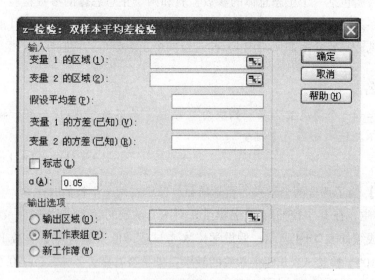

图 2-12　"Z-检验：双样本平均差检验"对话框

第 4 步，当对话框出现后：

在"变量 1 的区域"方框中输入第 1 个样本的数据区域；

在"变量 2 的区域"方框中输入第 2 个样本的数据区域；

在"假设平均差"方框中输入假定的总体均值之差（在这里为 0）；

在"变量 1 的方差中"方框中输入样本 1 的方差（本例为 64）；

在"变量 2 的方差中"方框中输入样本 2 的方差（本例为 100）；

在"α"方框中输入给定的显著性水平（本例为 0.05）；

在"输出选项"选择计算结果的输出位置，然后"确定"。

Excel 将给出本例的检验结果，见表 2－5。

表 2－5　　　　　　　　　z－检验：双样本均值分析结果

	变量 1	变量 2
平均	82.5	78
已知协方差	64	100
观测值	30	40
假设平均差	0	
z	2.090575	
P（Z＜＝z）单尾	0.018283	
z 单尾临界	1.644854	
P（Z＜＝z）双尾	0.036566	
z 双尾临界	1.959964	

由于 $Z > Z_{\frac{\alpha}{2}}$，所以拒绝 H_0。即两个学校的教学质量有差异。

小知识：

显著性水平 α：①事先确定的用于拒绝原假设 H_0 时所必需的证据；②能够容忍的犯第 I 类错误的最大概率（上限值）；③原假设为真时，拒绝原假设的概率（抽样分布的拒绝域）；④表示为 α（alpha）；⑤常用的值有 0.01，0.05，0.10；⑥由研究者事先确定。

【例 2】甲、乙两台机床同时加工某种同类型的零件，已知两台机床加工的零件直径（单位：cm）分别服从正态分布，并且有 $s_1^2 = s_2^2$。为比较甲、乙两台机床的加工精度有无显著差异，分别独立抽取了甲机床加工的 8 个零件和乙机床加工的 7 个零件，通过测量得到的数据见表 2－6。在 $\alpha = 0.05$ 的显著性水平下，样本数据是否提供证据支持"两台机床加工的零件直径不一致"的看法？（两个总体均值之差的检验：σ_1^2, σ_2^2 未知，小样本）

表 2－6　　　　　　　　两台机床加工的零件直径

甲	20.5	19.8	19.7	20.4	20.1	20.0	19.0	19.9
乙	20.7	19.8	19.5	20.8	20.4	19.6	20.2	

第 1 步，将原始数据输入到 Excel 工作表格中。

第 2 步，选择"数据"下拉菜单并选择"数据分析"选项。

第 3 步，在"数据分析"对话框中（见图 2－13）选择"t－检验：双样本等方差假设"对话框（见图 2－14）。

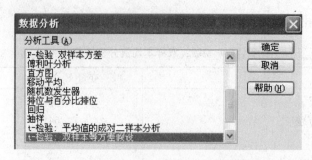

图 2-13　Excel 双样本等方差 T 检验过程

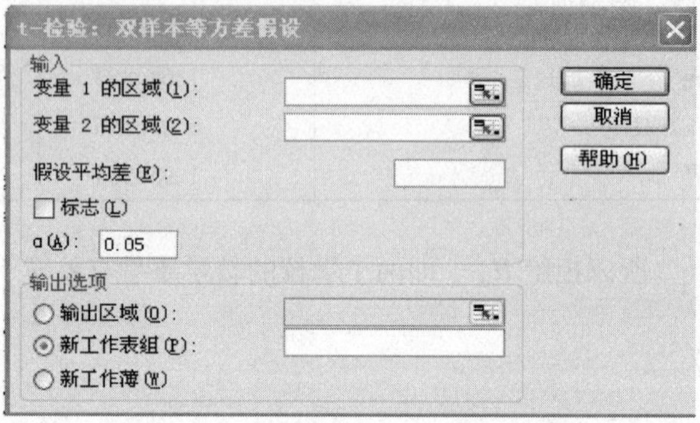

图 2-14　双样本等方差 T 检验对话框

第 4 步，当对话框出现后：

在"变量 1 的区域"方框中输入第 1 个样本的数据区域；

在"变量 2 的区域"方框中输入第 2 个样本的数据区域；

在"假设平均差"方框中输入假定的总体均值之差；

在"α"方框中输入给定的显著性水平（本例为 0.05）；

在"输出选项"选择计算结果的输出位置，然后"确定"。

Excel 将给出本例的检验结果，见表 2-7。

表 2-7　　　　　　　　t-检验：双样本等方差假设结果

指标	变量 1	变量 2
平均	19.925	20.14286
方差	0.216429	0.272857
观测值	8	7
合并方差	0.242473	
假设平均差	0	
df	13	
t Stat	-0.85485	
P（T<=t）单尾	0.204057	
t 单尾临界	1.770933	
P（T<=t）双尾	0.408114	
t 双尾临界	2.160369	

由于例题中提出的是双侧检验，所以将检验统计量的值 -0.85485 与"t 双尾临界"值 2.160369 进行比较，检验统计量没有落入拒绝域，不能拒绝原假设。也就是说，在 0.05 的显著性水平下，没有理由认为甲、乙两台机床加工的零件直径不一致。也可以将"P（T < =t）双尾"值 0.408114 与 α = 0.05 比较，同样可以得到完全相同的决策结果。

【例3】某饮料公司开发研制出一新产品，为比较消费者对新老产品口感的满意程度，该公司随机抽选一组消费者（8 人），每个消费者先品尝一种饮料，然后再品尝另一种饮料，两种饮料的品尝顺序是随机的，而后每个消费者要对两种饮料分别进行评分（0 ~ 10 分），评分结果见表 2 - 8。取显著性水平 α = 0.05，该公司是否有证据认为消费者对两种饮料的评分存在显著差异？

表 2 - 8　　　　　　　　　　消费者对两种饮料的评分统计表

新饮料	5	4	7	3	5	8	5	6
旧饮料	6	6	7	4	3	9	7	6

第 1 步，选择"数据"下拉菜单，并选择"数据分析"选项（见图 2 - 15）。

第 2 步，在分析工具中选择"t - 检验：平均值的成对二样本分析"（见图 2 - 16）。

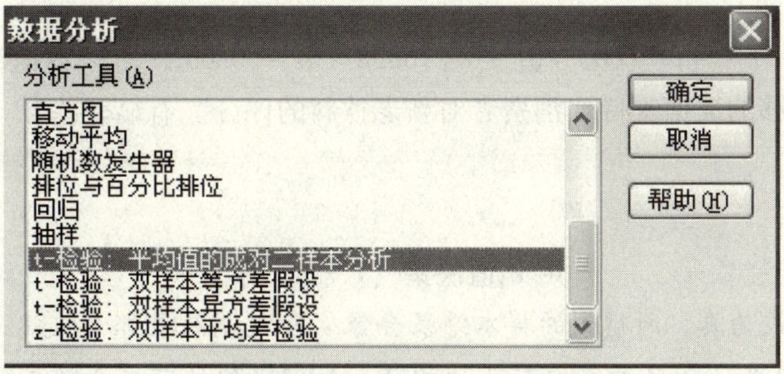

图 2 - 15　"数据分析"对话框

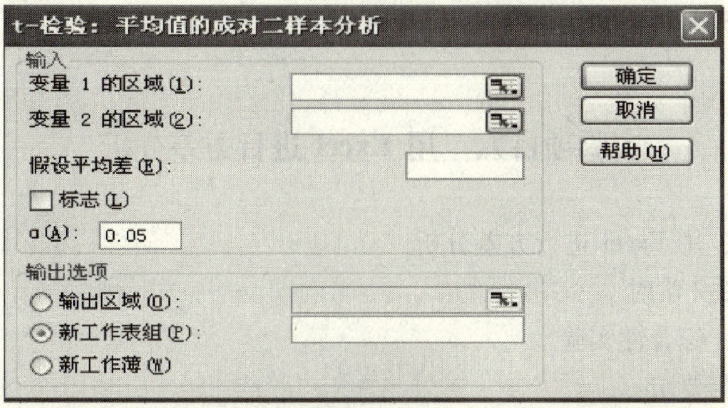

图 2 - 16　"t - 检验：平均值的成对二样本分析"对话框

第 3 步，当出现对话框后：

在"变量 1 的区域"方框内输入数据区域；

在"变量 2 的区域"方框内输入数据区域；

在"假设平均差"方框内输入假设的差值（这里为 0）；

在"α"框内输入给定的显著性水平。

Excel 将给出本例的检验结果，见表 2-9。

表 2-9 t-检验：成对双样本均值 Excel 分析结果

	变量 1	变量 2
平均	5.375	6
方差	2.553571	3.428571
观测值	8	8
泊松相关系数	0.724207	
假设平均差	0	
df	7	
t Stat	-1.35724	
P（T<=t）单尾	0.108419	
t 单尾临界	1.894579	
P（T<=t）双尾	0.216838	
t 双尾临界	2.364624	

由于"P（T<=t）双尾"值 =0.216838 > α = 0.05 ，所以不拒绝原假设，也就是说没有足够的证据支持"消费者对新老饮料的评分"有显著差异。

 小提示：

用 P 值决策 （P-value）

如果原假设为真，所得到的样本结果会像实际观测结果那么极端或更极端的概率；P 值告诉我们：如果原假设是正确的话，我们得到目前这个样本数据的可能性有多大，如果这个可能性很小，就应该拒绝原假设；被称为观察到的（或实测的）显著性水平；决策规则：若 p 值 <α，拒绝 H_0。

实验项目六　用 Excel 进行方差分析

实验项目：用 Excel 进行方差分析

实验学时：2 学时

实验类别：综合性实验

实验目的与要求：

理解 Excel 的方差功能；掌握方差分析的基本原理及 Excel 操作、应用。

实验过程要点：

Excel 的方差分析功能；单因素方差分析法的 Excel 的操作及应用；双因素方差分析法的 Excel 的操作及应用。注意电脑的安全开启和退出；注意实验室防火安全。

实验设备、工具及材料：电脑、Microsoft Excel 操作软件

编写报告及实物制作：实验小结

统计名言

警惕过多地假设检验。你对数据越苛求，数据会越多地向你供认，但在威逼下得到的供词，在科学询查的法庭上是不允许的。

——斯帝格勒（Stephen M. Stigler）

【例】为了对几个行业的服务质量进行评价，消费者协会在四个行业分别抽取了不同的企业作为样本。最近一年中消费者对总共 23 家企业投诉的次数见表 2-10。

表 2-10　　　　　　　　　四行业 23 家企业消费者投诉情况表

观测值	零售业	旅游业	航空公司	家电制造业
1	57	68	31	44
2	66	39	49	51
3	49	29	21	65
4	40	45	34	77
5	34	56	40	58
6	53	51		
7	44			

试分析四个行业之间的服务质量是否有显著差异。

第 1 步，选择"数据"菜单。

第 2 步，选择"数据分析"选项（见图 2-17）。

第 3 步，在分析工具中选择"方差分析：单因素方差分析"（见图 2-18），然后选择"确定"。

图 2-17　数据分析对话框

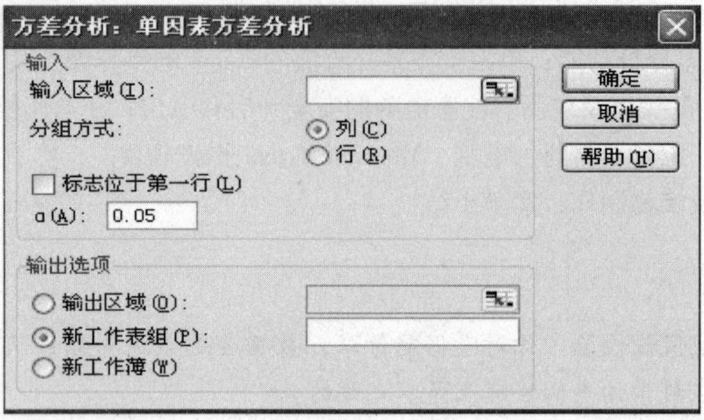

图 2-18　"方差分析：单因素方差分析"对话框

第 4 步，当对话框出现时：

在"输入区域"方框内输入数据单元格区域；

在 a 方框内输入 0.05（可根据需要确定）；

在"输出选项"中选择输出区域。

表 2-11　　　　　　　　　　　　Excel 输出结果

方差分析：单因素方差分析

SUMMARY

组	观测数	求和	平均	方差
零售业	7	343	49	116.6667
旅游业	6	288	48	184.8
航空公司	5	175	35	108.5
家电制造业	5	295	59	162.5

方差分析

差异源	SS	df	MS	F	P - value	F crit
组间	1456.609	3	485.5362	3.406643	0.038765	3.12735
组内	2708	19	142.5263			
总计	4164.609	22				

从表 2-11 中可以看到，由于 $F = 3.406643 > F_{0.05}(3, 19) = 3.1273544$，所以拒绝原假设 H_0，即 $\mu_1 = \mu_2 = \mu_3 = \mu_4$ 不成立，表明 $\mu_1, \mu_2, \mu_3, \mu_4$ 之间的差异是显著的，也就是说有 95% 的把握可以认为行业对投诉次数的影响是显著的。

也可以用 P 值与 α 值进行比较，若 $P > \alpha$，则不能拒绝原假设 H_0；若 $P < \alpha$，则拒绝原假设。在本例中，$P = 0.038765 < \alpha = 0.05$，所以拒绝原假设 H_0，即有 95% 的把握可以认为行业对投诉次数的影响是显著的。

小知识：

什么是方差分析？

方差分析（Analysis of Variance）的基本原理是在 20 世纪 20 年代由英国统计学家 Ronald A. Fisher 在进行实验设计时为解释实验数据而首先引入的分析各分类自变量对数值因变量影响的一种统计方法。

实验项目七　用 Excel 进行相关与回归分析

实验项目：用 Excel 进行相关与回归分析

实验学时：2 学时

实验类别：综合性实验

实验目的与要求：

了解相关分析与回归分析的基本原理；理解 Excel 的相关回归计算功能；掌握 Excel 的相关系数计算、回归方程建立的计算操作和应用。

实验过程要点：

Excel 的相关回归计算功能；Excel 的相关系数计算、回归方程建立的计算操作和应用。注意电脑的安全开启和退出；注意实验室防火安全。

实验设备、工具及材料：电脑、Microsoft Excel 操作软件

编写报告及实物制作：实验小结

统计名言

不要过于教条地对待研究的结果，尤其当数据的质量受到怀疑时。

——吉吉拉蒂（Damodar N. Gujarati）

【例 1】为研究产品产量与生产费用的关系，已有某厂 8 年的资料见表 2-12。

表 2-12　　　　　　　　　　产品产量与生产费用表

序号	产品产量（千吨）	生产费用（万元）
1	1.20	62.00
2	2.00	86.00
3	3.10	80.00
4	3.80	110.00
5	5.00	115.00
6	6.10	132.00
7	7.20	135.00
8	8.00	160.00
合计	36.40	880.00

计算相关系数及进行回归分析。原始资料录入见图2－19。

图2－19　Excel 数据输入

一、计算相关系数

第1步，选择"数据"菜单。

第2步，选择"数据分析"下拉菜单。

第3步，选择"相关系数"。

第4步，当出现对话框（见图2－20）后：

在"输入区域"方框内输入 B2：C9；

在"输出选项"中选择输出区域（这里我们选择"新工作表"）；

选择"确定"。

图2－20　Excel 相关系数计算步骤

根据上述步骤计算的相关系数矩阵如图 2 – 21。表中给出了两个变量之间的相关系数为 0.9697。

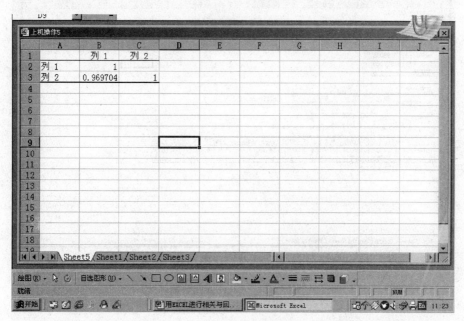

图 2 – 21　Excel 相关系数计算结果

 小提示：

相关系数及经验解释

相关系数是度量变量之间线性关系强度的一个统计量，简记为 r。｜r｜≥0.8 时，可视为两个变量之间高度相关；0.5≤｜r｜＜0.8 时，可视为中度相关；0.3≤｜r｜＜0.5 时，视为低度相关；｜r｜＜0.3 时，说明两个变量之间的相关程度极弱，可视为不相关。上述解释必须建立在对相关系数的显著性进行检验的基础之上。

二、进行回归分析

利用 Excel 可以很容易地进行回归分析。我们仍以上面的例子为例。

第 1 步，选择"数据"菜单。

第 2 步，选择"数据分析"菜单。

第 3 步，选择"回归"。

第 4 步，当出现对话框后：

在"输入 Y 的区域"方框内输入 C2：C9；

在"输出 X 的区域"方框内输入 B2：B9；

在"输出选项"中选择输出区域（这里我们选择"新工作表"）；

选择"确定"。

回归分析结果如图 2 – 22 所示。试对回归分析结果进行讨论。

图 2-22　Excel 回归分析

统计学家传记

高尔登

高尔登（Francis Galton，1822—1911 年）出生于英国伯明翰，现代回归和相关技术的创始人，创造性地完成了 16 本专著和 200 多篇文章，并最终在他去世前不久为他带来了爵士封号。

实验项目八　用 Excel 进行时间数列分析

实验项目：用 Excel 进行时间数列分析

实验学时：2 学时

实验类别：综合性实验

实验目的与要求：

理解 Excel 的时间数列处理功能；掌握移动平均法和线性回归法的 Excel 操作及应用。

实验过程要点：

Excel 的时间数列处理功能；移动平均法和线性回归法的 Excel 操作及应用。注意电脑的安全开启和退出；注意实验室防火安全。

实验设备、工具及材料：电脑、Microsoft Excel 操作软件

编写报告及实物制作：实验小结

统计名言

未来是不可预测的，不管人们掌握多少信息，都不可能存在能做出正确决策的系统方法。

——罗奥（C. R. Rao）

Excel 在"数据分析"宏中提供了三种时间数列分析方法，即常用的移动平均法、指数平滑法和回归法，利用这些宏程序可以计算出观察值的估计值、标准差、残差和拟合图。指数平滑法本章未作介绍，故这里也不作介绍。回归法在时间数列分析中称为"趋势方程拟合法"，对直线趋势方程也可以理解为是自变量为时间变量的一元线性回归方程。

小提示：

时间序列的组成要素及模型

长期趋势（Trend）：持续向上或持续向下的变动；季节变动（Seasonal Fluctuation）：在一年内重复出现的周期性波动；循环波动（Cyclical fluctuation）：非固定长度的周期性变动；不规则波动（Irregular Variations）：除去趋势、季节变动和周期波动之后的随机波动称为不规则波动，只含有随机波动而不存在趋势的序列也称为平稳序列（Stationary Series）。

四种成分与序列的关系：$Y_i = T_i \times S_i \times C_i \times I_i$。

【例1】某企业机器设备生产量的资料如表2－14所示。

表2－14　　　　　　　　　企业各月机器设备生产台数

月份	1	2	3	4	5	6	7	8	9	10	11	12
机器台数（台）	41	42	52	43	45	51	53	40	51	49	56	54

分别用移动平均法、指数平滑法、回归法进行分析。

一、移动平均法

在 Excel 工作表中的 B2：B13 区域中输入"某机器厂各月生产机器台数"资料，如图2－23所示。

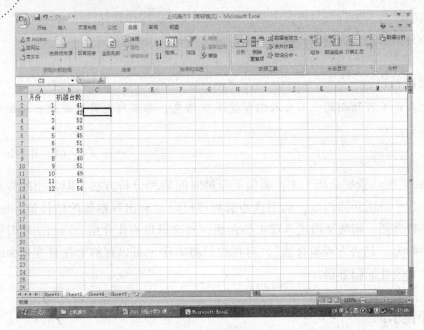

图 2-23　数据录入

第1步，在 Excel "数据" 中选择 "数据分析"（见图 2-24）。

图 2-24　"数据分析" 对话框

第2步，点击 "移动平均"。

图 2-25　"移动平均" 对话框

第3步，在"移动平均"对话框（见图2-25）的"输入区域"中输入"B2：B13"，在"间隔"中输入"3"表示进行3项移动平均，选择"输出区域"为C2开始的工作表区域，并选择输出"图表输出"和"标准差"输出，点击确定，移动平均宏的计算结果如图2-26所示。

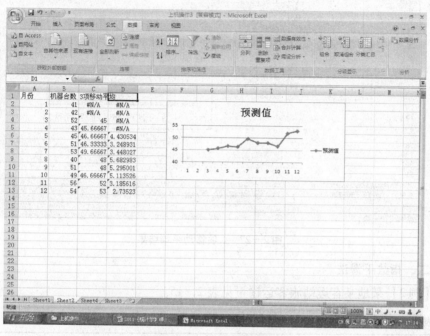

图2-26 移动分析结果

在图2-26中，分别产生了3项移动平均的估计值C4：C13和估计的标准差D6：D13。正如图中C4单元格的表达式所示，C4中的表达式"=AVERAGE（B2：B4）"是对B2：B4单元计算算术平均数，而C6单元格中的表达式"=SQRT（SUMXMY2（B4：B6，C4：C6）/3）"相当于标准差公式：

$$S = \sqrt{\frac{\sum (X - \bar{X})^2}{n}}$$

关于Excel中"移动平均"的计算，需要说明两点：一是图2-26的说明中的"预测值"，即移动平均值，由于移动平均法是以移动平均值作为趋势估计值，所以也常有将其称为"预测值"的。二是移动平均值的位置不是在被平均的N项数值的中间位置，而是直接排放在这N时期的最后一期，这一点与通常意义上移动平均值应排放在N时期的中间时期有所不同。

图2-26还绘制出实际观察值与3项移动平均估计值之间的拟合曲线，可以看出，移动平均值削弱了上下波动，如果这种波动不是季节波动而是不规则变动的话，移动平均可以削弱不规则变动。对于该例进行4项移动平均的结果如图2-27所示，其拟合结果和3项移动平均有明显不同。也就是说，当数列有季节周期时，只要移

动平均的项数和季节波动的周期长度一致，则移动平均值可以消除季节周期，并在一定程度上消除不规则变动，从而揭示出数列的长期趋势。

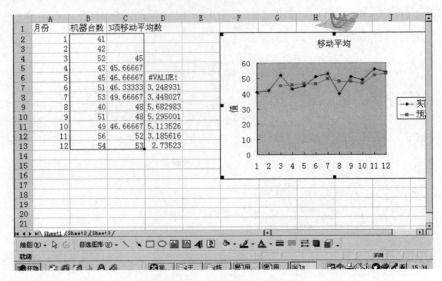

图 2 - 27 4 项移动平均结果

二、指数平滑法

【例 2】某地某客运站旅客运输量见表 2 - 15。

表 2 - 15   某客运站 2000—2002 年旅客运输量

年份	2000				2001				2002			
季度	1	2	3	4	1	2	3	4	1	2	3	4
客运量	100	95	98	107	110	105	107	115	123	115	120	125

对上述数据进行指数平滑。

第 1 步，选择"数据"菜单。

第 2 步，选择"数据分析"，并选择"指数平滑"，然后"确定"。

第 3 步，当"指数平滑"对话框（见图 2 - 28）出现时：

图 2 - 28 "指数平滑"对话框

在"输入区域"中输入数据区域；

在"阻尼系数"（注意：阻尼系数 $=1-\alpha$）输入的值；

选择"确定"。

输出结果见图 2 - 29。

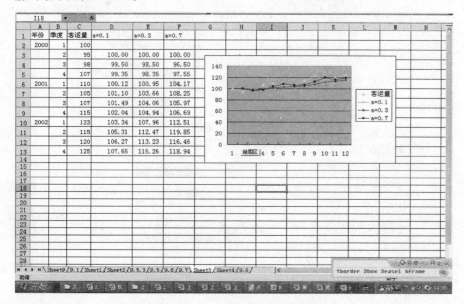

图 2 - 29　指数平滑输出结果

三、直线趋势方程拟合

【例 3】某地粮食产量见表 2 - 16。

表 2 - 16　　　　　某地 2001—2009 年粮食产量　　　　　单位：万吨

年份	2001	2002	2003	2004	2005	2006	2007	2008	2009
粮食产量	217	230	225	248	242	253	280	309	343

在 Excel 工作表中分别建立年份、t 和粮食产量三个序列，见图 2 - 30。

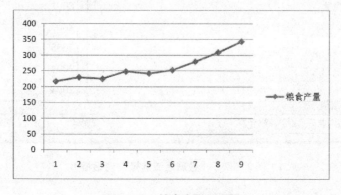

图 2 - 30　粮食产量时序图

● 按住鼠标左键拖曳光标覆盖 C1：C10 区域，点击"插入"—"图表"—选择"折线图"生成草图。

在对生成的草图进行必要的修饰后，将光标指向图表，单击右键，得"数据区域选择"对话框：A（见图 2－31）。

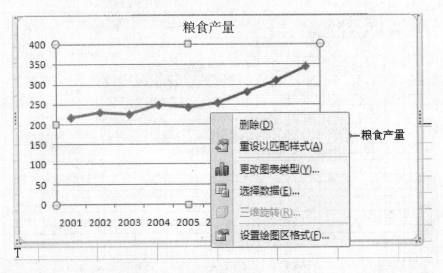

图 2－31 "数据区域选择"对话框 A

单击"选择数据"出现以下对话框（见图 2－32、图 2－33）。

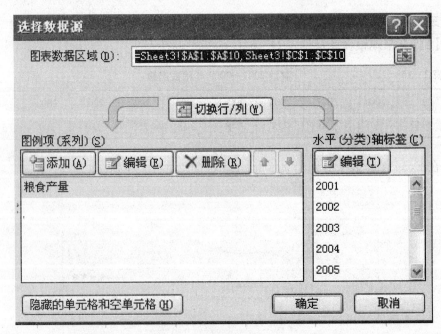

图 2－32 "数据区域选择"对话框 B

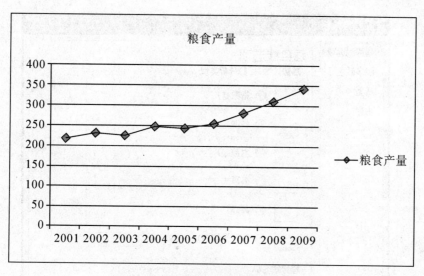

图 2 - 33 "数据区域选择"对话框 C

用鼠标左键选择折线，然后单击鼠标右键，选择"添加趋势线"操作，见图 2 - 34。

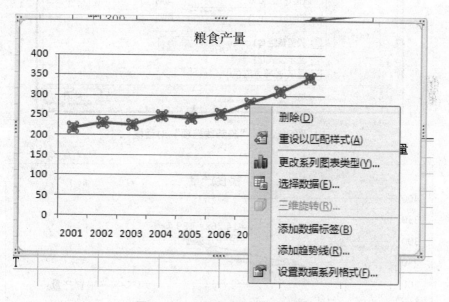

图 2 - 34 "添加趋势线"对话框

在"趋势线选项"操作中，选择"线性"趋势线，选择输出"显式公式"和"显示 R 平方值"两项，如 2 - 35 所示。然后按"关闭"，得到如图 2 - 36 所示的趋势线和直线趋势方程及 R 平方值。

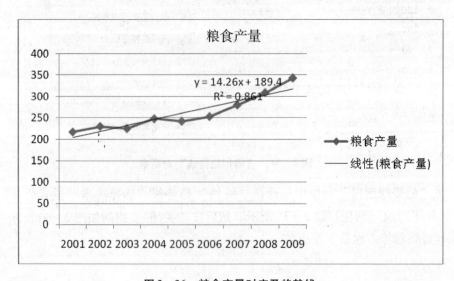

图 2-35　"趋势线选项"对话框

图 2-36　粮食产量时序及趋势线

四、回归方程

仍以上题为例。

在 Excel 表中录入年份、时间序号、粮食产量,见图 2 - 37。

	A	B	C
1	年份	t	粮食产量
2	2001	1	217
3	2002	2	230
4	2003	3	225
5	2004	4	248
6	2005	5	242
7	2006	6	253
8	2007	7	280
9	2008	8	309
10	2009	9	343

图 2 - 37　原始数据录入

第 1 步,选择"数据"菜单。

第 2 步,选择"数据分析"菜单(见图 2 - 38)。

第 3 步,选择:"回归"。

第 4 步,当出现"回归分析"对话框(见图 2 - 39)后:

在"输入 Y 的区域"方框内输入 C2:C10;

在"输入 X 的区域"方框内输入 B2:B10;

在"输出选项"中选择输出区域(这里我们选择"新工作表");

选择"确定"。

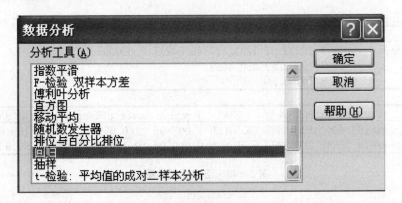

图 2 - 38　"数据分析"对话框

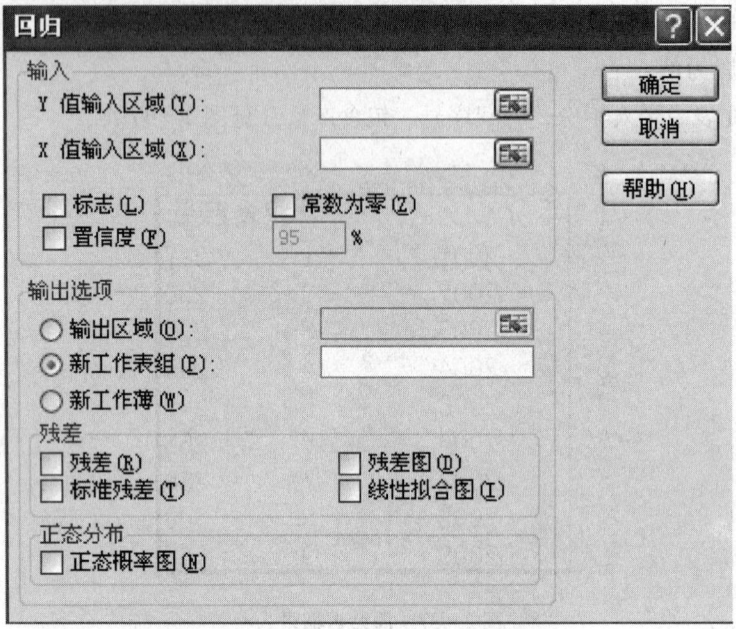

图 2-39 "回归分析"对话框

回归分析结果如图 2-40 所示。

回归统计	
Multiple	0.928171
R Square	0.861502
Adjusted	0.841716
标准误差	16.74723
观测值	9

方差分析

	df	SS	MS	F	gnificance F
回归分析	1	12212.27	12212.27	43.54217	0.000305
残差	7	1963.289	280.4698		
总计	8	14175.56			

	Coefficien	标准误差	t Stat	P-value	Lower 95%	Upper 95%	下限 95.0%
Intercept	189.4444	12.16658	15.57088	1.09E-06	160.675	218.2138	160.675
X Variabl	14.26667	2.162059	6.598649	0.000305	9.15421	19.37912	9.15421

图 2-40 回归分析结果

小提示：

预测方法的选择与评估

预测方法	适合的数据模式	对数据的要求	预测期
移动平均	平稳序列	数据个数与移动平均的步长相等	非常短
简单指数平滑	平稳序列	5 个以上	短期
Holt 指数平滑	线性趋势	5 个以上	短期至中期
一元线性回归	线性趋势	10 个以上	短期至中期
指数模型	非线性趋势	10 个以上	短期至中期
多项式函数	非线性趋势	10 个以上	短期至中期
Winter 指数平滑	趋势和季节成分	至少有四个周期的季度或月份数据	短期至中期
季节性多元回归	趋势和季节成分	至少有四个周期的季度或月份数据	短期、中期、长期
分解预测	趋势、季节和循环成分	至少有四个周期的季度或月份数据	短期、中期、长期
ARIMA（p,d,q）模型	平稳或可平稳化的序列	至少为 50	短期、中期、长期

统计学家传记

瓦尔德

瓦尔德（Wald，1902—1950 年）出生于匈牙利，著有《序贯分析》（1947），发表了许多论文，内容涉及拓扑学、测度论和集合论、点阵理论、计量经济学（时间序列的季节修正、估计经济指数的公式）、数理经济学。

实验项目九　用 Excel 计算综合指数

实验项目：用 Excel 计算综合指数

实验学时：2 学时

实验类别：综合性实验

实验目的与要求：

理解统计指数的计算原理；掌握 Excel 的统计指数计算功能；熟练掌握 Excel 的统计综合指数计算操作和分析。

实验过程要点：

Excel 的统计指数计算功能；熟练掌握 Excel 的统计综合指数计算操作。注意电脑的安全开启和退出；注意实验室防火安全。

实验设备、工具及材料：电脑、Microsoft Excel 操作软件

编写报告及实物制作：实验小结

 小知识：

指数

指数是表示价格、数量或价值相对于一个基础时期的百分比变化。在日常生活中，我们经常遇到或者需要各种指数（Index）。例如，每月发布的居民消费价格指数（CPI）、工业品出厂价格指数（PPI）、采购经理人指数（PMI），以及道·琼斯工业平均指数和标准普尔500股平均指数。

Excel 应用于统计指数计算，实际上涉及最多的还是统计表和单元格之间的简单算术运算。下面以题为例，介绍 Excel 用于统计指数编写的方法。

小提示：

拉氏指数与帕氏指数

德国著名经济统计学家拉斯贝尔（Etienne Laspeyres）于1864年提出了一种利用基期加权计算加权指数的方法，称为拉氏指数。

1874年德国学者帕舍（Paasche）提出的帕氏指数是拉氏指数的一个替换方法。计算不同点只是使用报告期权数而不是基期权数，这就利用了更接近现期的数量信息。

【例】某商店的商品销售量和商品价格资料见表2-17。

表2-17 商品销售量和商品销售价格资料

商品名称	计量单位	销售量		价格（元）	
		基期（q_0）	报告期（q_1）	基期（p_0）	报告期（p_1）
甲	件	480	600	25	25
乙	千克	500	600	40	36
丙	米	200	180	50	70

如图2-41所示，A2：I3区域为统计表的宾栏，A4：B7为统计表的主栏。在C4：C6和D4：D6中分别输入销售量的基期数据和报告期数据，在E4：E6和F4：F6中分别输入价格的基期数据和报告期数据。

然后，在G4单元格输入公式"=C4*E4"并按回车键，得到甲商品的基期销售额12 000元，复制C4单元格中的公式到C5和C6单元格，分别得到乙商品和丙商品的基期销售额2000元和10 000元。同样，在H4单元格输入公式"=D4*F4"

并按回车键，得到报告期甲商品的销售额，然后将 H4 单元格的公式复制到 H5 和 H6 单元格，得到报告期乙商品和丙商品的销售额。

在 I4 单元格中输入计算 $\sum p_0 q_1$ 的公式"＝D4×E4"，并将该公式复制到 I5 和 I6 单元格，得到三种商品按基期价格计算的报告期假定销售额。然后，在 G7 单元格中输入公式"＝SUM（G4：G6）"并按回车键，得到的 $\sum p_0 q_0$ 值；在 H7 中输入表达式"＝SUM（H4：H6）"，和在 I7 单元格中输入公式"＝SUM（I4：I6）"，得到 $\sum p_1 q_1$ 和 $\sum p_0 q_1$ 的值。

最后，在单元格 D9 中输入公式"＝I7/G7"并按回车键，得到商品销售数量总指数（D9 单元格式定义为百分比并保留一位小数）；在单元格 D10 中输入公式"＝H7/I7"，得到商品销售价格总指数；在 D11 单元格输入"＝H7－I7"得到因价格上涨导致销售额增加的绝对额 1200 元。

	A	B	C	D	E	F	G	H	I
1				商品销售量和商品价格资料					
2	商品名称	计量单位	销售量		价格(元)		销售量		
3			基期q_0	报告期q_1	基期p_0	报告期p_1	$p_0 q_0$	$p_1 q_1$	$p_0 q_1$
4	甲	件	480	600	25	25	12 000	15 000	15 000
5	乙	千克	500	600	40	36	20 000	21 600	24 000
6	丙	米	200	180	50	70	10 000	12 600	9000
7	合计	—	—	—	—	—	42 000	49 200	48 000
8									
9	商品销售量总指数			114.29%					
10	商品销售价格总指数			102.50%					
11	涨后销售收入增加的绝对值			1200					

图 2-41　用 Excel 计算综合指数

小知识：

一些重要的经济指数

居民消费价格指数（Consumer Price Index，CPI）是综合反映一定时期内居民所买的各种消费品（包括货物和服务）的价格变动程度的相对数，该指数可用于分析消费品市场物价的基本动态及其对居民消费开支的影响程度。

生产价格指数（Producer Price Index，PPI）是反映生产者在初级市场（非零售市场）上出售或购买的产品的价格变动情况的相对数。体现源头产品价格变化。

消费者信心指数（Consumer Confidence Index，CCI）是反映消费者信心强弱的指标，是综合反映并量化消费者对当前经济形势评价和对经济前景、收入水平、收入预期以及消费心理状态的主观感受，是预测经济走势和消费趋向的一个先行指标，是监测经济周期化不可缺少的依据。

采购经理人指数（Purchasing Manager's Index，PMI）是一个综合指数，按照国际上通用的做法，由五个扩散指数即新订单指数（简称订单）、生产指数（简称生产）、从业人员指数（简称雇员）、供应商配送时间指数（简称配送）、主要原材料库存指数（简称存货）加权而成。

股票价格指数可以衡量整个股票市场价格变动的基本趋势，人们形象地称之为市场经济的"晴雨表"。股价指数的编制方法多种多样，各有所长。综合指数是其中的一种重要编制方法。著名的有道·琼斯指数、金融时报指数、国内的上证指数等。

农副产品收购价格指数旨在反映各种农副产品收购价格的综合变动程度。由此可以考察收购价格变化对农业生产者收入和商业部门支出的影响。

● 第二节　成本管理实验

实验项目一　利用 Excel 编制费用分配表

实验项目：利用 Excel 编制费用分配表

实验学时：4 学时

实验类别：综合性实验

实验目的与要求：

了解 Excel 界面及一般功能；熟悉 Excel 的基本工具；掌握 Excel 的计算功能；熟练掌握 Excel 的函数计算及运用。

实验过程要点：

Excel 界面及一般功能；Excel 的基本工具；Excel 的计算功能；Excel 的函数的计算及运用。注意电脑的安全开启和退出；注意实验室防火安全。

实验设备、工具及材料：电脑、Microsoft Excel 操作软件

编写报告及实物制作：实验小结

 小知识：

成本与费用

成本是指生产某种产品、完成某个项目或者说做成某件事情的代价，也即发生的耗费总和，是对象化的费用。费用是指企业在获取当期收入的过程中，对企业所拥有或控制的资产的耗费，是会计期间与收入相配比的成本。成本代表经济资源的牺牲，而费用是会计期间为获得收益而发生的成本。

【例】假定某企业生产 A、B、C 三种产品，2005 年 8 月份各产品领用原材料的计划成本分别为 31 050 元、8160 元、5150 元，发生的人工小时分别为 3000 小时、4300 小时、2800 小时，应由产品负担的直接人工成本为 58 580 元，应由产品负担的制造费用为 29 290 元，材料成本差异率为 2%。

利用 Excel 编制费用分配表对直接材料、直接人工和制造费用进行分配的具体操作步骤如下：

（1）在编制费用分配表前可先创建名为"费用工时资料"的工作表，并将有关数据输入表中（见图 2-42）。然后再建立一个名为"费用分配表"的工作表（见图 2-43）。

	A	B	C	D	E
1	应借账户	材料计划成本	工时	直接人工	制造费用
2	A产品	31 050	3000		
3	B产品	8160	4300		
4	C产品	5150	2800		
5	合计	44 360	10 100	58 580	29 290

图 2-42　费用工时资料

	A	B	C	D	E	F	G
1	应借账户	材料计划成本	材料成本差异额	材料费用合计	工时	直接人工	制造费用
2							
3	A产品						
4	B产品						
5	C产品						
6	合计						
7							

图 2-43　费用分配表

（2）选中"费用分配表"工作表的单元格 B3，输入"＝"，单击工作簿下方的标签"费用工时资料"，切换到"费用工时资料"工作表，再单击单元格 B2 后按回车键，就可将"费用工时资料"工作表中 A 产品的材料计划成本 31 050 复制到"费用分配表"工作表中。按同样方法可将"费用工时资料"工作表中 A 产品的工时 3000 复制到"费用分配表"工作表的单元格 E3 中，将"费用工时资料"工作表中直接人工合计数复制到"费用分配表"工作表中的单元格 F6 中。

（3）在"费用分配表"工作表选中单元格 B3，将鼠标指针移至自动填充柄，直到指针变形为一黑色粗体加号，然后按住鼠标左键，拖曳至单元格 C6，松开鼠标，就可将"费用工时资料"工作表中 B 产品、C 产品的材料计划成本 8160、5150 及合计数 44 360 复制到"费用分配表"工作表的相应单元格中。按同样方法可将"费用工时资料"工作表中 B 产品、C 产品的工时 4300、2800 及合计数 10 100 复制到"费用分配表"工作表的相应单元格中，将"费用工时资料"工作表中制造费用合计数复制到"费用分配表"工作表中的单元格 G6 中。

（4）在"费用分配表"工作表选中单元格 C3，输入" ＝"，单击单元格 B3，输入" ＊0.02"后按回车键，计算出 A 产品的材料成本差异额，利用自动填充柄可计算出 B 产品、C 产品的材料成本差异额和材料成本差异额合计数。

（5）在"费用分配表"工作表选中单元格 D3，单击工具栏中的求和命令"Σ"，再选中单元格区域 B3：C3 后按回车键，可计算出 A 产品的材料费用合计。利用自动填充柄可计算出 B 产品、C 产品的材料费用合计。

（6）在"费用分配表"工作表选中单元格 F2，输入" ＝"，单击单元格 F6，输入"／"后单击单元格 E6 按回车键，计算出工资费用分配率。按相同的方法可计算出制造费用分配率。

（7）在"费用分配表"工作表选中单元格 F3，输入" ＝"，单击单元格 F2，输入" ＊"后单击单元格 E3。为了能够利用自动填充柄计算出 B 产品、C 产品的直接人工数，需在编辑栏中将公式中的 F2 改成绝对引用，即在 F 和 2 之前分别输入"＄"。按回车键后可得 A 产品的直接人工数，利用自动填充柄可计算出 B 产品、C产品的直接人工数。按相同的方法可对制造费用进行分配。

"费用分配表"完成后见图 2－44。

	A	B	C	D	E	F	G
1	应借账户	材料计划成本	材料成本差异额	材料费用合计	工时	直接人工	制造费用
2						5.8	2.9
3	A产品	31 050	621	31 671	3000	17 400	8700
4	B产品	8160	163.2	8323.2	4300	24 940	12 470
5	C产品	5150	103	5253	2800	16 240	8120
6	合计	44 360	887.2	45 247.2	10 100	58 580	29 290
7							

图 2－44　费用分配结果

小提示：

成本的内容往往要服从于管理的需要。此外，由于从事经济活动的内容不同，成本含义也不同。随着社会经济的发展，企业管理要求的提高，成本概念和内涵都在不断地发展、变化，人们所能感受到的成本范围在逐渐地扩大。

实验项目二　利用 ACCESS 编制费用分配表，并采用分批法计算成本

实验项目：利用 ACCESS 编制费用分配表，并采用分批法计算成本

实验学时：4 学时

实验类别：综合性实验

实验目的与要求：

了解数据库的一般界面和基本功能；熟悉数据库中基本工具的运用；掌握数据库的制表功能，熟练掌握数据库计算和运用。

实验过程要点：

ACCESS 界面及基本功能；ACCESS 的基本工具；ACCESS 的制表功能；ACCESS 的计算及运用。注意电脑的安全开启和退出；注意实验室防火安全。

实验设备、工具及材料：电脑、ACCESS 操作软件

编写报告及实物制作：实验小结

小提示：

不同的经济环境，不同的行业特点，对成本的内涵有不同的理解。但是，成本的经济内容归纳起来有两点是共同的：一是成本的形成是以某种目标为对象的。目标可以是有形的产品或无形的产品，如新技术、新工艺；也可以是某种服务，如教育、卫生系统的服务目标。二是成本是为实现一定的目标而发生的耗费，没有目标的支出则是一种损失，不能叫作成本。

【例】假定某企业以分批法进行成本核算。2005 年 7 月份正在生产的产品的订单号为 701、702 和 703，当月发生的生产工时分别为 10 000 小时、6000 小时和 8000 小时，当月应由产品负担的直接人工和制造费用分别为 36 000 元和 61 200 元。可以分别建立"7 月工时"表、"7 月工费"表、"7 月工时合计"查询和"7 月分配率"查询，以完成对 7 月工时合计数的计算和直接人工分配率、制造费用分配率的计算，最后再建立"7 月工费分配表"查询来完成直接人工和制造费用的分配。

（1）假定已建立了一个名为"成本核算"的数据库。在"成本核算"数据库中建立"7 月工时"表的具体步骤为：

①在"成本核算"数据库中单击"表"图表，然后单击"新建"按钮，在弹出的"新建"对话框中选择"设计视图"，最后单击"确定"按钮。

②在字段名称列的第一行中输入"工作令"，单击数据类型列的第一行，再单击数据类型下拉箭头，选择"文本"。

③在字段名称列的第二行中输入"工时"，单击数据类型列的第二行，再单击出现的下拉箭头，选择"数字"。

④单击保存按钮，输入表名"7 月工时"后单击"确定"按钮。

⑤单击"数据表视图"按钮切换到数据表视图后，向表中输入工时记录（见图 2 - 45）。

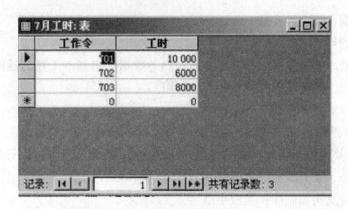

图 2-45 数据表视图

（2）建立"7月工费"表的步骤与建立"7月工时"表的步骤相同，在此省略。

（3）建立"7月工时合计"查询的步骤为：

①在"成本核算"数据库中单击"查询"图表，然后单击"新建"按钮，在弹出的"新建"对话框中选择"设计视图"，最后单击"确定"按钮。

②在"显示表"对话框中选中"7月工时"表，按"添加"按钮，然后关闭"显示表"对话框。

③将"工时"字段从"7月工时"表的字段列表拖到"查询设计网格"的第一列中。

④单击工具栏中"总计"按钮Σ，以便在"查询设计网格"中插入"总计"行

⑤单击"工时"字段的"总计"单元格，在它右边将显示一个箭头，单击这个箭头，从下拉列表中选择 Sum 函数。

⑥单击工具栏上的"保存"按钮，输入"7月工时合计"后单击"确定"按钮（见图 2-46）。

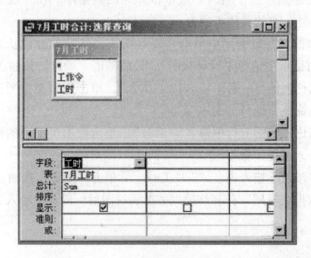

图 2-46

⑦单击工具栏中"执行"按钮后，在数据表视图中就可以看到总计结果（见图2－47）。

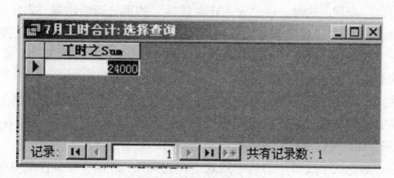

图2－47

（4）建立"7月分配率"查询的步骤为：

①在"成本核算"数据库中单击"查询"图表，然后单击"新建"按钮，在弹出的"新建"对话框中选择"设计视图"，最后单击"确定"按钮。

②在"显示表"对话框中选中"7月工费"表，按"添加"按钮，再单击查询选项卡，选中"7月工时合计"查询，按"添加"按钮然后关闭"显示表"对话框。

③在"查询设计网格"的第一列的字段行中单击右键，再单击"生成器"子菜单，激活"表达式生成器"（见图2－48）。

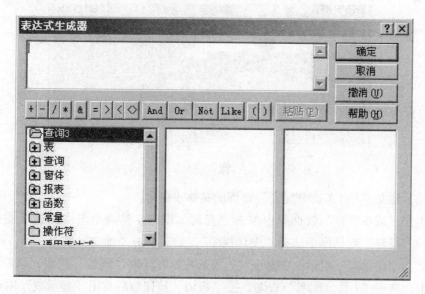

图2－48　表达式生成器

④在"表达式生成器"的第一列双击"表"，然后单击该目录中包含的"7月工费"表。这时，在"表达式生成器"的第二列会出现"7月工费"表的字段名

称："工资"和"制造费用"，双击"工资"后输入"/"。

⑤在"表达式生成器"的第一列双击"查询"，然后单击该目录中包含的"7月工时合计"查询。这时，在"表达式生成器"的第二列会出现"7月工时合计"查询的字段名称："工资之 Sum"，双击"工资之 Sum"后单击"确定"按钮。

⑥在"查询设计网格"的第二列的字段行中单击右键，再单击"生成器"子菜单，再次激活"表达式生成器"。

⑦在"表达式生成器"的第一列双击"表"，然后单击该目录中包含的"7月工费"表，这时，在"表达式生成器"的第二列会出现"7月工费"表的字段名称："工资"和"制造费用"，双击"制造费用"后输入"/"。

⑧在"表达式生成器"的第一列双击"查询"，然后单击该目录中包含的"7月工时合计"表，这时，在"表达式生成器"的第二列会出现"7月工时合计"查询的字段名称："工资之 Sum"，双击"工资之 Sum"后单击"确定"。

⑨将"查询设计网格"的第一列字段行中的字段名"表达式1"改成"工资率"，将"查询设计网格"的第二列字段行中的字段名"表达式2"改成"工资率"。

⑩单击工具栏中的"保存"按钮，输入查询名"7月分配率"后单击"确定"按钮。

⑪单击工具栏中的执行按钮，就可在数据表视图中看到计算出来的工资分配率和制造费用分配率（见图2-49）。

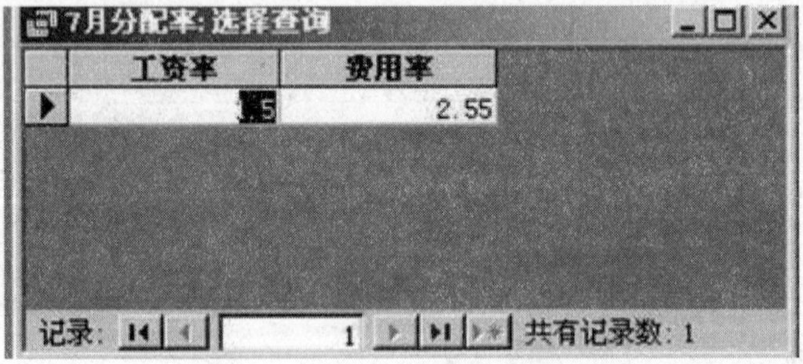

图2-49

（5）建立"7月工费分配表"查询的具体步骤为：

①在"成本核算"数据库中单击"查询"图表，然后单击"新建"按钮，在弹出的"新建"对话框中选择"设计视图"，最后单击"确定"按钮。

②在"显示表"对话框中选中"7月工时"表，按"添加"按钮，再单击查询选项卡，选中"7月分配率"查询，按"添加"按钮然后关闭"显示表"对话框。

③将"工作令"字段从"7月工时"表的字段列表拖到"查询设计网格"的第一列中，将"工时"字段拖到"查询设计网格"的第二列中。

④在"查询设计网格"的第三列的字段行中单击右键，再单击"生成器"子菜

单,激活"表达式生成器"。

⑤在"表达式生成器"的第一列双击"表",然后单击该目录中包含的"7月工时"表。这时,在"表达式生成器"的第二列会出现"7月工费"表的字段名称:"工作令"和"工时",双击"工时"后输入"*"。

⑥在"表达式生成器"的第一列双击"查询",然后单击该目录中包含的"7月分配率"查询。这时,在"表达式生成器"的第二列会出现"7月分配率"查询的字段名称:"工资率"和"费用率",双击"工资率"后单击"确定"按钮。

⑦在"查询设计网格"的第四列的字段行中单击右键,再单击"生成器"子菜单,再次激活"表达式生成器"

⑧在"表达式生成器"的第一列双击"表",然后单击该目录中包含的"7月工时"表,在"表达式生成器"的第二列双击"工时"后输入"*"。

⑨在"表达式生成器"的第一列双击"查询",然后单击该目录中包含的"7月分配率"查询,在"表达式生成器"的第二列双击"费用率"后单击"确定"按钮。

⑩将"查询设计网格"的第三列字段行中的字段名"表达式1"改成"直接人工",将"查询设计网格"的第四列字段行中的字段名"表达式2"改成"制造费用"。

⑪单击工具栏中的"保存"按钮,输入查询名"7月工费分配表"后单击"确定"按钮。

⑫在"查询设计网格"的第五列的字段行中单击右键,再单击"生成器"子菜单,激活"表达式生成器"。

⑬在"表达式生成器"的第二列双击"直接人工",输入"+",在"表达式生成器"的第二列双击"制造费用"后按回车键,再将"查询设计网格"的第五列的字段名改成"合计"后再次保存文件。

⑭单击工具栏中的执行按钮,就可在数据表视图中看到已完成分配的7月工费分配表(见图2-50)。

工作令	工时	直接人工	制造费用	合计
701	10 000	15 000	25 500	40 500
702	6000	9000	15 300	24 300
703	8000	12 000	20 400	32 400

记录: |◄| ◄| 1 |►| ►|| ►* 共有记录数:3

图2-50

小提示:

如何成为"成本会计经理"

当你对企业的成本了如指掌时,就可以从企业的全局高度为成本管理提出有建设性的意见并带来实际的收益。可以根据相关产品的生产工艺变化结合业务实质,事前及时地更新和制定企业的成本流程。可以很好地与内部部门等进行有效沟通。

第三节 中级财务管理实验

小提示:

财务管理是 20 世纪初建立和发展起来的一门独立的学科,它的发展是建立在会计学基础上的,因而与会计有着密切的联系。随着科学技术的发展,数学理论和电子计算机在该领域的广泛应用,使财务管理的科学水平达到了新的高度,财务管理学科的发展也赋予了财务专家以新的责任。

实验项目一 企业筹资方式选择的调查与分析

实验项目:企业筹资方式选择的调查与分析

实验学时:4 学时

实验类别:综合性实验

实验目的与要求:

熟悉企业筹资的分类,掌握各种筹资方式的特征、条件、种类、程序,分析各种筹资方式的优缺点。

实验过程要点:

(1)预先准备:要求学生预先分组对企业常用筹资方式的特征、条件、种类、程序及其优缺点进行调查,通过实地调研、上网收集资料相结合,做好分析报告的初稿。

(2)课堂讨论:各组学生提供自己的调查资料,并提出自己的分析结论,全体师生参加讨论。

(3)提交分析报告:各组同学在讨论后,重新分析,提交最终的分析报告。

实验设备、工具及材料:电脑、记录本、录音设备

编写报告及实物制作:

(1)实际调查资料应以 PPT 形式提交,资料的解释(包括图例等)应简明

清晰。

（2）最终报告应包括题目、摘要、关键词、正文、参考文献。

小提示：

　　财务管理活动几乎涉及企业管理的各个方面，从资金的筹集到资金的合法使用及资金的分配，此外还包括企业设立、合并、改组、解散、破产的财务处理。如果继续坚持会计包含财务管理的观点，必然会阻碍会计学与财务管理的发展与完善，这在会计与财务管理的教学和财会工作中已体现出来了，正确认识财务管理与会计有助于加强财务管理专业的建设。

企业筹资方式选择的调查与分析步骤

一、确定调查的目的任务

本调查主要通过实地调研、上网收集资料相结合，了解企业常用筹资方式的特征、条件、种类、程序及其优缺点，为后续学习资金结构打好基础。

二、确定调查对象和调查单位

（1）调查对象是成都市大中型企业。

（2）调查单位是成都市的某家大中型企业。

三、制定调查项目和调查表

（1）调查项目：该企业常用的筹资方式。

（2）调查表设计：每一个调查项目按调查内容设计一张调查表。

四、确定调查的时间、地点、调查方法

（1）调查时间和调查期限：调查时间是调查资料的时间，可以选取某该企业近五年的相关资料。调查期限是开展调查的工作时间，在本学期课程学习期间通过业余时间开展调查或者由任课教师集中组织在学期末、课程结束前完成。

（2）调查地点：成都市内。

（3）调查方法：实地调研、上网收集资料相结合。

小知识：

筹资活动与筹资方式

　　筹资活动是指企业作为筹资活动的主体根据其生产经营、对外投资和调整资本结构等需要，通过筹资渠道和金融市场，运用筹资方式，经济有效地筹措和集中资本的活动。

　　企业筹资方式包括：投入资本筹资；发行股票筹资；发行债券筹资；发行商业本票筹资；银行借款筹资；商业信用筹资；租赁筹资等。

实验项目二　用 Excel 进行项目投资实例分析

实验项目：用 Excel 进行项目投资实例分析

实验学时：3 学时

实验类别：综合性实验

实验目的与要求：

通过 Excel 操作平台对案例进行项目投资决策指标分析，评价项目财务可行性，比较各项目优劣，掌握各种项目投资决策评价指标的含义、计算方法以及灵活运用。

实验过程要点：

（1）预先准备：要求学生预先分组通过 Excel 操作平台对不同的设定案例进行分析，包括项目现金流量的估算，采用折现指标、非折现指标评价该项目的财务可行性，对多个项目进行比较排序等。

（2）课堂讨论：各组学生提供自己的计算、分析过程，并提出自己的分析结论，全体师生参加讨论，并纠正其分析过程的错误。

（3）提交分析报告：各组同学在讨论后，重新分析，提交最终的分析报告。

实验设备、工具及材料：电脑、Microsoft Excel 操作软件

编写报告及实物制作：

最终报告包括本组设定案例简介；进行分析的过程及结果说明。

小提示：

投资活动，顾名思义是你们向别人投资，从中取得投资收益；而筹资活动则是你们为了使自身企业得到发展而从投资者或社会上筹集资金，比如找投资商对你们公司进行投资，或发行股票筹集资金等行为。这是两个性质完全不同的概念。

小知识：

投资项目是指在规定期限内为完成某项开发目标（或一组开发目标）而规划和实施的活动、政策、机构以及其他各方面所构成的独立整体。项目按照不同的划分标准，可以划分为不同的类型。按其性质不同，可分为基本建设项目和更新改造项目；按其用途不同，可分为生产性项目和非生产性项目；按其规模不同，可分为大型项目、中型项目和小型项目等。

用 Excel 进行项目投资实例的分析步骤

一、项目投资决策模型的创建

（一）单一方案净现值标准决策模型的创建

【例1】星索股份有限公司进行某项目投资，该项目投资金额150 000元，投产后现金流量情况如表2-18所示。

表2-18

年度	1	2	3	4	5
现金流量	35 000	36 000	37 000	38 000	39 000

折现率为7%。要求：计算净现值。

在 Excel 电子表中创建单一方案净现值标准决策模型的步骤如下：

第一步，启动 Excel 电子表，将案例资料录入数据输入区域。

第二步，粘贴函数，计算净现值。

用鼠标单击单元格 C15，然后单击工具栏内的 f_x，即"粘贴函数"按钮，弹出"函数分类"对话框，在"函数分类"框中选择"财务"类，在"函数名"框中选择"NPV"函数名，调出净现值函数"NPV"。见图2-51。

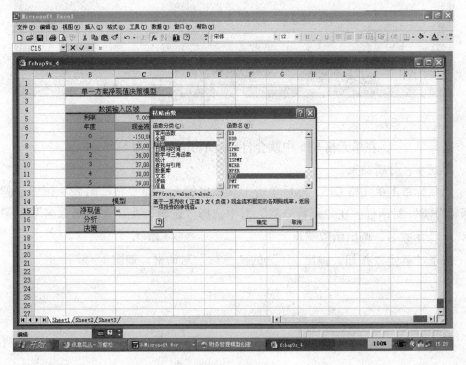

图2-51

按下"确定"按钮，弹出净现值函数"NPV"的"参数"对话框。

首先，单击参数"Rate"编辑框右边的红箭头"折叠"对话框按钮，"折叠函数"对话框。然后，用鼠标单击单元格 C15。

其次，单击参数"Value1"编辑框右边的红箭头"折叠"对话框按钮，"折叠函数"对话框。然后，用鼠标单击选定单元格区域 C8：C12。按"确定"按钮。

最后，在编辑栏中 NPV（C5，C8：C12）后再加 C7。如图 2－52 所示。

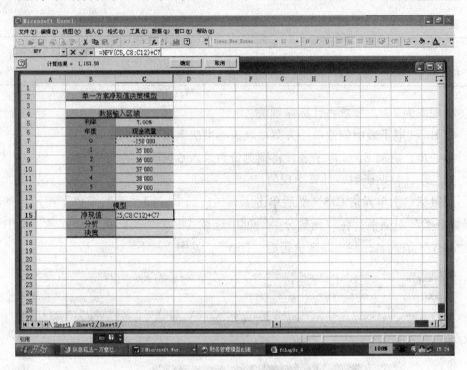

图 2－52

选择"√"，在单元格 C15 中就会自动显示出净现值为 1153.58 元。

第三步，分析结果。

用鼠标单击单元格 C15，然后单击工具栏内的 f_x，即"粘贴函数"按钮，弹出"函数分类"对话框，在"函数分类"框中选择"逻辑"类，在"函数名"框中选择"IF"函数名，调出函数"IF"。

按下"确定"按钮，弹出"IF"的"参数"对话框。如图 2－53 所示。

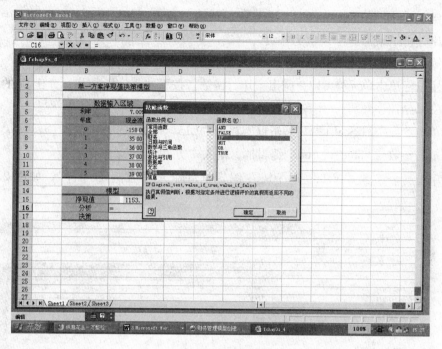

图 2-53

单击参数"Logical_test"编辑框，输入"C15 > =0"。

单击参数"Value_if_true"编辑框，输入"净现值为非负"。

单击另一参数"Value_if_false"编辑框，输入"净现值为负"。如图 2-54 所示。

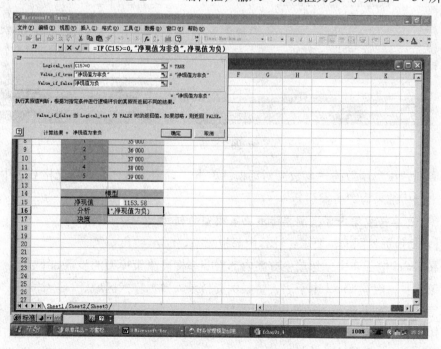

图 2-54

回到"IF"函数的"参数"对话框，单击"确定"按钮，在单元格 C16 中就会显示出分析结果为"净现值为非负"。

第四步，进行决策。

用鼠标单击单元格 C17，调出"IF"函数。按下"确定"按钮，弹出 IF 的"参数"对话框。

单击参数"Logical test"编辑框，输入"C15 > =0"。

单击参数"Value_if_true"编辑框，输入"方案可行"。

单击另一参数"Value_if_false"编辑框，输入"方案不可行"。如图 2 - 55所示。

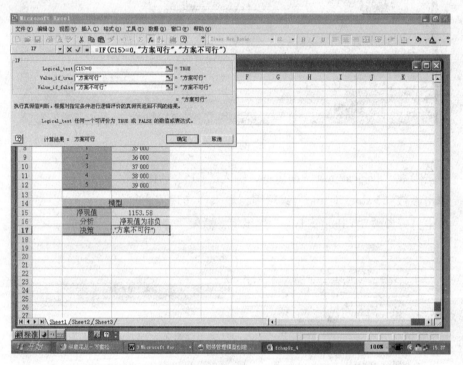

图 2 - 55

回到"IF"函数的"参数"对话框，单击"确定"按钮，在单元格 C17 中就会显示出分析结果为"方案可行"。

（二）单一方案内部报酬率标准决策模型的创建

【例2】资料同上。要求：计算内部报酬率。

在 Excel 电子表中创建单一方案内部报酬率标准决策模型的步骤如下：

第一步，启动 Excel 电子表，将案例资料录入数据输入区域。

第二步，粘贴函数，计算内部报酬率。

用鼠标单击单元格 C15，然后单击工具栏内的 fx，即"粘贴函数"按钮，弹出"函数分类"对话框，在"函数分类"框中选择"财务"类，在"函数名"框中选择"IRR"函数名,调出内部报酬率函数"IRR"。如图2-56所示。

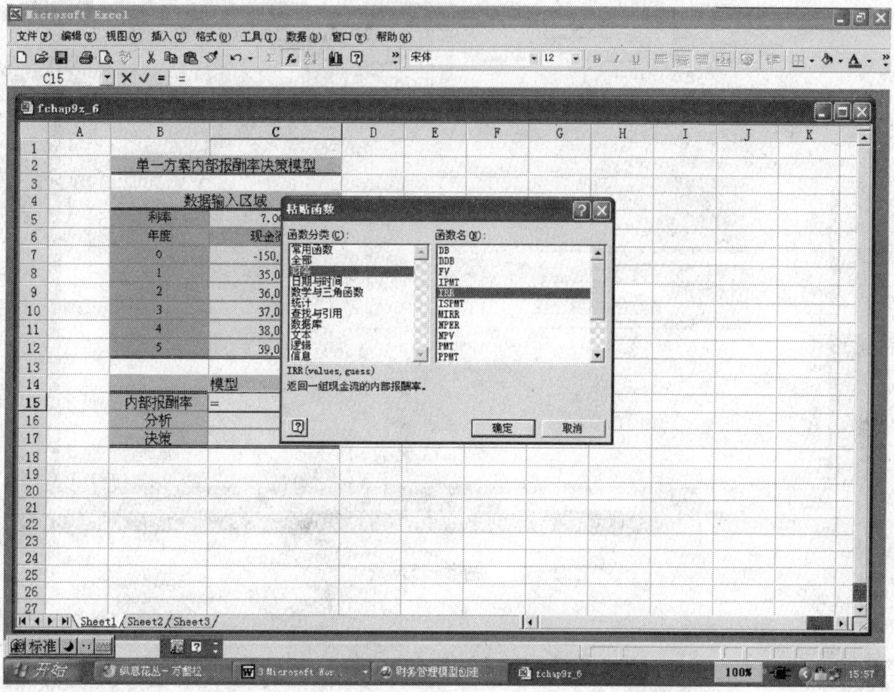

图2-56

按下"确定"按钮,弹出内部报酬率函数"IRR"的"参数"对话框。

单击参数"Value1"编辑框右边的红箭头"折叠"对话框按钮,"折叠函数"对话框。然后,用鼠标单击选定单元格区域 C7:C12。

按"确定"按钮。在单元格 C15 中就会自动显示出内部报酬率为"7.28%"。

第三步,分析结果。

用鼠标单击单元格 C15,然后单击工具栏内的 f_x,即"粘贴函数"按钮,弹出"函数分类"对话框,在"函数分类"框中选择"逻辑"类,在"函数名"框中选择"IF"函数名,调出函数"IF"函数。

按下"确定"按钮,弹出函数"IF"的"参数"对话框。

单击参数"Logical_test"编辑框,输入"C15>=C5"。

单击参数"Value_if_true"编辑框,输入"内部报酬率不低于资本成本率"。

单击另一参数"Value_if_false"编辑框,输入"内部报酬率低于资本成本率"。如图2-57所示。

回到"IF"函数的"参数"对话框,单击"确定"按钮,在单元格 C16 中就会显示出分析结果为"内部报酬率不低于资本成本率"。

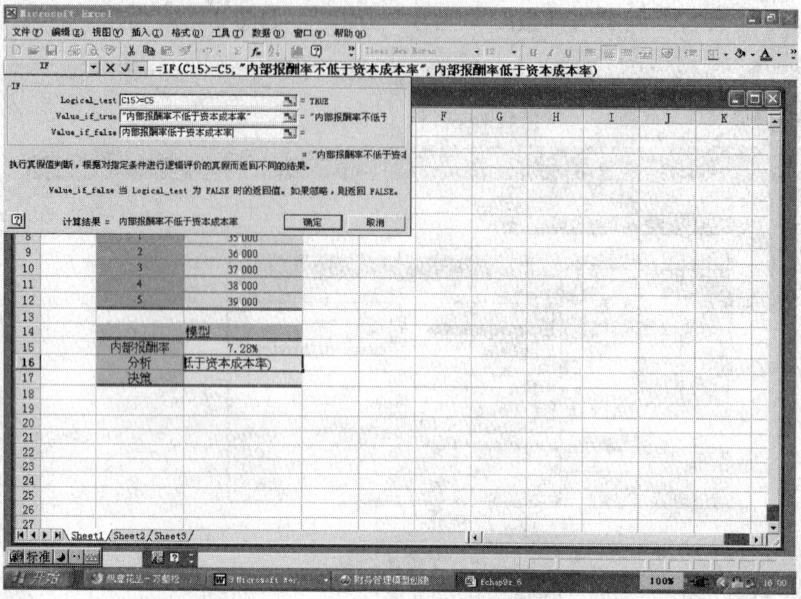

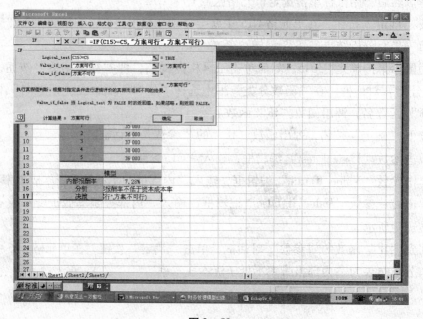

图 2-57

第四步，进行决策。

用鼠标单击单元格 C17，调出"IF"函数。按下"确定"按钮，弹出 IF 的"参数"对话框。

单击参数"Logical_test"编辑框，输入"C15 > = C5"。

单击参数"Value_if_true"编辑框，输入"方案可行"。

单击另一参数"Value_if_false"编辑框，输入"方案不可行"。如图 2-58 所示。

图 2-58

回到"IF"函数的"参数"对话框，单击"确定"按钮，在单元格 C17 中就会显示出分析结果为"方案可行"。

二、项目投资决策模型的应用

（一）单一方案净现值模型结果变动的假设分析模型应用

【例3】星索股份有限公司净现值为 1500 元。要求：

（1）计算其他条件不变情况下的利率；

（2）计算其他条件不变情况下的投资现金流量；

（3）计算其他条件不变情况下的第一年的营业现金净流量；

（4）计算其他条件不变情况下的第二年的营业现金净流量；

（5）计算其他条件不变情况下的第三年的营业现金净流量；

（6）计算其他条件不变情况下的第四年的营业现金净流量；

（7）计算其他条件不变情况下的第五年的营业现金净流量；

模型应用：单一方案净现值模型。

（1）计算其他条件不变情况下的利率。步骤如下：

用鼠标单击菜单"工具"弹出下拉菜单。选择"单变量求解"，弹出"单变量求解"对话框。

首先，单击参数"目标单元格"编辑框右边的红箭头"折叠"对话框按钮，"折叠函数"对话框。然后，用鼠标单击净现值单元格 C15。

其次，单击参数"目标值"编辑框，输入 1500。如图 2-59 所示。

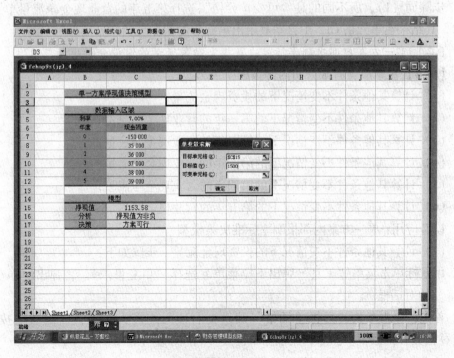

图 2-59

最后，单击参数"可变单元格"编辑框右边的红箭头"折叠"对话框按钮，"折叠函数"对话框。然后用鼠标单击利率单元格 C5。

单击"确定"按钮。在单元格 C5 中就会自动显示出利率为 6.92%。

（2）计算其他条件不变情况下的投资现金流量。步骤如下：

步骤同（1），所不同的是"可变单元格"选择投资现金流量单元格 C7，其结果在单元格 C7 中自动显示出投资现金流量为 -149 654 元。

（3）计算其他条件不变情况下的第一年的营业现金净流量，步骤如下：

步骤同（1），所不同的是"可变单元格"选择第一年的营业现金净流量单元格 C8，其结果在单元格 C8 中自动显示出第一年的营业现金净流量为 35 371 元。

（4）计算其他条件不变情况下的第二年的营业现金净流量，步骤如下：

步骤同（1），所不同的是"可变单元格"选择第二年的营业现金净流量单元格 C9，其结果在单元格 C9 中自动显示出第二年的营业现金净流量为 36 397 元。

（5）计算其他条件不变情况下的第三年的营业现金净流量，步骤如下：

步骤同（1），所不同的是"可变单元格"选择第三年的营业现金净流量单元格 C10，其结果在单元格 C10 中自动显示出第三年的营业现金净流量为 37 424 元。

（6）计算其他条件不变情况下的第四年的营业现金净流量，步骤如下：

步骤同（1），所不同的是"可变单元格"选择第四年的营业现金净流量单元格 C11，其结果在单元格 C11 中自动显示出第四年的营业现金净流量为 38 454 元。

（7）计算其他条件不变情况下的第五年的营业现金净流量，步骤如下：

步骤同（1），所不同的是"可变单元格"选择第五年的营业现金净流量单元格 C12，其结果在单元格 C12 中自动显示出第五年的营业现金净流量为 39 486 元。

（二）单一方案内部报酬率标准决策模型结果变动的假设分析模型应用

【例4】星索股份有限公司内部报酬率为 7.5%。

（1）计算其他条件不变情况下的投资现金流量；

（2）计算其他条件不变情况下的第一年的营业现金净流量；

（3）计算其他条件不变情况下的第二年的营业现金净流量；

（4）计算其他条件不变情况下的第三年的营业现金净流量；

（5）计算其他条件不变情况下的第四年的营业现金净流量；

（6）计算其他条件不变情况下的第五年的营业现金净流量。

模型应用：单一方案内部报酬率标准决策模型

（1）计算其他条件不变情况下的投资现金流量。步骤如下：

用鼠标单击菜单"工具"弹出下拉菜单。选择"单变量求解"，弹出"单变量求解"的对话框。

首先，单击参数"目标单元格"编辑框右边的红箭头"折叠"对话框按钮，"折叠函数"对话框。然后，用鼠标单击投资利润率单元格 C15。

其次，单击参数"目标值"编辑框，输入 7.5%。如图 2-60 所示。

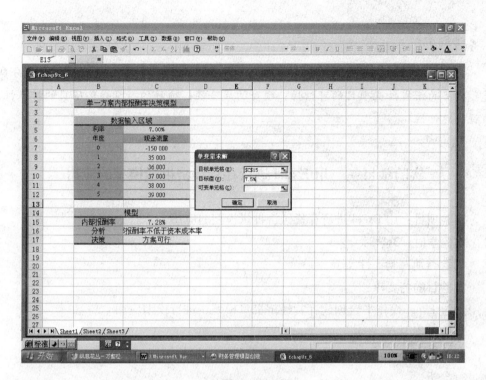

图 2-60

最后，单击参数"可变单元格"编辑框右边的红箭头"折叠"对话框按钮，"折叠函数"对话框。然后，用鼠标单击投资现金流量单元格 C7。

单击"确定"按钮。在单元格 C7 中就会自动显示出投资现金流量为 -149 117 元。

（2）计算其他条件不变情况下的第一年的营业现金净流量。步骤如下：

步骤同（1），所不同的是"可变单元格"选择第一年的营业现金净流量单元格 C8，其结果在单元格 C8 中自动显示出第一年的营业现金净流量为 35 954 元。

（3）计算其他条件不变情况下的第二年的营业现金净流量。步骤如下：

步骤同（1），所不同的是"可变单元格"选择第二年的营业现金净流量单元格 C9，其结果在单元格 C9 中自动显示出第二年的营业现金净流量为 37 024 元。

（4）计算其他条件不变情况下的第三年的营业现金净流量。步骤如下：

步骤同（1），所不同的是"可变单元格"选择第三年的营业现金净流量单元格 C10，其结果在单元格 C10 中自动显示出第三年的营业现金净流量为 38 100 元。

（5）计算其他条件不变情况下的第四年的营业现金净流量。步骤如下：

步骤同（1），所不同的是"可变单元格"选择第四年的营业现金净流量单元格 C11，其结果在单元格 C11 中自动显示出第四年的营业现金净流量为 39 181 元。

（6）计算其他条件不变情况下的第五年的营业现金净流量。步骤如下：

步骤同（1），所不同的是"可变单元格"选择第五年的营业现金净流量单元格 C12，其结果在单元格 C12 中自动显示出第五年的营业现金净流量为 40 267 元。

小提示：

对项目进行考察所应关注的6个方面，或者说聪明投资者必做的6件事，分别是：项目的正当性；项目的可信性；项目的风险性；项目的持续性；项目的扩张性；项目的延伸性。

实验项目三　用 Excel 进行存货经济批量模型的应用

实验项目：用 Excel 进行存货经济批量模型的应用

实验学时：3 学时

实验类别：验证性实验

实验目的与要求：

通过 Excel 操作平台创建存货经济批量模型、进行模型应用

实验过程要点：

（1）预先准备：要求学生预先学习存货经济批量模型，分小组对不同的设定案例进行分析。

（2）上机操作：通过 Excel 操作平台创建存货经济批量模型、进行模型应用，并提出自己的分析结论，组内讨论。

（3）提交实验小结：各组同学在讨论后，重新分析，提交最终的分析报告。

实验设备、工具及材料：电脑、Microsoft Excel 操作软件

编写报告及实物制作：实验小结

小知识：

经济进货批量是指能够使一定时期存货的相关总成本达到最低点的进货数量。决定存货经济进货批量的成本因素主要包括变动性进货费用（简称进货费用）、变动性储存成本（简称储存成本）以及允许缺货时的缺货成本。不同的成本项目与进货批量呈现不同的变动关系，因此存在一个最佳的进货批量，使成本总和保持最低水平。

用 Excel 进行存货经济批量模型的应用步骤

一、存货经济批量模型的创建

（一）经济订货量模型的创建

【例1】星索股份有限公司某部件全年需要量为 60 000 件，每次订货成本为 3000 元，单位储存成本 900 元。要求：计算经济订货量。

在 Excel 电子表中创建经济订货量模型的步骤如下：

第一步，启动 Excel 电子表，将案例资料录入数据输入区域。

第二步，粘贴函数，计算经济订货量。

用鼠标单击单元格 C10，然后单击工具栏的 f$_x$，即"粘贴函数"按钮，弹出"函数分类"对话框，在"函数分类"对话框中选择"数学与三角函数"类，在"函数名"框中选择"SQRT"函数名，调出平方根函数"SQRT"。如图 2－61所示。

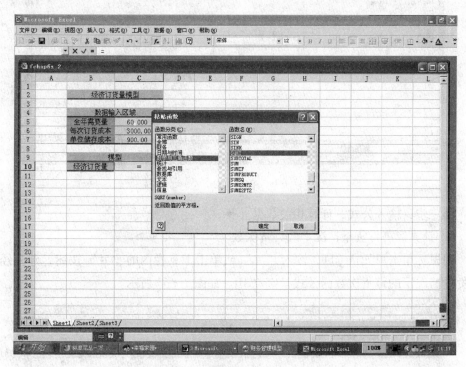

图 2－61

按下"确定"按钮，弹出平方根函数"SQRT"的"参数"对话框。

点击参数"NUMBER"编辑框，输入 2×C5×C6/C7。如图 2－62 所示。

单击"确定"按钮，在单元格 C10 中就会自动显示出经济订货量为 632 件。

（二）经济订货量情况下的存货总成本模型的创建

【例2】案例资料同上例。要求：计算经济订货量情况下的存货总成本.

在 Excel 电子表中创建经济订货量情况下的存货总成本的步骤如下：

第一步，启动 Excel 电子表，将案例资料录入数据输入区域。

第二步，粘贴函数，计算经济订货量。

方法如上例，在单元格 C10 中就会自动显示出经济订货量为 632 件。

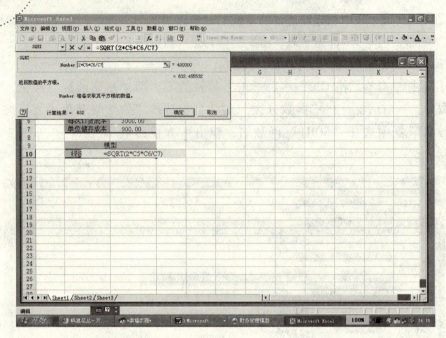

图 2 - 62

第三步，输入公式，计算相关数据。

1. 计算经济订货量情况下的订货次数

用鼠标单击单元格 C11，输入"＝"或单击工具栏内的"＝"按钮，建立经济订货量情况下的订货次数的公式：C5/C10。如图 2 -63 所示。

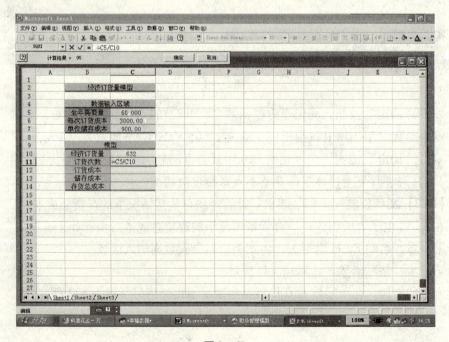

图 2 - 63

按下 ENTER 键或"确定"按钮，在单元格 C11 中就会自动显示出经济订货量情况下的订货次数 95 次。

2. 计算经济订货量情况下的订货成本

用鼠标单击单元格 C12，输入"＝"或单击工具栏内的"＝"按钮，建立经济订货量情况下的订货成本的公式：C11 × C6。如图 2 - 64 所示。

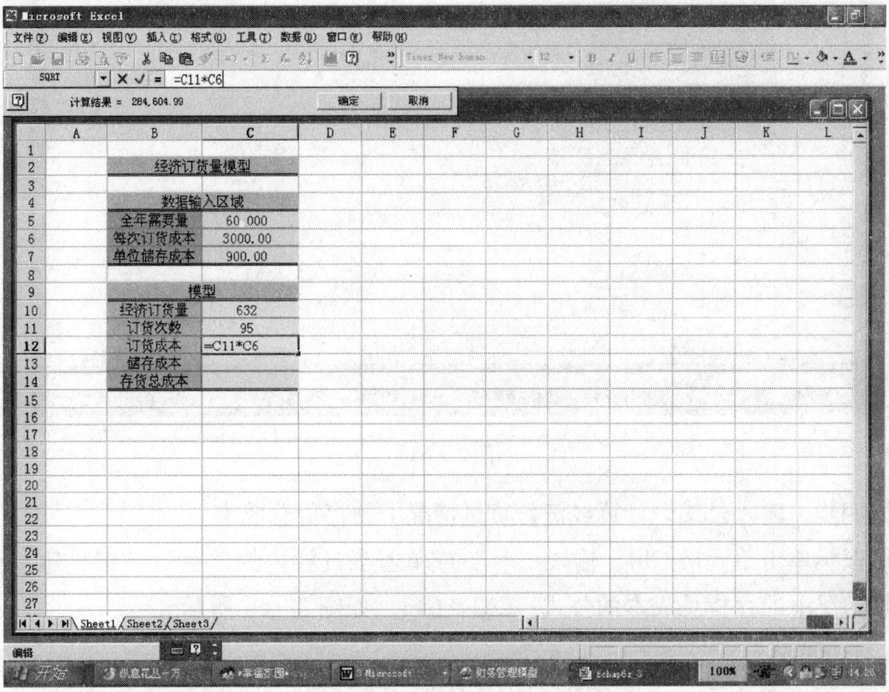

图 2 - 64

按下 ENTER 键或"确定"按钮，在单元格 C12 中就会自动显示出经济订货量情况下的订货成本为 284 604.99 元。

3. 计算经济订货量情况下的储存成本

用鼠标单击单元格 C13，输入"＝"或单击工具栏内的"＝"按钮，建立经济订货量情况下的储存成本的公式：（C10/2）× C7。如图 2 - 65 所示。

按下 ENTER 键或"确定"按钮，在单元格 C13 中就会自动显示出经济订货量情况下的储存成本为 284 604.99 元。

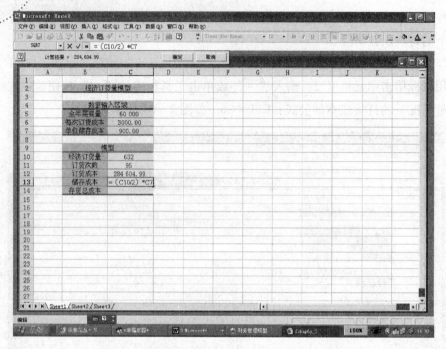

图 2 - 65

第四步，输入公式，计算经济订货量情况下的存货总成本。

用鼠标单击单元格 C14，输入"＝"或单击工具栏内的"＝"按钮，建立经济订货量情况下的存货总成本的公式：C12 + C13。如图 2 - 66 所示。

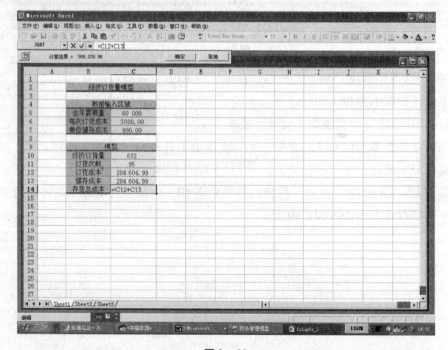

图 2 - 66

按下 ENTER 键或"确定"按钮，在单元格 C14 中就会自动显示出经济订货量情况下的存货总成本为 569 209.98 元。

（三）再订货点模型的创建

【例3】星索股份有限公司每天对某产品的消耗量为 6000 件，订货间隔期 7 天，安全订货点 100 件。要求：计算再订货点。

在 Excel 电子表中创建再订货点模型的步骤如下：

第一步，启动 Excel 电子表，将案例资料录入数据输入区域。

第二步，输入公式，计算再订货点。

用鼠标单击单元格 C10，输入"＝"或单击工具栏内的"＝"按钮，建立再订货点的公式：C5 × C6 + C7。如图 2 - 67 所示。

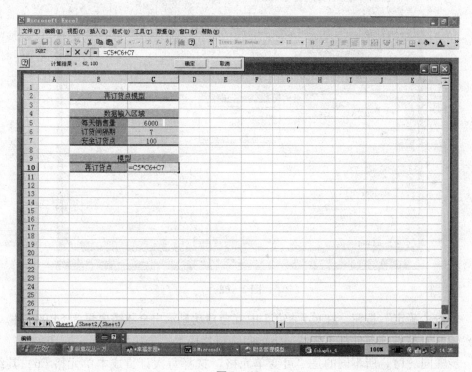

图 2 - 67

按下 ENTER 键或"确定"按钮，在单元格 C10 中就会自动显示出再订货点为 42 100 件。

二、存货经济批量模型的应用

（一）经济订货量模型结果变动的假设分析模型的应用

【例4】星索股份有限公司经济订货量为 600 件。要求：

（1）计算其他条件都不变情况下的全年需要量；

（2）计算其他条件都不变情况下的每次订货成本；

（3）计算其他条件都不变情况下的单位储存成本。

模型应用：经济订货量模型。

（1）计算其他条件都不变情况下的每年需要量。步骤如下：

用鼠标单击菜单"工具"弹出下拉菜单。选择"单变量求解"，弹出"单变量求解"的对话框。

首先，单击参数"目标单元格"编辑框右边的红箭头"折叠"对话框按钮，"折叠函数"对话框。然后，用鼠标单击经济订货量单元格C10。

其次，单击参数"目标值"编辑框，输入600。

最后，单击参数"可变单元格"编辑框右边的红箭头"折叠"对话框按钮，"折叠函数"对话框。然后，用鼠标单击全年需要量单元格C5。如图2-68所示。

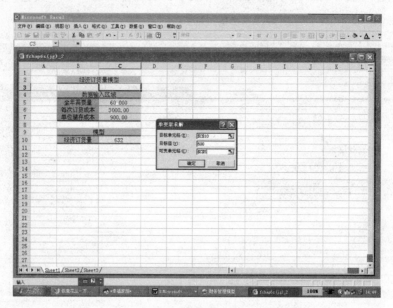

图2-68

单击"确定"按钮。在单元格C5中就会自动显示出全年需要量为54 000件。

（2）计算其他条件都不变情况下的每次订货成本。步骤如下：

步骤同（1），所不同的是"可变单元格"选择每次订货成本单元格C6，其结果在单元格C6中自动显示出每次订货成本为2700元。

（3）计算其他条件都不变情况下的单位储存成本。步骤如下：

步骤同（1），所不同的是"可变单元格"选择单位储存成本单元格C7，其结果在单元格C7中自动显示出单位储存成本为100元。

（二）经济订货量情况下的存货总成本模型结果变动的假设分析模型的应用

【例5】星索股份有限公司最低存货总成本为560 000元。要求：

（1）计算其他条件都不变情况下的全年需要量；

（2）计算其他条件都不变情况下的每次订货成本；

（3）计算其他条件都不变情况下的单位储存成本。

模型应用:经济订货量模型。

(1)计算其他条件都不变情况下的全年需要量。步骤如下:

用鼠标单击菜单"工具"弹出下拉菜单。选择"单变量求解",弹出"单变量求解"的对话框。

首先,单击参数"目标单元格"编辑框右边的红箭头"折叠"对话框按钮,"折叠函数"对话框。然后用鼠标单击存货总成本单元格 C14。

其次,单击参数"目标值"编辑框,输入 560 000。

最后,单击参数"可变单元格"编辑框右边的红箭头"折叠"对话框按钮,"折叠函数"对话框。然后,用鼠标单击全年需要量单元格 C5。如图 2-69 所示。

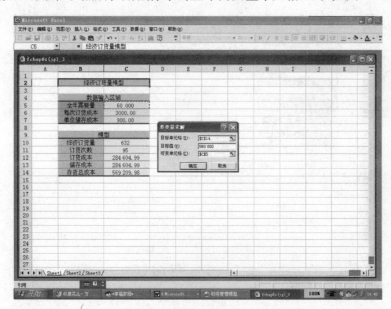

图 2-69

单击"确定"按钮。在单元格 C5 中就会自动显示出全年需要量为 58 074 件。

(2)计算其他条件都不变情况下的每次订货成本。步骤如下:

步骤同(1),所不同的是"可变单元格"选择每次订货成本单元格 C6,其结果在单元格 C6 中自动显示出每次订货成本为 2903.70 元。

(3)计算其他条件都不变情况下的单位储存成本。步骤如下:

步骤同(1),所不同的是"可变单元格"选择单位储存成本单元格 C7,其结果在单元格 C7 中自动显示出单位储存成本为 871.11 元。

(四)再订货点模型结果变动的假设分析模型的应用

【例6】星索股份有限公司再订货点是 42 000 件。要求:

(1)计算其他条件都不变情况下的每天销售量;

(2)计算其他条件都不变情况下的订货间隔期;

(3)计算其他条件都不变情况下的安全订货点。

模型应用：再订货点模型。

（1）计算其他条件都不变情况下的每天销量。步骤如下；

用鼠标单击菜单"工具"弹出下拉菜单。选择"单变量求解"，弹出"单变量求解"的对话框。

首先，单击参数"目标单元格"编辑框右边的红箭头"折叠"对话框按钮，"折叠函数"对话框。然后，用鼠标单击再订货点年单元格 C10。

其次，单击参数"目标值"编辑框，输入 42 000。

最后，单击参数"可变单元格"编辑框右边的红箭头"折叠"对话框按钮，"折叠函数"对话框。然后，用鼠标单击每天销售量单元格 C5。如图 2-70 所示。

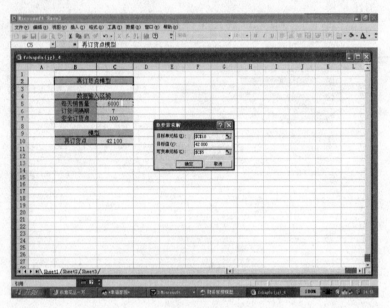

图 2-70

单击"确定"按钮。在单元格 C5 中就会自动显示出每天销量为 5986 件。

（2）计算其他条件都不变情况下的订货间隔期。步骤如下：

步骤同（1），所不同的是"可变单元格"选择订货间隔期单元格 C6，其结果在单元格 C6 中自动显示出订货间隔期为 6.98 天。

（3）计算其他条件都不变情况下的安全订货点。步骤如下：

步骤同（1），所不同的是"可变单元格"选择安全订货点单元格 C7，其结果在单元格 C7 中自动显示出安全订货点为 0 件。

小知识：

存货经济批量模型

存货经济进货批量基本模式

在不允许出现缺货的情况下，进货费用与储存成本总和最低时的进货批量，就是经济进货批量。其计算公式为：

$$经济进货批量（Q）= \sqrt{\frac{2AB}{C}}$$

$$经济进货批量的存货相关总成本（TC）= \sqrt{2ABC}$$

$$经济进货批量平均占用资金（W）= \frac{PQ}{2} = P\sqrt{\frac{AB}{2C}}$$

$$年度最佳进货批次（N）= \frac{A}{Q} = \sqrt{\frac{AC}{2B}}$$

式中：Q 为经济进货批量；A 为某种存货年度计划进货总量；B 为平均每次进货费用；C 为单位存货年度单位储存成本；P 为进货单价。

实行数量折扣的经济进货批量模式

在供货方提供数量折扣的条件下，若每次进货数量达到供货方的进货批量要求，可以降低进货成本。通常，进货批量越大，可利用的折扣就越多。

存货相关总成本的计算公式为：

存货相关总成本 = 存货进价 + 相关进货费用 + 相关储存成本

其中，存货进价 = 进货数量 × 进货单价

实行数量折扣的经济进货批量具体确定步骤如下：

第一步，按照基本经济进货批量模式确定经济进货批量；

第二步，计算按经济进货批量进货时的存货相关总成本；

第三步，计算按给予数量折扣的不同批量进货时，计算存货相关总成本；

第四步，比较不同批量进货时的存货相关总成本。此时最佳进货批量，就是使存货相关总成本最低的进货批量。

允许缺货时的经济进货模式

在允许缺货的情况下，企业对经济进货批量的确定，不仅要考虑进货费用与储存成本，而且还必须对可能的缺货成本加以考虑，能够使三项成本总和最低的进货批量便是经济进货批量。

允许缺货时的经济进货批量的计算公式为：

$$Q = \sqrt{\frac{2AB}{C} \times \frac{C+R}{R}}$$

$$S = Q \times C / (C+R)$$

式中：S 为缺货量；R 为单位缺货成本；其他符号同上。

第四节　财务管理方法实验

 小提示:

　　财务管理方法是财务管理的重要组成部分,财务管理理论的核心是财务管理方法的理论,并贯通整个理论体系。

小知识:

财务管理方法体系

　　企业为了有效地组织、指挥、监督和控制财务活动,并处理好因财务活动而发生的各种经济关系,就需要运用一系列科学的财务管理方法。它通常包括财务预测、财务决策、财务预算、财务控制、财务分析等方法。这些相互配合、相互联系的方法构成了"一个完整的财务管理方法体系"。

实验项目一　变动成本法

　　实验项目:变动成本法

　　实验学时:3 学时

　　实验类别:综合性实验

　　实验目的与要求:

　　了解 Excel 界面及一般功能;熟悉 Excel 的基本工具;掌握 Excel 的计算功能;熟练掌握 Excel 的函数计算及运用。了解成本按性态分类的基础上,掌握完全成本法和变动成本法的主要区别和特点,并能熟练运用变动成本法计算企业的损益。

　　实验过程要点:

　　Excel 界面及一般功能;Excel 的基本工具;Excel 的计算功能;Excel 的函数的计算及运用。注意电脑的安全开启和退出。明确完全成本法与变动成本法的根本区别;变动成本法的理论依据;注意分析两种方法下损益的构成及计算;比较分别采用两种方法得出的结论,并加以评价。

　　实验设备、工具及材料:电脑、Microsoft Excel 操作软件

　　编写报告及实物制作:实验小结

小知识：

变动成本法也称直线成本法，是指在组织常规的成本计算过程中，以成本性态分析为前提条件，只将变动生产成本作为产品成本的构成内容，而将固定生产成本作为期间成本，并按贡献式损益确定程序计算损益的一种成本计算模式。

一、实验的相关资料

梅林罐头厂上年度相关资料如下：

期初存货＝0

生产量：3000件

销售量：2800件

直接材料：18元/件

直接人工：5元/件

制造费用：

　　变动制造费用：7元/件

　　固定制造费用总额：12 000元

销售及管理费用：

变动销售及管理费用：3元/件

固定销售及管理费用：9600元

单位售价：50元

要求：

（1）分别采用完全成本法和变动成本法编制损益表。

（2）说明两种方法计算出来的税前利润不同的原因。

二、实验操作步骤

（1）进入Microsoft Word的操作界面，点击"表格"中的"插入表格"，在弹出的对话框中输入插入表格的"行"和"列"数，建立损益计算表。见图2－71、表2－19。

图 2－71

表 2－19　　　　　　　　　　　　　损益计算表

损益计算过程 ＼ 产品成本计算法	变动成本法	完全成本法
销售收入 2800 件@50	（　　　）	（　　　）
销售成本		
期初存货成本	（　　　）	（　　　）
当期产品成本 3000 件@（　　　）	（　　　）	
3000 件@（　　　）		（　　　）
期末存货成本		
200 件@（　　　）	（　　　）	
200 件@（　　　）		（　　　）
销售成本		
2800 件@（　　　）	（　　　）	
2800 件@（　　　）		（　　　）
贡献毛益（生产阶段）	（　　　）	（　　　）
管理费用		（　　　）
销售费用	（　　　）	（　　　）
变动销售费用及管理费用 2800 件@3	（　　　）	
贡献毛益（全部）	（　　　）	
固定成本		
固定性制造费用	（　　　）	
管理费用和固定销售费用	（　　　）	
小计	（　　　）	
税前利润	（　　　）	（　　　）

（2）进入 Microsoft Excel 操作界面，利用 Excel 的计算功能计算表 2 - 19 括号中的数据。

①计算单位产品的项目成本：

打开 Microsoft Excel 操作界面，在相关栏目中输入"成本项目"、"变动成本法"和"完全成本法"，在"成本项目"栏下分别输入"直接材料"、"直接人工"、"变动性制造费用"、"固定性制造费用"和"合计"；

分别在"变动成本法"和"完全成本法"栏下输入相关资料数据；

在与"完全成本法"栏相对应的"固定性制造费用"栏中输入公式"= 12 000/3000"，利用 Microsoft Excel 的计算功能，按"回车"键即可求得变量 X_2 的值；

在 C6 栏和 E6 栏分别输入公式"= SUM（C2：C5）"和"= SUM（E2：E5）"即可求得变量 X_1 和 X_3 的值。见图 2 - 72。

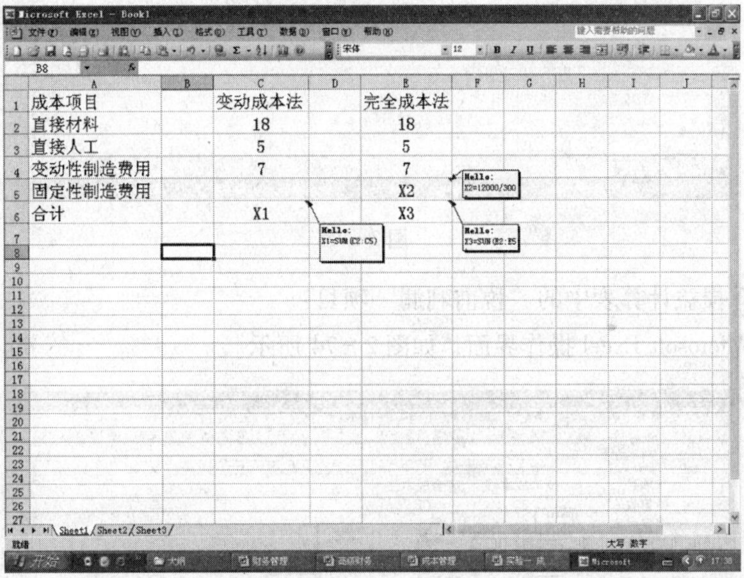

图 2 - 72

②计算损益计算表中的"当期产品成本"、"期末存货数量"、"期末存货成本"和"销售成本"：

求得变量 X_1 和 X_3 的值后，即可运用简单的算术乘法计算出损益计算表中的"当期产品成本"、"期末存货成本"和"销售成本"。见图 2 - 73。打开 Microsoft Excel 操作界面，在 A1 到 A8 栏目中分别输入"项目"、"产量"、"销量"、"单位产品成本项目"、"当期产品成本"、"期末存货数量"、"期末存货成本"和"销售成本"；在 C1 栏和 D1 栏分别输入"变动成本法"和"完全成本法"；在 C2、C3、C4、D2、D3、D4 栏中输入相关数据，利用 Excel 的计算功能，在 C5、C6、C7、C8 栏中分别输入公式"= C2 × C4"、"= C2 - C3"、"= C4 × C6"和"= C3 × C4"；

在 D5、D6、D7、D8 栏中分别输入公式" = D2 × D4"、" = D2 − D3"、" = D4 × D6"和" = D3 × D4",按回车键后即可求得在变动成本法和完全成本法下"当期产品成本"、"期末存货数量"、"期末存货成本"和"销售成本"的值。

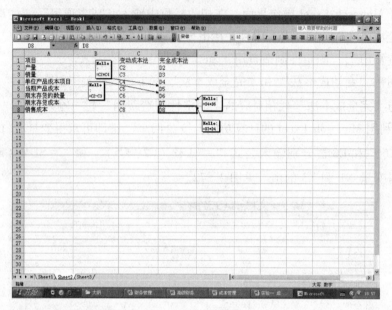

图 2 − 73

③计算损益计算表中的"税前利润"项目:

打开 Microsoft Excel 操作界面,如图 2 − 74 所示。

图 2 − 74

在项目栏中分别输入"销售收入"、"销售成本"、"贡献毛益（生产阶段）"、"变动销售费用及管理费用"、"贡献毛益（全部）"、"固定性制造费用"、"固定销售费用和管理费用"及"税前利润"；在 B1 栏和 C1 栏中分别输入"变动成本法"、"完全成本法"并在相关栏目中输入数据，利用 Microsoft Excel 的计算功能输入相关公式后按"回车"键，即可求得最终结果。

（3）将上述通过利用 Microsoft Excel 的计算功能计算出的数据填入损益计算表的相关位置。

（4）利用损益计算表的计算结果，在 Microsoft Word 中进行文字分析，对采用"变动成本法"和"完全成本法"所产生的不同损益结果进行评价和阐述，完成实验小结。

小提示：

变动成本法的优缺点

优点：营业利润随销售量的增加或减少而升降，这是企业经理人员所想要的会计信息；便于进行本—量—利分析，有利于进行销售预测；变动成本法的基本理论和程序揭示了成本、业务量、利润之间的内在关系；有利于促使企业管理当局重视销售，防止盲目生产；有利于短期经营决策；有利于编制弹性预算。弹性预算实际上是根据变动成本法的原理编制的，在企业采取以销定产，可以随业务量的变化而机动地调整，具有弹性；有利于成本控制和业绩考核；有利于产品成本的计算工作。

缺点：不符合传统的成本概念。美国会计学会（AAA）的成本概念和准则委员会认为"成本是为了达到一个特定的目的而已经发生或可能发生的，以货币计量的牺牲"。依照这个传统观点，不论固定成本还是变动成本都要记入产品成本；不能适应长期决策的需要。变动成本法对短期经营决策有明显的作用，但不适合长期决策；影响征税部门的收益和投资者及时取得的收益。变动成本法，一般会降低期末存货估价，降低了营业利润额，在某种程度上会暂时降低所得税和股利；成本分解不够精确。将成本划分为固定成本和变动成本在很大程度上是假设的结果，不是一种精确的计算。

实验项目二　本—量—利分析

实验项目：本—量—利分析

实验学时：3 学时

实验类别：综合性实验

实验目的与要求：

了解 Excel 界面及一般功能；熟悉 Excel 基本工具；掌握 Excel 的计算功能；熟

练掌握 Excel 的函数计算及运用。了解本—量—利分析的基本假设，掌握并能熟练运用盈亏临界点分析的基本模型计算分析相关指标，揭示成本、销量与利润之间的内在联系。

实验过程要点：

Excel 界面及一般功能；Excel 的基本工具；Excel 的计算功能；Excel 的函数的计算及运用。注意电脑的安全开启和退出。注意盈亏临界点基本模型的灵活运用，相关因素变动对盈亏临界点的影响；揭示本—量—利的关系。

实验设备、工具及材料：电脑、Microsoft Excel 操作软件

编写报告及实物制作：实验小结

 小知识：

本量利分析

本量利分析（Cost – Volume – Profit Analysis，CVP）是成本—产量（或销售量）—利润依存关系分析的简称，是指在变动成本计算模式的基础上，以数学化的会计模型与图文来揭示固定成本、变动成本、销售量、单价、销售额、利润等变量之间的内在规律性的联系，为会计预测决策和规划提供必要的财务信息的一种定量分析方法。本量利分析又称量本利分析（VCP 分析）。它着重研究销售数量、价格、成本和利润之间的数量关系，它所提供的原理、方法在管理会计中有着广泛的用途，同时它又是企业进行决策、计划和控制的重要工具。

一、实验的相关资料

资料：假定先施公司本年度的简略收益表重要数据如下：

表 2 – 20 单位：元

销售收入	600 000
减：销售成本（其中包括固定费用 300 000 元）	660 000
税前利润	– 60 000

若该公司总经理认为：如果计划期间增加广告宣传费 60 000 元，产品销售量即可大幅增加，公司就可转亏为盈。该项建议已获该公司董事会批准。

要求：

（1）为先施公司预测计划年度的保本销售额。

（2）若该公司希望在计划年度获得目标税前利润 60 000 元，则该公司的目标销售额应为多少？

二、实验的操作步骤

（1）预测计划年度的保本销售额：

①计算变动成本率：打开 Microsoft Excel 操作界面，在 A1 栏输入"项目"；在 A2 到 A6 栏分别输入"销售收入"、"销售成本"、"固定成本"、"变动成本"和"变动成本率"；在 B1 栏输入"数据"；在 B5 栏输入公式"＝B3－B4"，在 B6 栏输入公式"＝B5/B2"。按"回车"键后即可得出变动成本率，见图 2－75。

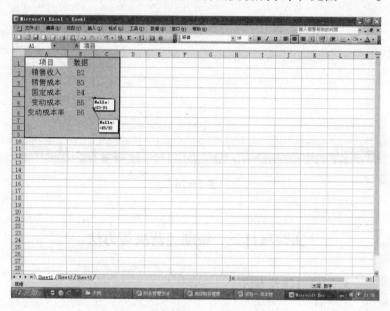

图 2－75

②计算贡献毛益率：1－变动成本率。

③预测计划年度的保本销售额：

设计划年度的保本销售额为 X，根据盈亏临界点计算的基本模型可得：

X－X×变动成本率－（固定费用＋新增的固费用）

将有关数据代入公式中，即可得出计划年度的保本销售额。

（2）若该公司希望在计划年度获得目标税前利润 60 000 元，则该公司的目标销售额应为：

打开 Microsoft Excel 操作界面，在 A1 栏输入"项目"；在 A2 到 A6 栏分别输入"固定成本"、"新增固定成本"、"目标利润"、"贡献毛益率"和"销售收入"；在 B1 栏输入"数据"；在 B6 栏输入公式"＝[SUM（B2：B4）]/B5"。按"回车"键后即可得出为实现目标利润应达到的销售收入，见图 2－76。

（3）打开 Microsoft Word 界面，将上述计算结果在 Word 文档中进行分析和评价，尤其要注意盈亏临界点基本模型的灵活运用，体会本—量—利之间的内在联系。

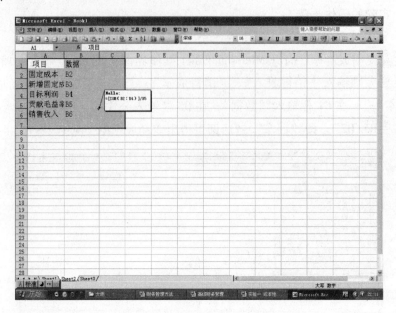

图 2-76

实验项目三　短期经营决策方法

实验项目：短期经营决策方法

实验学时：2 学时

实验类别：综合性实验

实验目的与要求：

了解 Excel 界面及一般功能；熟悉 Excel 的基本工具；掌握 Excel 的计算功能；熟练掌握 Excel 的函数计算及运用。在了解和区分各种成本概念的基础上，掌握并熟练运用几种常用的经营决策方法。

实验过程要点：

Excel 界面及一般功能；Excel 的基本工具；Excel 的计算功能；Excel 的函数的计算及运用。注意电脑的安全开启和退出。有关成本的概念，注意分析思路，短期经营决策方法及其适用范围。

实验设备、工具及材料：电脑、Microsoft Excel 操作软件

编写报告及实物制作：实验小结

小知识：

短期决策（Short-run Decision）是指企业为有效地组织现在的生产经营活动，合理利用经济资源，以期在不远的将来取得最佳的经济效益而进行的决策。短期经

营决策分析的决策结果只影响或决定企业一年或一个经营周期的经营实践的方向、方法和策略,侧重从资金、成本、利润等方面对如何充分利用企业现有资源和经营环境,以取得尽可能大的经济效益。

一、实验的相关资料

永乐电器厂生产中每期需用零件 A 30 000 件,其单位产品生产成本如下:

直接材料	6 元
直接人工	5 元
变动性制造费用	7 元
固定性制造费用	7 元
合计	25 元

假定现有一供应商愿以每件 20 元的价格提供这一零件,则零件 A 是适宜自制还是外购?

二、实验的操作步骤

(1)进入 Microsoft Word 的操作界面,点击"表格"中的"插入表格",在弹出的对话框中输入插入表格的"行"和"列"数,建立差量分析表,并在表格中输入相关的项目,如图 2-77、图 2-78 所示。

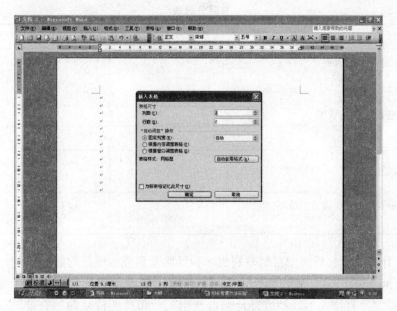

图 2-77

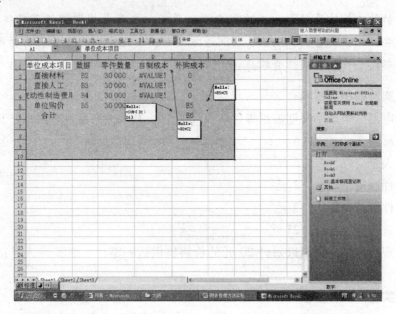

图 2-78

将资料中已知的数据填入差量分析表（见表 2-21）中有关项目所对应的位置。

表 2-21   **差量分析表**

	单位成本	总成本
自制差别成本 直接材料 直接人工 变动性制造费用		
合计		
外购差别成本 购价		
自制差别成本小于外购差别成本		

（2）计算差量分析表中自制差别成本和外购差别成本项目的数值。

打开 Microsoft Excel 操作界面，在 A1 栏输入成本项目，A2 到 A6 栏分别输入"直接材料"、"直接人工"、"变动性制造费用"、"单位购价"和"合计"；在 B1 栏输入"数据"，从 B2 到 B5 分别输入实验材料中所给出的各单位成本项目数据；在 C1 栏输入"零件数量"，从 C2 到 C5 栏输入"30 000"；在 D1 栏输入"自制成本"，D2 栏输入公式"= B2 × C2"，D3 栏输入公式"= B3 × C3"，D4 栏输入公式"= B4 × C4，"D6 栏输入公式"= SUM（B2：B4）"，"回车"后可得出 D6 栏的合计数。在 E1 栏输入"外购成本"，E5 栏输入公式"= B5 × C5"，按"回车"键后可得出外购的总成本。

（3）计算自制成本和外购成本的差别值。

打开 Microsoft Excel 操作界面，在 D1 栏输入成本项目，D2 到 D3 栏分别输入"单位总成本"、"总成本"；在 E1 栏输入"自制成本"，在 F1 栏输入"外购成本"，在 G1 栏输入"差别成本"，在 G2 栏输入公式" = E2 - F2"，在 G3 栏输入公式" = E3 - F3"，按"回车"键后可得出两种不同方式下的差量成本。如图 2 - 79 所示。

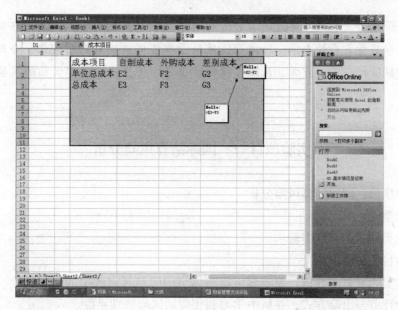

图 2 - 79

（4）将上述通过利用 Microsoft Excel 的计算功能计算出的相关指标值填入差量分析表，并利用计算结果在 Microsoft Word 文档中分析和评价差量成本，写出简要的分析报告，做出最终自制或外购的决策，完成实验小结。

小提示：

短期决策的一般程序：①确定决策的目标。②开阔思路，从不同方面提出可供选择的多种方案。③在几个方案中确定一个基本方案作为对比的基础。如在对现行生产经营活动提出改进方案时，一般可以现行生产经营活动作为基本方案。④收集尽可能多的与选择方案有关的各种可计量的因素，如有关方案的预期收入和预期支出，编制比较分析表，计算各方案的经济效益。⑤作出评价（考虑其他非计量因素的影响）。⑥确定最优方案。

第五节　风险管理实验

 小提示：

　　风险管理力求把风险导致的各种不利后果减少到最低程度，使之正好符合有关方在时间和质量方面的要求。一方面，风险管理能促进决策的科学化、合理化、减少决策的风险性；另一方面，风险管理的实施可以使生产活动中面临的风险损失降至最低。

实验项目一　国际结算风险分析

　　实验项目：国际结算风险分析

　　实验学时：4学时

　　实验类别：综合性实验

　　实验目的与要求：

　　通过实际资料的分析，要求学生能够体会国际结算过程中的诸多风险，掌握主要的出险环节与出险方式，并从中学习到相应的风险管理手段。

　　实验过程要点：

　　熟悉校园网的数据库，能查找相应案例；了解结算中的主要风险及其防范控制手段；注意电脑的安全开启和退出；注意实验室防火安全。

　　实验设备、工具及材料：实验室联网电脑（校园网）

　　编写报告及实物制作：

　　最终报告应包括正文与附录两项内容。正文包括：本组案例简介、本案例所体现的结算风险、给我们的启示（风险控制策略）。其中后两部分可以合并提供。附录包括：本案例分析所涉及的重要的法律法规、国际协定条文。

小知识：

　　国际结算是指国际间由于政治、经济、文化、外交、军事等方面的交往或联系而发生地以货币表示债权债务的清偿行为或资金转移行为。它分为有形贸易和无形贸易。有形贸易引起的国际结算为国际贸易结算；无形贸易引起的国际结算为非国际贸易结算。

小提示：

　　国际结算可以促进国际贸易交易，服务国际经济文化交流，促进国际金融一体化，进而繁荣整个世界经济；同时还可以为本国创收和积累外汇，引进外资，合理使用外汇，输出资金向外投资，起到巩固本国货币汇率、提高本国对外支付能力的作用。

国际结算风险分析步骤

一、实验的基本环节

（1）要求学生进入校园网图书馆页面，找到查询案例的数据库。以"书生之家"为例，见图 2-80。

图 2-80　校园网图书馆首页页面图

（2）点击"书生之家"数据库，进入如图 2-81 所示的页面。

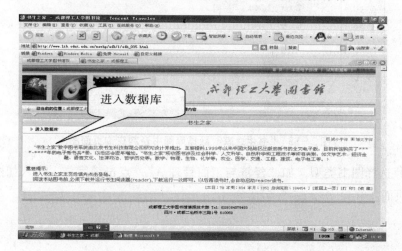

图 2-81　"书生之家"数据库介绍页面图

（3）点击"进入数据库"字样，进入数据库首页，见图2-82。

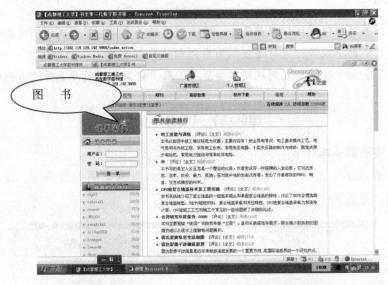

图2-82 "书生之家"数据库首页页面图

（4）进入数据库首页后，选择查询范围，如"图书"，点击该字样，进入如图2-83所示的页面。

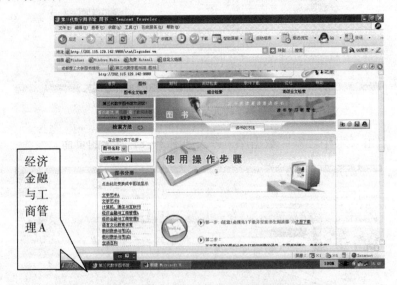

图2-83 "书生之家"数据库图书资料查询页面图

（5）选择图书类型，如"经济与工商管理A"，点击该字样，进入如图2-84所示的页面。

图2-84 "书生之家"数据库"经济金融与工商管理A"类图书查询页面图

（6）各组按照抽签所确定的资料，在"搜索栏"中输入需要查询的图书，如国际贸易风险管理与案例评析，输入后按回车键，进入如图2-85所示的页面。

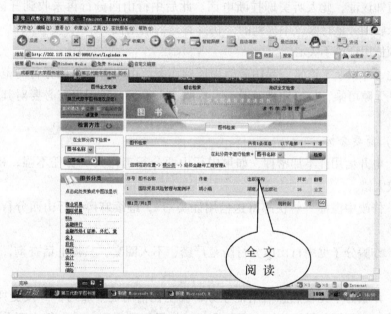

图2-85 "书生之家"数据库图书"国际贸易风险管理与案例评析"查询页面图

（7）点击图2-85中的"全文"字样，即可以进行图书的全文阅读，找到抽签确定的案例，并完成相应的分析工作。

二、教师示范实验摘要——利用伪造信用证欺诈案

（一）实验资料简介

1999年5月25日，中行山西分行收到的一份未加密押TELEX电开信用证，

95

"开证行"为克罗地亚 KASICA STEDNO KREDITNA ZADRUGA – AZGREB,金额为 USD995 842.00,信用证号为 301/99,次日该行又收到"开证行"一份未加密押 TELEX 电开修改,内称信用证实书将以快邮方式寄送该行,同时在修改中提供了一个电传号及参考号。经过审核,该证疑点颇多:

(1)中行山西分行 1998 年 6 月 1 日即已实行代理密押集中管理,加密电由总行一个窗口集中对外,该行将不加密押 TELEX 电开信用证直接开至分行,这种做法很不规范,目前也十分少见。

(2)经查世界银行年鉴,克罗地亚根本无此银行。

(3)信用证条款也有可疑之处,如"凭保议付可以接支"、"保险赔偿地为中国"等。

为稳妥起见,中行山西分行当即电传查询开证行,要求其加密押证实该信用证。但经多次呼叫,始终无法与开证行取得联系,中行山西分行又改用加急电报,也被邮局以"无此收报人"为由退回。5 月 28 日、6 月 2 日中行山西分行两次接到一陌生人的电话,该人自称是上述信用证开证申请人,询问中行山西分行是否已通知该信用证。中行山西分行当即向其说明,在未收到加密押证来电之前,中行山西分行决不会通知该证,此人听罢即挂断电话。此后中行山西分行再未收到开证行来电,也一直未收到开证行修改中提到的"快邮寄送的信用证实书",受益人也一反常规,对此巨额信用证漠不关心。

至此,可以断定这是一起伪造信用证欺诈案。由于中行山西分行防范严密,诈骗分子见无隙可乘,只好知难而退。虽然欺诈未得逞,我们也有必要对其欺诈手法进行剖析。

(二)简要分析

(1)电开信用证不加密押,如果中行山西分行工作人员责任不强,稍一疏忽,就会酿成大错。

(2)修改中谎称"将快邮寄送信用证实书",继续麻痹中行山西分行,企图蒙混过关

(3)诈骗分子见中行山西分行防范严密,不入圈套,只得电话查询,最终露出马脚。

(4)诈骗分子比较熟悉信用证业务,甚至在信用证中加列了"接受凭保议付"这一对受益人十分有利的条款。可以设想,如果诈骗得手,从中行山西分行拿到正本信用证,将很容易从银行获得打包贷款,或者诱使我出口企业出运货物。

这是一起精心设计的伪造信用证欺诈行为。一旦蒙混过关骗取信用证,就可以利用"银行信用"衍生出多种骗局,既可能骗钱又可能骗货,既可能骗银行又可能骗企业。

小提示：

　　国际结算与国内结算的区别：①货币的活动范围不同，国内结算在一国范围内，国际结算是跨国进行的；②使用的货币不同，国内结算使用同一种货币，国际结算则使用不同的货币；③遵循的法律不同，国内结算遵循同一法律，国际结算遵循国际惯例或根据当事双方事先协定的仲裁法。

实验项目二　宏观风险分析：保险风险对金融稳定的影响及对策建议

　　实验项目：宏观风险分析：保险风险对金融稳定的影响及对策建议

　　实验学时：4学时

　　实验类别：综合性实验

　　实验目的与要求：

　　通过本次分析，要求学生能够理解宏观分析的全面性、复杂性、均衡性特征，对我国保险业风险有基本的认识，并认识到其对整个金融体系稳定性的影响。

　　实验过程要点：

　　熟悉校园网的数据库，能查找相应案例；理解我国保险业风险的基本成因，并分析其主要对策；注意电脑的安全开启和退出；注意实验室防火安全。

　　实验设备、工具及材料：实验室联网电脑（校园网）

　　编写报告及实物制作：

　　最终报告应包括正文与附录两项内容。正文包括：本组收集的资料综述、本组资料所反映的相关问题、给我们的启示（金融体系预警、稳定策略）。其中后两部分可以合并提供。附录包括：本组所收集的详细资料及其清单。

小知识：

　　宏观经济风险主要是由于宏观经济因素的变化、经济政策变化、经济的周期性波动以及国际经济因素的变化给股票投资者可能带来的意外收益或损失。

宏观风险分析：保险风险对金融稳定的影响及对策建议的步骤

一、实验的基本环节

　　（1）要求学生进入校园网图书馆页面，找到查询案例的数据库，以"人大复印报刊资料全文数据库"为例，见图2-86。

图 2-86　校园网图书馆页面图

（2）点击"人大复印报刊资料全文数据库"数据库，进入如图 2-87 所示的页面。

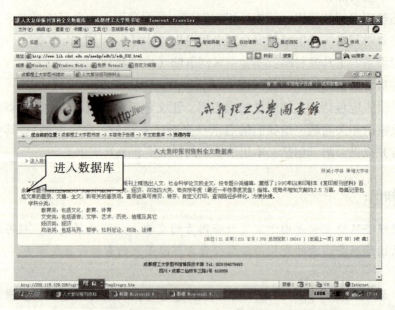

图 2-87　"人大复印报刊资料全文数据库"介绍页面图

（3）点击"进入数据库"字样，进入天宇信息服务平台，如图 2-88 所示。

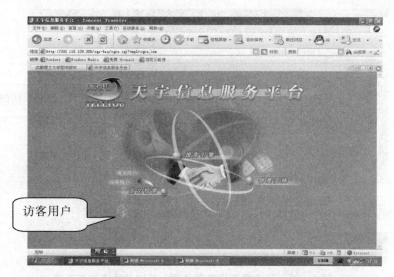

图 2 - 88　天宇信息服务平台页面图

（4）点击"访客用户"字样，进入数据库查询页面，如图 2 - 89 所示。

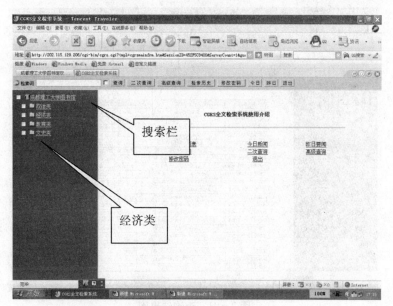

图 2 - 89　"人大复印报刊资料全文数据库"查询页面图

（5）各组同学在查询页面中选择"经济类"作为查询范围，同时按照抽签所确定的任务在搜索栏中输入关键词，如"风险管理"。此时图 2 - 89 所示的页面变为图 2 - 90 的模样。

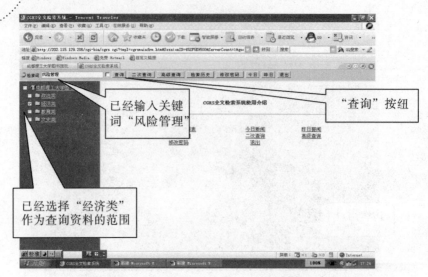

图 2－90　已选择查询范围并输入关键词的查询页面图

（6）点击"查询"按钮，进行查询。查询结果显示如图 2－91 所示。

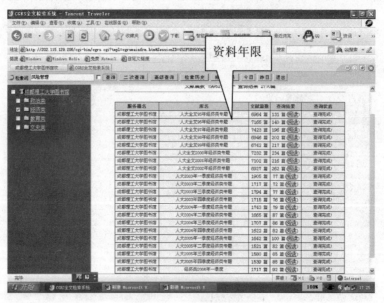

图 2－91　查询结果图

（7）根据上图所示的年限栏的具体内容，选择需要的年限点击，就可以看到所查询的论文资料。

二、教师综合分析简要内容

（一）保险业风险新状况

（1）保险业周期特征的逐步显现使得存量风险凸显。自 1980 年恢复经营之日起，我国保险业一直保持着较高的增长速度，即使在经济相对紧缩的 2000—2003 年间，保费收入的平均增速也接近 30%（同期 GDP 增长率为 7% 左右）。但是，随着社会主义市场经济体制的初步确立，保险市场结构发生了深刻的变化，行业的增长速度明显放慢。

（2）竞争加剧和产业结构变化使保险创新步伐明显加快，形成了新的风险。目前保险业既面临激烈的同业竞争，又面临银行、证券机构替代产品的竞争，于是各保险公司不断针对潜在保险需求推出新产品，以提高竞争力。而目前保险公司在开发新产品时，往往倾向于套用外国的产品模式，缺乏对本国市场风险的分析以及历史数据的收集。这样的产品，在销售以后将形成未来理赔的不确定性。

（3）监管体制改革使保险公司面临的风险复杂化。目前我国保险监管的重点正在由市场行为监管向偿付能力监管转变，监管当局启动了一系列促进竞争的措施，这使保险公司面临的风险复杂化。

（二）保险市场日益成为系统风险的源泉

相对于银行，保险公司的资产负债表结构具有明显不同的特点，其负债的持期大于资产，不容易发生挤兑现象。此外，银行通过银行间市场和支付体系密切结合在一起，而保险业不直接参与支付体系，也不是货币政策传导的主要渠道，因而公司之间关联性并不强。

传染效应和竞争效应是从理论上解释系统性风险的重要工具。传染效应是一个或者更多的公司风险向其他公司溢出的效应，竞争效应则是指财富的再分配会增加破产公司竞争对手的价值，二者互相补偿。对保险业而言，各公司现金流量特征相似，传染效应居于主导地位，同时，随着行业集中度的下降，竞争效应逐渐弱化。目前，已经有越来越多的公司开始注重运用分保机制来转移自身的风险或者通过分入业务来增加收入。但是，如果分入业务的公司对分出业务的公司信用风险认识不够，就会严重低估自身的资产负债表风险，而如果分保链涉及许多公司，就可能会形成系统性风险。此外，保险业是诚信行业，如果某一公司的特定事件损害了公众对整个行业的信心，就会导致大面积的退保，使风险向其他公司扩散。如 2001 年年末，广东、福建、上海等地因某些公司代理人在销售中误导、欺诈客户，发生了投资连接保险集体退保事件，险些酿成保险业信用危机。

保险部门的风险也可能会向银行溢出。美国学者布雷维尔的研究表明，保险业和银行业之间存在较为明显的传染效应。传染渠道可能是直接的，也可能是间接的。直接联系存在于信用暴露和所有权方面。有关研究表明，银行直接的信用风险对保险部门的传染是有限的，但是，考虑到信用风险转移工具的作用，情况就有所不同。一些国际组织的调查表明，当银行出于防范风险的目的购买衍生品时，保险公司往往会作为卖方出现。在我国，这种情况突出表现在保证保险领域，通过汽车、房屋消费信贷保险从银行转嫁到保险部门的风险已经不容忽视。目前国内许多银行与保险公司建立了战略合作伙伴关系，银行代理日益成为寿险公司的主要销售渠道之一。

银保联系的间接渠道并不直观，但却非常重要。保险公司作为金融市场的交易者，可能会因其他原因受到监管当局或评级机构的压力，被迫在价格下跌时出售资产。如果保险公司持有大量该项资产，就会导致价格进一步下降，从而使风险向银行的证券组合溢出。2005年2月，保监会联合证监会推出了国内保险资金进入资本市场的规定，保险公司成为重要的机构投资者，而银行是证券的间接持有者，这就使这种传导机制具有了现实基础。

（三）政策建议：维护金融稳定

总体看来，目前保险公司和银行业务交叉的趋势相当明显，传统的部门边界越来越模糊，中央银行和监管机构必须正确认识这种变化，并采取积极的应对措施。否则，忽视了这个重要的风险源泉，就可能增加金融体系的脆弱性。

1. 中央银行要更全面地维护金融稳定

针对目前保险业风险特征的变化和保险业与银行业传染渠道的拓宽，在分业监管的体制下，为了维护金融体系的稳定，中央银行应严密监控保险业的系统性风险。为此，要建立相应的报告制度，保证信息顺利地从监管当局向中央银行传递，以便中央银行与其他监管机构及时沟通和协调，在更大范围内维护金融稳定。

2. 建立合作协调的金融监管机制

一是建立包括基本原则的备忘录以及在独立的监管机构之间建立合作机制。二是建立联席委员会，或者在更广泛的基础上建立协调委员会。我国目前已经尝试在中央和各省建立人民银行、银监会、保监会、证监会共同参与的联席会议制度，但这种制度缺乏有效的约束力，各部门之间的利益存在冲突，难以有效消除监管真空和杜绝监管套利的现象。因此，必须采取切实措施，建立更为有效的合作协调机制。

3. 加强对金融控股公司的监管

一是加强立法，为金融控股公司监管提供制度框架，对不同监管主体的监管职责做出规定，明确中央银行、银行监管机构、证券监管机构、保险监管机构的分工协作机制。二是加强资本充足率监管。依据巴塞尔协议制定的资本充足性监管指南，对金融控股公司和分行业子公司分别实行资本充足性监管并严格贯彻实行，以确保金融控股公司的偿付能力。三是在金融控股公司内部设立分行业防火墙，同时加强对金融控股公司内部交易的监督。

4. 实施功能性金融监管

功能性金融监管是指基于金融体系基本功能而设计的更具连续性和一致性，并能实施跨产品、跨机构、跨市场协调的监管。在这一框架下，监管机构关注的是金融机构的业务活动及其所能发挥的功能，而不是金融机构的名称。目前我国的银行和保险监管依然采取的是根据既定机构的形式和类别进行监管的传统方式，在银行与保险部门联系日趋紧密、业务界限逐渐模糊和金融机构功能一体化的情况下，这一方式显然难以奏效。而根据金融产品所实现的金融功能来确定对应的监管机构，可以解决跨行业金融产品监管权限不明确的难题。面对银行和保险产品的趋同化，功能性金融监管体制是下一步金融监管改革的必然选择，也是维护金融体系稳定的客观需要。

小提示：

　　宏观经济因素的变动会给证券市场的运作以及股份制企业的经营带来重大影响，如经济体制的转轨、企业制度的改革、加入世界贸易组织、人民币的自由兑换等，莫不如此。

第六节　运筹学实验

小提示：

　　运筹学是管理类专业的一门重要专业基础课。它是 20 世纪 40 年代初发展起来的一门新兴学科。其主要目的是在决策时为管理人员提供科学依据，是实现有效管理、正确决策和现代化管理的重要方法之一。

小故事：

　　在中国战国时期，曾经有过一次流传后世的赛马比赛，相信大家都知道，这就是田忌赛马。田忌赛马的故事说明在已有的条件下，经过筹划、安排，选择一个最好的方案，就会取得最好的效果。可见，筹划安排是十分重要的。

实验项目一　Spreadsheet 方法的 Excel 基本操作功能

　　实验项目：Spreadsheet 方法的 Excel 基本操作功能

　　实验学时：2 学时

　　实验类别：综合性实验

　　实验目的与要求：

　　了解 Excel 界面及一般功能；熟悉 Excel 的基本工具；掌握 Spreadsheet 建立运筹学模型的方法；熟练掌握 Excel 模型建立和求解的基本操作。

　　实验过程要点：

　　Excel 界面及一般功能；Excel 的基本工具和基本功能；Spreadsheet 建模及 Excel 的计算求解。注意电脑的安全开启和退出；注意实验室防火安全。

　　实验设备、工具及材料：电脑、Microsoft Excel 操作软件

　　编写报告及实物制作：实验小结

小知识：

运筹学的研究方法有：①从现实生活场合抽出本质的要素来构造数学模型，因而可寻求一个跟决策者的目标有关的解；②探索求解的结构并导出系统的求解过程；③从可行方案中寻求系统的最优解法。

一、模型的概念与建立

（一）模型的概念

用管理科学方法求解问题，一般需要建立模型，用定量化方法来描述与分析所研究的问题。模型是对现实系统或情景的一种描述，同时又是对现实系统的一种抽象。

（二）建立模型的一般步骤

（1）定义问题。定义问题包括确定系统的目标和边界。

（2）调查研究，收集数据。

（3）建立数学模型。

（4）模型的验证。为检验模型的有效性，需在使用前进行模型的验证。一般可用模型预测近期变量值，并将该预测值与实际值相比较，以确定模型的有效性。

（5）选择可行方案。

（6）模型运行求解，提出推荐的方案。

（7）履行所推荐的方案，并进行评价。

例：一个简单的描述型模型

某教师打算在早上 10 点到达市中心的图书馆，该图书馆离开他所在处的距离为 S，他可乘坐公交车到达该图书馆。公交车的速度通常为 V。若他想确定路上所需的时间以决定何时出发，则可建立模型如下：

$$T = S/V$$

即为路上所需时间。

假如该教师必须在早上 10 点到达该图书馆参加一个重要会议。为保证不迟到，他还需考虑公交车在每个车站的停留时间。则模型变为：

$$T = (S/V) + (D \times N)$$

式中：D 为公交车在车站的平均停留时间；N 为车站数。

实际问题远比上述模型复杂。因为影响路上所需时间的因素除了车辆速度和车站停留时间外，还与等车时间、交通拥挤状况、乘客上下频繁程度、气候等多种因素有关。不过，对于一般较粗略的时间估计，上述模型已经可以提供足够的参考了，不必作过于精细的计算。

从上例可得到以下结论：

（1）模型通常是现实的抽象与简化；

（2）模型是由与分析问题有关的主要要素构成的，并表明这些主要要素之间的关系；

（3）模型的精细程度与所要决策问题的需要有关。

二、Spreadsheet 方法与 Excel 基本操作功能

下面用一个盈亏平衡分析的例子说明管理科学的应用。盈亏平衡分析是通过分析产品产量、成本与盈利之间的关系，找出各投资方案在产量、产品价格、单位产品成本等方面的临界值，以判断投资方案在各种不确定因素作用下的盈亏状况，从而为决策提供依据。

案例：盈亏平衡分析

华丽床垫厂生产一种床垫，年固定费用为 90 000 元，生产一个床垫的可变费用为 50 元，床垫的销售单价为 100 元。假定市场条件不变，产品价格稳定，所有的产品均能被销售。确定该产品在盈亏平衡点的产量。如果该工厂生产 2400 个床垫，盈亏情况如何？

解：假设床垫产量用 X 来表示。

则可建立如下模型：

（1）成本—产量模型。

总成本为：　　　　$C(X) = 90\,000 + 50X$

式中：C 为生产 X 个床垫的总成本，它是产量 X 的函数。

（2）收益—销售量模型。

收益为：　　　　$R(X) = 100X$

式中：X 为床垫的销售量（在本例中，床垫的销售量等于床垫的生产量）；

　　　　$R(X)$ 为销售 X 个床垫的总收益，它是产量 X 的函数。

（3）利润—产量模型。

总利润为：　　　$P(X) = R(X) - C(X)$

　　　　　　　　　$= 100X - (90\,000 + 50X)$

　　　　　　　　　$= -90\,000 + 50X$

式中：$P(X)$ 为总利润，它是 X 的函数。

（4）盈亏平衡分析。

当总利润为零时，达到盈亏平衡。

即有：

$P(X) = -90\,000 + 50X = 0$

计算可得这时的产量为：

$X = 1800$（个）

（5）若生产 2400 个床垫，则其利润为：

$P(2400) = -90\,000 + 50 \times 2400$

= 30 000 （元）

下面以 Microsoft Excel 为背景，用 Spreadsheet 方法描述和求解。

打开 Excel 后，出现工作表。该工作表用作描述问题与建立模型时，称为 Spreadsheet。在 Spreadsheet 上进行盈亏分析的基本步骤如下：

（1）在 Spreadsheet 中进行问题描述。用地址为 B4、B5、B6 的单元格分别表示固定费用、单位产品可变费用和产品单价，在这些单元格中分别输入已知数据，见图 2 - 92。

图 2 - 92　已知数据的输入

（2）在 Spreadsheet 中建立模型。可在单元格 A9 处输入"模型"两个字，用单元格 B10 表示产品产量（相当于上述 X），它是一个有待于确定的决策变量。由于总成本、总收益与总利润均与该决策变量有关，所以可将单元格 B10 用一个框围起来以示该决策变量的重要性。

单元格 B12、B14、B16 分别表示总成本、总收益与总利润。总成本（单元格 B12）等于年固定费用与年可变费用之和，其中年可变费用等于单位产品可变费用与产品的产量之积，所以在单元格 B12 中输入下述公式：

= B4 + B5 × B10　　即 90 000 + 50X

总收益（单元格 B14）等于产品价格与产品产量之积，在单元格 B14 中输入下述公式：

= B6 × B10　　即 100X

总利润（单元格 B16）等于总收益与总成本之差，在单元格 B16 中输入下述公式：

= B14 - B12　　即（90 000 + 50X）- 100X

运用上述模型即可计算出不同产品产量下的盈亏情况。

例如，当产品的产量为 2400 个时，可在单元格 B10 中输入 2400，即得到此时的总成本、总收益与总利润分别为 210 000 元、240 000 元、30 000 元，见图 2－92所示。

（3）确定盈亏均衡点：

盈亏均衡点是总成本等于总收益的点，或总利润等于零的点。前面已经算出，当产量为 2400 个时，总利润为 30 000 元，所以该点不是盈亏均衡点。可在单元格B10 中继续输入其他产量值进行试算，直到总利润为零。

下面介绍两种使用 Excel 中的命令迅速求出盈亏均衡点产量的方法，第一种方法使用数据表命令，第二种方法使用单变量求解命令。

方法一：数据表命令方法

Excel 中的数据表命令可用来计算不同输入下的输出值。

在本例中，可用数据表命令计算不同产量下的盈利值或亏损值。其中，盈利值（或亏损值）为零时所对应的那一个产量，即为盈亏均衡点下的产量。

用数据表命令求盈亏点下产量的步骤如下：

第一步，确定输入的决策变量值（即床垫的产量）的范围与计算步长。

前面已计算得到，当床垫的产量为 2400 个时，总利润为正值，即盈利；在上表的模型中，若在单元格 B10 中输入 1400，得到总利润为负值，即亏损。

因此，在产量在 1400～2400 之间，必有一个值使得总利润为零，这个值即为盈亏均衡点的产量。

所以，可将输入范围定为（1400，2400），假设计算步长为 200。

第二步，在单元格 A22：A27 中分别输入从 1400～2400、步长为 200 的产量值。

第三步，在单元格 B21 中输入计算总利润的公式，即"＝B16"，如图 2－92所示。

第四步，用 Excel 中的数据表命令计算不同产量下的利润值：

①用鼠标选择单元格 A21：B27 的区域；

②在 Excel 工作表的菜单栏中，选择"数据"（Data），如图 2－92所示；

③选择"模拟运算表"（table）；

④出现模拟运算表对话框，在"输入引用列的单元格"一栏中输入"B10"，B10 是表示产量的单元格，这表示模拟运算表要计算的不同产量下的利润。

⑤选择"确定"。

这时，表内将出现不同产量所对应的利润值。

从图 2－93可以看出，当产量为 1800 个时，总利润为零，即盈亏均衡点的产量为 1800 个。

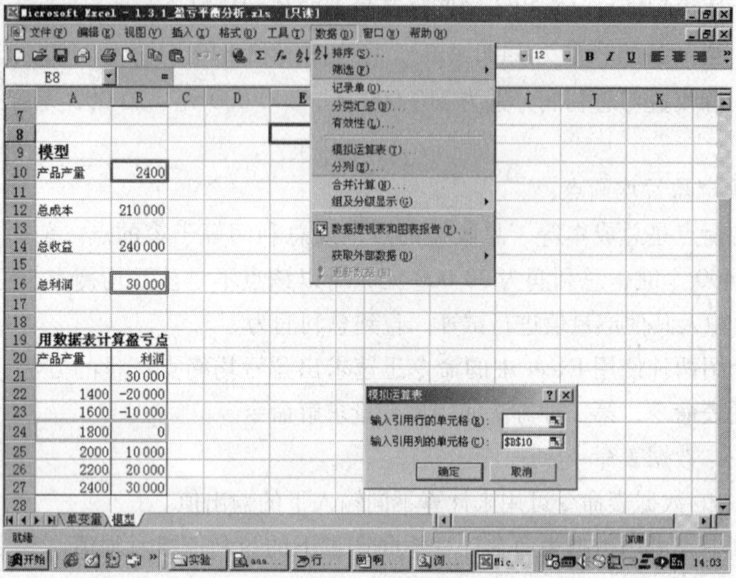

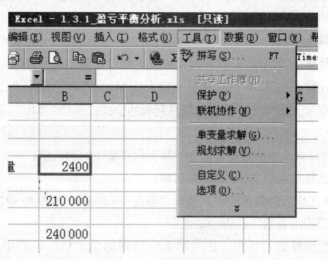

图 2-93 数据表计算

方法二：单变量求解命令方法

用 Excel 的单变量求解命令可以直接求出利润为零所对应的产量。

第一步，在 Excel 的菜单栏选择"工具"（tool），如图 2-94 所示。

图 2-94 单变量求解

第二步，选择"单变量求解"（Goal Seek）；

第三步，这时，出现"单变量求解"对话框。在"目标单元格"一栏中输入地址"B16"（总利润值），在"目标值"一栏中输入"0"（表示总利润为零），在"可变单元格"一栏中输入地址"B10"（表示产量），如图 2-94 所示。

该对话框的输入表明，下面要寻找的是当总利润为零时对应的产量值，选择

"确定"。

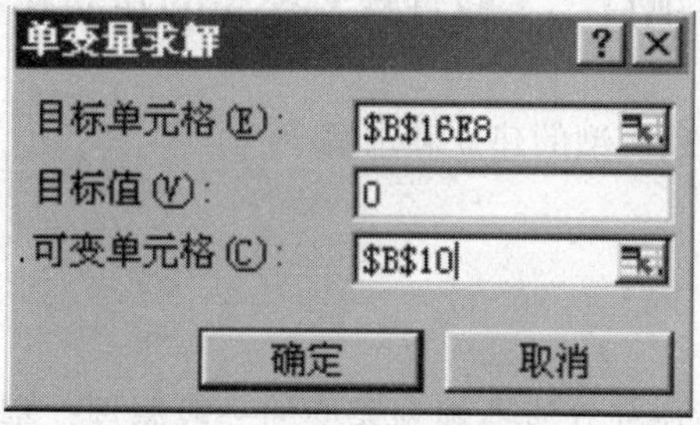

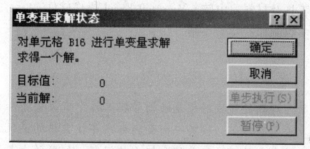

图2-95　单变量求解

这时，出现"单变量求解状态"对话框，如图2-95所示。它表示已经求得了一个解，选择"确定"。这时，在单元格B10中即得到盈亏均衡点的产品产量，为1800个。

图2-96　单变量求解状态

小知识：

运筹学处理问题的步骤：①提出和形成问题。提出需要解决的问题，确定目标；分析问题所处的环境和约束条件。②建立模型。把问题中的决策变量、参数与目标函数和约束条件之间的关系用一定的模型表示出来。模型是研究者经过研究后用文字、图表、符号、关系式以及实体模样描述所认识到的客观对象，成功的模型对问题的解决有关键作用。③最优化。确定与模型有关的各种参数，选择求解方法，求出最优解。④解的评价。通过灵敏度分析等方法，对所求解进行分析和评价，并据此提出修正方案。⑤决策。向决策者提出决策所需的数据、信息和方案，帮助决策者决定处理问题的方案。

小提示：

运筹学是软科学中"硬度"较大的一门学科，兼有逻辑的数学和数学的逻辑的性质，是系统工程学和现代管理科学中的一种基础理论和不可缺少的方法、手段和工具。运筹学已被应用到各种管理工程中，在现代化建设中发挥着重要作用。

实验项目二　线性规划模型的建立和求解

实验项目：线性规划模型的建立和求解

实验学时：2 学时

实验类别：综合性实验

实验目的与要求：

理解 Spreadsheet 方法建立线性规划模型的一般原理；掌握运用 Excel 求解模型的操作方法。

实验过程要点：

根据给定案例数据资料建立线性规划模型并求解。注意电脑的安全开启和退出；注意实验室防火安全。

实验设备、工具及材料：电脑、Microsoft Excel 操作软件

编写报告及实物制作：实验小结

小知识：

运筹学中的数学规划的研究对象是计划管理工作中有关安排和估值的问题，解决的主要问题是在给定条件下，按某一衡量指标来寻找安排的最优方案。它可以表示成求函数在满足约束条件下的极大值和极小值问题。如果约束条件和目标函数都是呈线性关系的就叫线性规划。要解决线性规划问题，从理论上讲都要解线性方程组，因此解线性方程组的方法，以及关于行列式、矩阵的知识，就是线性规划中非常必要的工具。

本章以举例的方式介绍用 Spreadsheet 方法如何建立线性规划问题模型，并进一步求出最优解。

【例】雅致家具厂生产 4 种小型家具，由于这四种家具具有不同的大小、形状、重量和风格，所以它们所需要的主要原料（木材和玻璃）、制作时间、最大销售量与利润均不相同。该厂每天可提供的木材、玻璃和工人劳动时间分别为 600 单位、1000 单位与 400 小时，详细的数据资料见表 2-22。问：

（1）应如何安排这四种家具的日产量，使得该厂的日利润最大？

（2）家具厂是否愿意出 10 元的加班费，让某工人加班 1 小时？

（3）如果可提供的工人劳动时间变为 398 小时，该厂的日利润有何变化？

（4）该厂应优先考虑购买何种资源？

（5）若因市场变化，第一种家具的单位利润从 60 元下降到 55 元，该厂的生产计划及日利润将如何变化？

表2-22　　　　　　　　　　　　　　雅致家具厂基本数据

家具类型	劳动时间（小时/件）	木材（单位/件）	玻璃（单位/件）	单位产品利润（元/件）	最大销售量（件）
1	2	4	6	60	100
2	1	2	2	20	200
3	3	1	1	40	50
4	2	2	2	30	100
可提供量	400 小时	600 单位	1000 单位		

解：依题意，设置这四种家具的日产量分别为决策变量 x_1，x_2，x_3，x_4，目标要求是日利润最大化，约束条件为三种资源的供应量限制和产品销售量限制。

据此，列出下面的线性规划模型：

$$MaxZ = 60x_1 + 20x_2 + 40x_3 + 30x_4$$

$$s.t. \begin{cases} 4x_1 + 2x_2 + x_3 + 2x_4 \leqslant 600 & （木材约束） & ① \\ 6x_1 + 2x_2 + x_3 + 2x_4 \leqslant 1000 & （玻璃约束） & ② \\ 2x_1 + 1x_2 + 3x_3 + 2x_4 \leqslant 400 & （劳动时间约束） & ③ \\ x_1 \leqslant 100 & （家具1需求量约束） & ④ \\ x_2 \leqslant 200 & （家具2需求量约束） & ⑤ \\ x_3 \leqslant 50 & （家具3需求量约束） & ⑥ \\ x_4 \leqslant 100 & （家具4需求量约束） & ⑦ \\ x_1, x_2, x_3, x_4 \geqslant 0 & & ⑧ \end{cases}$$

其中，x_1，x_2，x_3，x_4 分别为四种家具的日产量。

下面介绍用 Excel 中的"规划求解"功能建模与求解。

第一步，在 Excel 中描述问题、建立模型，如图2-97所示。

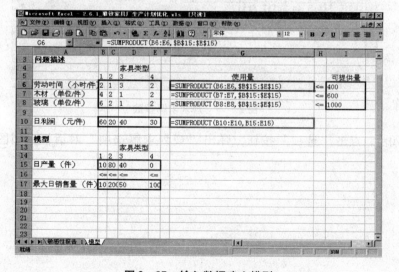

图2-97　输入数据建立模型

第二步，在"工具"菜单中选择"规划求解"，如图 2-98 所示。

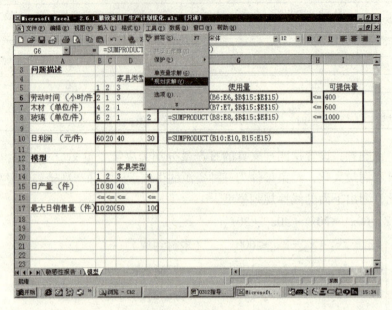

图 2-98 规划求解

第三步，在"规划求解参数"对话框中进行选择，如图 2-99 所示。

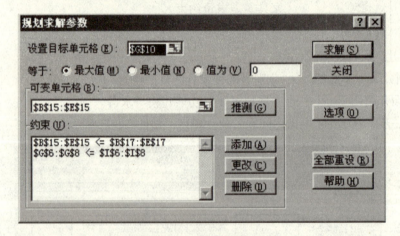

图 2-99 规划求解参数

第四步，点击"选项"按钮，弹出"规划求解选项"对话框，如图 2-100 所示。

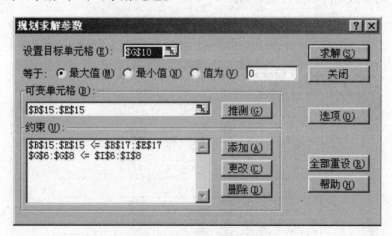

图 2-100　规划求解选项

　　第五步，选择"采用线性模型"和"假定非负"，单击"确定"，如图 2-101 所示。单击"求解"，即可求解此题。

图 2-101　线性规划求解

最后结果如图 2-102 所示。

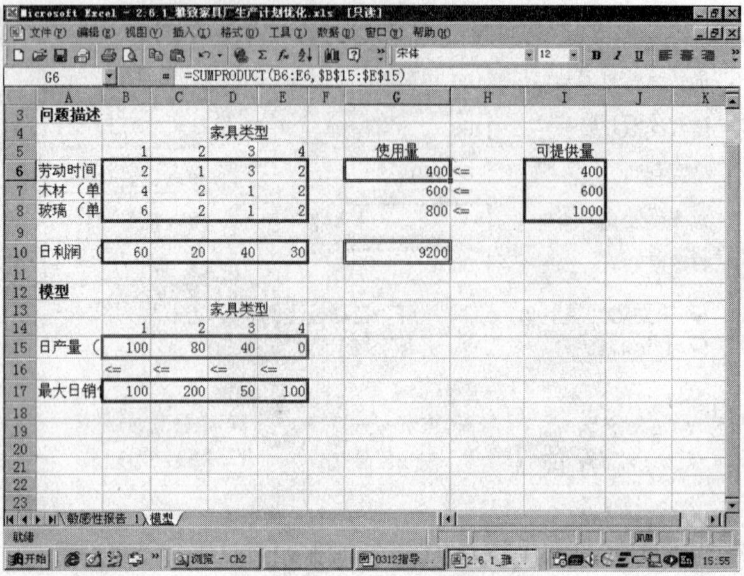
Microsoft Excel - 2.6.1_雅致家具厂生产计划优化.xls [只读]

G6 =SUMPRODUCT(B6:E6,$B$15:$E$15)

	A	B	C	D	E	F	G	H	I
3	问题描述								
4			家具类型						
5		1	2	3	4		使用量		可提供量
6	劳动时间	2	1	3	2		400	<=	400
7	木材（单	4	2	1	2		600	<=	600
8	玻璃（单	6	2	1	2		800	<=	1000
9									
10	日利润（	60	20	40	30		9200		
11									
12	模型								
13			家具类型						
14		1	2	3	4				
15	日产量（	100	80	40	0				
16		<=	<=	<=	<=				
17	最大日销	100	200	50	100				

敏感性报告 1 / 模型

图 2－102　求解的结果

与此结果对应的敏感性报告如图 2－103 所示。

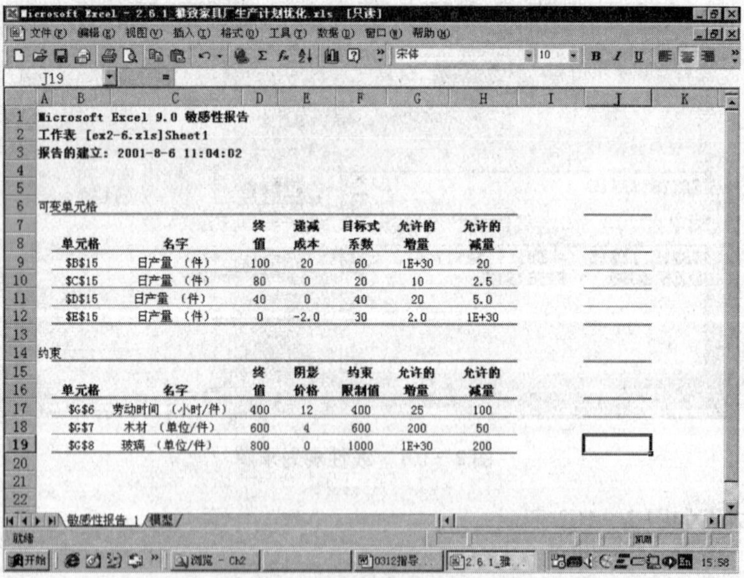
Microsoft Excel - 2.6.1_雅致家具厂生产计划优化.xls [只读]

Microsoft Excel 9.0 敏感性报告
工作表 [ex2-6.xls]Sheet1
报告的建立：2001-8-6 11:04:02

可变单元格

单元格	名字	终值	递减成本	目标式系数	允许的增量	允许的减量
$B$15	日产量（件）	100	20	60	1E+30	20
$C$15	日产量（件）	80	0	20	10	2.5
$D$15	日产量（件）	40	0	40	20	5.0
$E$15	日产量（件）	0	-2.0	30	2.0	1E+30

约束

单元格	名字	终值	阴影价格	约束限制值	允许的增量	允许的减量
$G$6	劳动时间（小时/件）	400	12	400	25	100
$G$7	木材（单位/件）	600	4	600	200	50
$G$8	玻璃（单位/件）	800	0	1000	1E+30	200

敏感性报告 1 / 模型

图 2－103　敏感性报告

说明：①可变单元格表中，终值对应决策变量的最优解；递减成本指目标函数中决策变量的系数必须改进多少才能得到该决策变量的正数解，改进对最大值为增加，对最小值为减少。②允许的增量（或减量）是指在保证最优解不变的前提下，目标函数系数的允许变化值。③在约束表中，终值是指约束的实际用量；影子价格是指约束条件右边增加（或减少）一个单位，目标值增加（或减少）的数值；这里允许的增量（或减量）是指在影子价格保持不变的前提下，终值的变化范围。

根据模型运行结果可做出如下分析：

（1）由模型的解可知，雅致家具厂四种家具的最优日产量分别为 100 件、80 件、40 件和 0 件，这时该厂的日利润最大，为 9200 元。

由上述敏感性报告可进行灵敏度分析，并回答题目中的问题（2）至问题（5）。

（2）由敏感性报告可知，劳动时间的影子价格为 12 元，即在劳动时间的增量不超过 25 小时的条件下，每增加 1 小时劳动时间，该厂的利润（目标值）将增加 12 元。

因此，付给某工人 10 元以增加 1 小时劳动时间是值得的，可多获利：

12－10＝2（元）

（3）当可提供的劳动时间从 400 小时减少为 398 小时时，该减少量在允许的减量（100 小时）内，所以劳动时间的影子价格不变，仍为 12 元。

因此，该厂的利润变为：

9200＋12×（398－400）＝9176（元）

（4）从敏感性报告可以看出，劳动时间与木材这两种资源的使用量等于可提供量，所以它们的约束条件为"紧"的，即无余量的；而玻璃的使用量为 800，可提供量为 1000，所以玻璃的约束条件是"非紧"的，即有余量的。

因此，应优先考虑购买劳动时间与木材这两种资源。

（5）从敏感性报告可以看出，家具 1 的目标系数（即单位利润）允许的减量为 20，即当家具 1 的单位利润减少量不超过 20 元时，最优解不变。因此，若家具 1 的单位利润从 60 元下降到 55 元，下降量为 5 元，该下降量在允许的减量范围内。这时，最优解不变。

因此，四种家具的最优日产量仍分别为 100 件、80 件、40 件和 0 件。

最优值变为：

9200＋（55－60）×100＝8700（元）

🔧 **小提示：**

线性规划及其解法——单纯形法的出现，对运筹学的发展起了重大的推动作用。许多实际问题都可以化成线性规划来解决，而单纯形法又是一个行之有效的算法，加上计算机的出现，使一些大型复杂的实际问题的解决成为现实。

实验项目三　线性整数规划模型的建立及求解

实验项目：线性整数规划模型的建立及求解

实验学时：2 学时

实验类别：综合性实验

实验目的与要求：

理解 Spreadsheet 方法建立线性整数规划模型的一般原理；掌握运用 Excel 求解模型的操作方法。

实验过程要点：

根据给定案例资料建立线性规划模型并求解。注意电脑的安全开启和退出；注意实验室防火安全。

实验设备、工具及材料：电脑、Microsoft Excel 操作软件

编写报告及实物制作：实验小结

小知识：

整数规划

要求所有的未知量都为整数的线性规划问题叫做整数规划（Integer Programming，IP）或整数线性规划（Integer Linear Programming，ILP）问题。相对于即使在最坏情况下也能有效率地解出的线性规划问题，整数规划问题的最坏情况是不确定的，在某些实际情况中（有约束变量的那些）为 NP 困难问题。0－1 整数规划是整数规划的特殊情况，所有的变量都要是 0 或 1（而非任意整数）。这类问题亦被分类为 NP 困难问题。只要求当中某几个未知数为整数的线性规划问题叫做混合整数规划（Mixed Integer Programming，MIP）问题。这类问题通常亦被分类为 NP 困难问题。存在着几类 IP 和 MIP 的子问题，它们可以被有效率地解出，最值得注意的一类是具有完全单位模约束矩阵，和约束条件的右边全为整数的一类。

案例　乐天保健仪器厂下月拟生产两种保健仪器 A 和 B，生产该两种仪器的利润、消耗的主要原材料和劳动力如表 2－23 所示。该厂下月可提供的原材料和劳动力分别为 2000 千克和 140 千小时。另根据市场调查，下月对仪器 A 的需求量不大于5 台。为获得最大的总利润，该厂应生产这两种仪器各多少台？

表 2－23　　　　　　乐天保健仪器厂生产利润与消耗资源表

设备名称	仪器 A	仪器 B	可提供量
原材料（千克/台）	282	400	2000
劳动力（千小时/台）	4	40	140
利润（千元/台）	10	15	

解：据题意，本问题的决策变量是下月两种仪器的生产量，设下月仪器 A 与仪器 B 的生产量分别为 X 台与 Y 台。

问题的目标函数是总利润最大，由于生产每台仪器 A 与仪器 B 的利润分别为 10 千元与 15 千元，所以总利润为：$10X + 15Y$。

问题的约束条件有四个：

第一个约束是原材料约束，即所消耗的原材料总量不得超过原材料的可提供量；

第二个约束是劳动力约束，即所需劳动力的总量不得超过劳动力的可提供量；

第三个约束是仪器 A 的生产量约束不得超过其最大需求量；

第四个约束是决策变量必须为非负整数。

由此得到整数规划模型如下：

$$10X + 15Y$$

$$282X + 400Y \leqslant 2000$$

$$4X + 40y \leqslant 140$$

$$X \leqslant 5$$

$$X, y \geqslant 0 \text{ 并且为整数}$$

用 SPreadsheet 方法求解整数规划的基本步骤与求解一般线性规划问题相同，只是在约束条件中添加一个"整数"约束。在 Excel 的规划求解的参数对话框中，用"int"表示整数。因此，只要在该参数对话框中添加一个约束条件，在左边输入的是要求取整数的决策变量的单元格地址，然后选择"int"，见图 2 - 104。

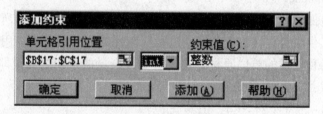

图 2 - 104　添加约束

下面说明整数规划模型的 Spreadsheet 解法。

第一步，输入已知数据。与解一般线性规划问题相同，首先在 Excel 的工作表上输入已知数据。在单元格 B4：C5 中分别输入两种仪器消耗的原材料和劳动力，在单元格 G4：G6 中分别输入可提供的原材料、劳动力和最大需求量，在单元格 B7：C7 中输入两种设备的利润，如图 2 - 105 所示。

图 2 - 105　数据输入与建模

第二步，建立整数规划模型。首先在 Spreadsheet 上描述规划的决策变量、目标函数与约束条件。问题的决策变量是两种仪器的产量，分别用单元格 B17 与 C17 表示。

问题的目标函数是总利润最大，用单元格 B13 表示总利润，它应等于每种仪器的单位利润与其产量的乘积之和，即在单元格 B13 中输入以下公式：

= sumproduct（B7：C7，B17：C17）

本问题共有四个约束条件。第一个约束条件是原材料约束，即所消耗的原材料总量不得超过其供应量。在约束条件左边是所消耗的原材料总量，用单元格 F15 表示，它应等于每种仪器的单位原材料消耗量与其产量的乘积之和，即在单元格 F15 中输入下述公式：

= sumproduct（B4：C4，B17：C17）

在约束条件右边输入原材料供应量。用单元格 H15 表示原材料供应量，并输入以下公式：

= G4

同理，可得第二个约束条件（劳动力约束）的公式，用单元格 F16 表示所需要的劳动力总量，在单元格 F16 中输入：

= sumproduct（B5：C5，B17：C17）

用单元格 H16 表示劳动力供应量，在单元格 H16 中输入：

= G5

第三个约束条件是仪器 A 的需求约束。仪器 A 的产量不得超过其最大需求量。用单元格 F17 表示仪器 A 的产量，它应等于表示仪器 A 产量的那个决策变量，因此，在单元格 F17 中输入：

= B17

用单元格 H17 表示仪器 A 的最大需求量，在单元格 H17 中输入：

= G6

第四个约束条件是决策变量必须为非负整数。该约束条件在下一步规划求解时输入。

第三步，在 Excel 规划求解功能中输入整数约束并求解。在规划求解参数框中输入目标单元格（目标函数地址）、可变单元格（决策变量地址）和四个约束条件，包括整数约束。其规划求解参数框，如图 2－106 所示。

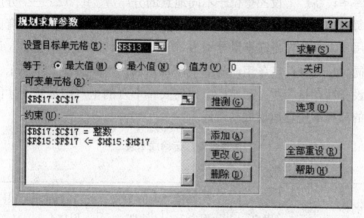

图 2－106　求解参数

然后在规划求解选项参数框中选择"采用线性模型"和"假定非负"，最后在规划求解参数对话框中单击"求解"得到本问题的最优解。本问题的最优解为：仪器 A 的产量为 4 台，仪器 B 的产量为 2 台。这时总利润最大，为 70 千元。

实验项目四　运输模型的建立及求解

实验项目：运输模型的建立及求解

实验学时：2 学时

实验类别：综合性实验

实验目的与要求：

理解理解 Spreadsheet 方法建立运输问题模型的一般原理；掌握运用 Excel 求解模型的操作方法。

实验过程要点：

根据给定的案例资料建立运输问题模型并求解。注意电脑的安全开启和退出；注意实验室防火安全。

实验设备、工具及材料：电脑、Microsoft Excel 操作软件

编写报告及实物制作：实验小结

🔍 **小知识：**

运输表法是一种迭代方法，也称运输模型（Transportation Model），是用来在 M 个"供应源"和 N 个"目的地"之间决定一个任务分配方法，使得运输成本最小。这是一种可用来进行设施网络选址的优化方法，这种方法实际上是线性规划法的一种特殊形式，其中的"供应源"指的是制造产品的企业，而"目的地"则为配送中心。

案例 海华设备厂下设三个位于不同地点的分厂 A、B、C，三个分厂生产同一种设备，设每月的生产能力分别为 20 台、30 台和 40 台。海华设备厂有四个固定用户，该四个用户下月的设备需求量分别为 20 台、15 台、23 台和 32 台。设备各分厂的生产成本相同，从各分厂至各用户的单位设备运输成本如表 2-24 所示，而且各分厂本月末的设备库存量为零。问该厂应如何安排下月的生产与运输，才能在满足四个用户需求的前提下使总运输成本最低。

表 2-24　　　　　　　　　　海华设备厂运输成本表

分厂名称	运输成本（元/台）				月生产能力（吨）
	用户1	用户2	用户3	用户4	
分厂 A	70	40	80	60	20
分厂 B	80	100	110	50	30
分厂 C	80	70	130	40	40
下月设备需求量（吨）	20	15	23	32	

解：本题可用图 2-107 所示的网络图描述。

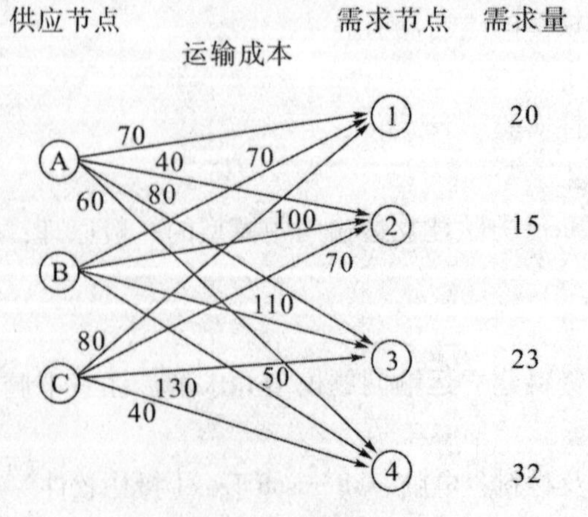

图 2-107　网络图

图 2 - 107 左边的节点表示三个分厂，右边的节点表示四个用户，左、右节点间的连线表示从左边某分厂生产的设备运输到右边某用户，线段上的数字表示单位设备的运输成本。网络图最左边的数字分别为三个分厂的生产能力，最右边的四个数字分别为四个用户的需求量。

总供应量 = 20 + 30 + 40 = 90（台）

总需求量 = 20 + 15 + 23 + 32 = 90（台）

即所有供应点的供应量之和等于所有需求点的需求量之和。所以，本问题是供需均衡的运输问题。这时，所有供应点的供应量全部供应完毕，而所有需求点的需求量全部满足。

据题意，本问题的决策变量是下月各分厂为各用户生产与运输的设备数量。

可设分厂 A 下月为四个用户生产和运输的设备数量分别为: A1, A2, A3, A4(台)；

分厂 B 下月为四个用户生产和运输的设备数量分别为: B1, B2, B3, B4(台)；

分厂 C 下月为四个用户生产和运输的设备数量分别为: C1, C2, C3, C4(台)。

本问题的目标函数是总运输成本最小化。

总运输成本的计算公式为:

总运输成本 = ∑(各分厂至各用户的设备运输成本)X(各分厂至各用户的运输量)

因此，该问题的目标函数为:

70A1 + 40A2 + 80A3 + 60A4 + 70B1 + 100B2 + 110B3 + 50B4 + 80C1 + 70C2 + 130C3 + 40C4

本问题的约束条件有两个部分:

第一部分是需求约束，即各用户从各分厂收到的设备总数不得少于它们的需求量:

A1 + B1 + C1 = 20　　（用户 1 从三个分厂收到的设备总数应等于其需求量）

A2 + B2 + C2 = 15　　（用户 2 从三个分厂收到的设备总数应等于其需求量）

A3 + B3 + C3 = 23　　（用户 3 从三个分厂收到的设备总数应等于其需求量）

A4 + B4 + C4 = 32　　（用户 4 从三个分厂收到的设备总数应等于其需求量）

第二部分是生产能力约束，即各分厂生产和运输的设备总数不得超过其生产能力:

A1 + A2 + A3 + A4 = 20（分厂 A 下月生产与运输的设备总数应等于其月生产能力）

B1 + B2 + B3 + B4 = 30（分厂 B 下月生产与运输的设备总数应等于其月生产能力）

C1 + C2 + C3 + C4 = 40（分厂 C 下月生产与运输的设备总数应等于其月生产能力）

最后还有非负约束，即:

A1, A2, A3, A4, B1, B2, B3, B4, C1, C2, C3, C4 ≥ 0　　（非负约束）

综上所述，本问题的线性规划模型如下:

$$70A1 + 40A2 + 80A3 + 60A4 + 70B1 + 100B2 +$$

$$110B3 + 50B4 + 80C1 + 70C2 + 130C3 + 40C4$$

$$A1 + B1 + C1 = 20$$

$$A2 + B2 + C2 = 15$$

$$A3 + B3 + C3 = 23$$

$$A4 + B4 + C4 = 32$$

$$A1 + A2 + A3 + A4 = 20$$

$$B1 + B2 + B3 + B4 = 30$$

$$C1 + C2 + C3 + C4 = 40$$

$$A1, A2, A3, A4, B1, B2, B3, B4, C1, C2, C3, C4 \geqslant 0$$

本问题的 Spreadsheet 描述及建模如图 2 − 108 所示。

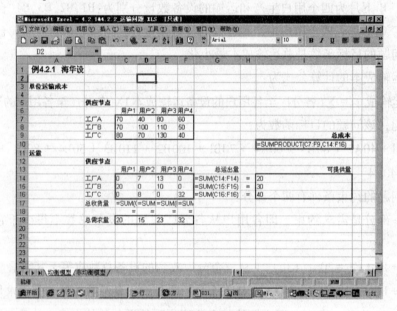

图 2 − 108　描述与建模

用 Excel 中的规划求解功能求出本问题的结果。见图 2 − 109。

图 2-109　求解结果

最后的结果如图 2-110 所示。

图 2-110　结果图

实验项目五　最大流问题模型及求解

实验项目：最大流问题模型及求解

实验学时：2 学时

实验类别：综合性实验

实验目的与要求：

理解 Spreadsheet 方法建立最大流问题模型的基本原理；掌握 Excel 的计算功能；熟练掌握 Excel 的模型求解操作和分析。

实验过程要点：

根据给定的案例资料建立最大流问题模型并求解。注意电脑的安全开启和退出；注意实验室防火安全。

实验设备、工具及材料：电脑、Microsoft Excel 操作软件

编写报告及实物制作：实验小结

小知识：

最大流理论是由福特（Ford）和富尔克森（Fulkerson）于 1956 年创立的，他们指出最大流的流值等于最小割（截集）的容量这个重要的事实，并根据这一原理设计了用标号法求最大流的方法。后来又有人加以改进，使得求解最大流的方法更加丰富和完善。最大流问题的研究密切了图论和运筹学，特别是与线性规划的联系，开辟了图论应用的新途径。

小提示：

最小费用最大流：Ford 和 Fulkerson 迭加算法

基本思路：把各条弧上单位流量的费用看成某种长度，用求解最短路问题的方法确定一条自 V1 至 Vn 的最短路；在将这条最短路作为可扩充路，用求解最大流问题的方法将其上的流量增至最大可能值；而这条最短路上的流量增加后，其上各条弧的单位流量的费用要重新确定，如此多次迭代，最终得到最小费用最大流。

案例 某城市有 7 个供水加压站，分别用节点 1，节点 2，……节点 7 表示。见图 2－111。其中节点 1 为水厂，各泵站间现有的管网用相应节点间的边表示。现规划在节点 7 处建一个开发区，经对现有管网调查，各段管网尚可增加的供水能力（万吨/日）如图 2－111 中各边上的数值所示。依照现有管网状况，从水厂（源点）到开发区（汇点），每日最多可增加多少供水量？

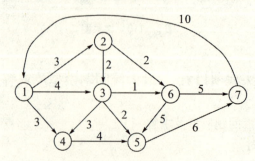

图 2－111　最大流问题

解：本问题要求解的问题是在各管网可增加的供水能力为定值时，该网络可增加的从水厂至开发区的最大供水流量。这是一个网络最大流问题。这时可在网络图中添加一条从节点 7（汇点）至节点 1（源点）的"虚"边（由于实际上并不存在从节点 7 流向节点 1 的管道，所以称该边为"虚"的）。增加这条边的目的，是为了使网络中各节点的边形成回路，各节点的流出量与流入量的代数和（即净流出量）为零。

本问题可以看成在满足边容量约束条件下的网络流优化问题，目标函数是开发区（节点 7）的总流入量（或虚拟的总流出量）最大化，这时节点 7 的总流入量（或虚拟的总流出量）就是网络最大流，即最大供水量。

本问题的 Spreadsheet 描述与求解如图 2-112 所示。

（一）输入部分

首先输入已知数据。在单元格 C22：I28 中输入各节点间的边的容量增量。如在单元格 F22 中输入 3，表示从节点 1 至节点 4 的边可增加的供水能力为 3（万吨/日）。凡是节点间没有管道相连接的边，令其容量为零。从节点 7 至节点 1 的边为"虚"边，可设它的能力增量等于从源点出发的所有边的供水能力增量之和，即：3+4+3=10。此外，当网络中总流入量与总流出量达到平衡时，应满足以下条件：

各中间节点的流出量等于流入量，即它们的净流出量应等于零；

源点的流出量与从汇点经虚边的流入量的代数和应等于零；

汇点的流入量与从汇点经虚边的流出量的代数和应等于零。

因此，所有节点的净流出量均应等于零。在单元格 C17：I17 中输入各节点净流出量应取的值，它们均为零，如图 2-112 所示。

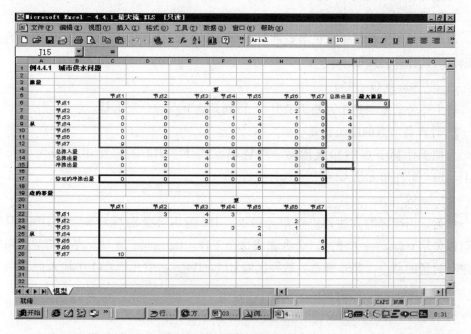

图 2-112　数据输入与建模

（二）决策变量

本问题的决策变量用 C6：I12 中的单元格表示，它们是从各节点到其他节点的流量，也是供水流量增量在网络中各条边上的分配量。例如，单元格 D6 表示从节点 1 流入节点 2 的流量，也是连接节点 1 与节点 2 的边上的流量。

（三）目标函数

本问题的目标函数是流入节点 7 的总流入量最大（即开发区得到的供水流量增量最大），或者从节点 7 流向节点 1 的流出量最大。在单元格 L6 中输入目标函数，它用下式计算：

$$= C12$$

（四）约束条件

本问题的约束条件有以下几个：

第一个约束条件是网络中边的容量约束。容量约束是指各节点间的边上的流量不得超过该边的容量。因此有：

单元格 C6：I12 中的数值（边流量）≤单元格 C22：I28 中的数值（边容量）

第二个约束条件是节点总流入量与总流出量的平衡约束。其计算过程如下：

1. 计算各节点的总流入量

节点的总流入量等于所有流入该节点的流量之和。用单元格 C13 表示节点 1 的总流入量。其计算公式如下：

$$= sum（C6：C12）$$

将上述公式复制到单元格 D13：I13，得到其他节点的总流入量。

2. 计算各节点的总流出量

节点的总流出量等于从该节点的所有流出量之和。用单元格 J6 表示节点 1 的总流出量。其计算公式如下：

$$= Sum（C6：I6）$$

将上述公式复制到单元格 J7：J12，得到其他节点的总流出量。

3. 计算各节点的净流出量

为便于计算节点的净流出量，需将单元格 J6：J12 的总流出量写入单元格 C14：I14。可在单元格 C14 中输入：

$$= J6$$

然后，用同样的方法逐个将单元格 J6：J12 的内容分别写入单元格 D14：I14。也可以使用 transpose（转置）命令完成这个工作。transpose 是一个将行向量或列向量进行转置的命令。其步骤是：选择区域 C14：I14。在单元格 C14 中输入：

$$= transpose（J6：J12）$$

按下 Ctrl + Shift + Enter 键，就将总流出量写入了单元格 C14：I14。

节点的净流出量等于该节点的总流出量与总流入量之差即两者的代数和。在单元格 C17：I17 中输入各节点的净流出量。单元格 C15 表示节点 1 的净流出量。其计算公式如下：

$$= I14 - C13$$

将上述公式复制到单元格 D15：I15，得到其他节点的净流出量。

4. 当网络中总流入量与总流出量达到平衡时，所有节点的净流出量均为零

（五）用 Excel 中的规划求解功能求出本问题的解

在规划求解参数框中输入目标单元格（目标函数地址）、可变单元格（决策变量地址）和两个约束条件，然后在规划求解选项参数框中选择"采用线性模型"和"假定非负"，最后求解得到本问题的最优解。规划求解参数框如图 2-113 所示。

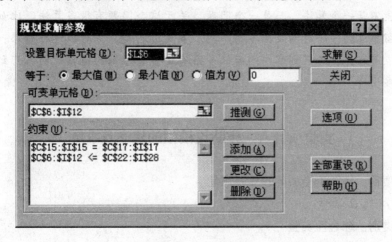

图 2-113　求解参数

问题的最优解如表 2-25 所示。

表 2-25　　　　　　　　　城市供水问题优化结果表

节点	节点 1（水厂）	节点 2	节点 3	节点 4	节点 5	节点 6	节点 7（开发区）
节点 1		2	4	3			
节点 2						2	
节点 3				1	2	1	
节点 4					4		
节点 5							6
节点 6							3

这时，节点 7 的总流入量为 9，达到最大值，即该供水网络最多可供给开发区的供水流量增量为 9（吨/日）。

上述结果可用如图 2-114 所示的网络图表示。

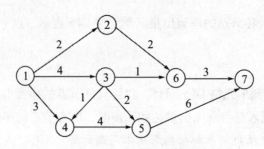

图 2-114　结果网络图

👆 **小提示：**

最大流不是一个算法，而是一个问题。关于这个问题有很多算法。比如找增广路的，预留推进的……时间效率各有不同。最大流问题，你可以这样想象：源点是工厂，汇点是客户，工厂到客户间有很多条有运货量限制的道路。问工厂到客户最多可以运多少货。

实验项目六　排队论模型的建立及求解

实验项目：排队论模型的建立及求解

实验学时：2 学时

实验类别：综合性实验

实验目的与要求：

了解排队论的基本原理；理解 Spreadsheet 方法建立排队问题模型的基本原理；掌握 Excel 对模型的求解操作和分析。

实验过程要点：

根据给定的案例资料建立排队论模型并求解。注意电脑的安全开启和退出；注意实验室防火安全。

实验设备、工具及材料：电脑、Microsoft Excel 操作软件

编写报告及实物制作：实验小结

🔍 **小知识：**

排队论

排队论又叫随机服务系统理论。最初是在 20 世纪初由丹麦工程师艾尔郎关于电话交换机的效率研究开始的，在第二次世界大战中为了对飞机场跑道的容纳量进行估算，它得到了进一步的发展，其相应的学科更新论、可靠性理论等也都发展起来。排队论的研究目的是要回答如何改进服务机构或组织被服务的对象，使得某种指标达到最优的问题。比如一个港口应该有多少个码头，一个工厂应该有多少维修人员

等。排队论在日常生活中的应用是相当广泛的，比如水库水量的调节、生产流水线的安排、铁路分场的调度、电网的设计等。

小提示：

因为排队现象是一个随机现象，因此在研究排队现象的时候，主要采用的是研究随机现象的概率论工具。此外，还有微分和微分方程。排队论把它所要研究的对象形象地描述为顾客来到服务台前要求接待，如果服务台已被其他顾客占用，那么就要排队。同时，服务台也时而空闲、时而忙碌，就需要通过数学方法求得顾客的等待时间、排队长度等的概率分布。

案例　某高速路口收费站，汽车按泊松分布到达此高速路口，平均每小时 90 辆。每辆车通过收费口的平均时间为 35 秒，服从负指数分布。（排队系统中各项数量指标的计算公式，请参考教材。）

用 Spreadsheet 求解 M/M/1 模型

M/M/1 排队模型如图 2－115 所示。

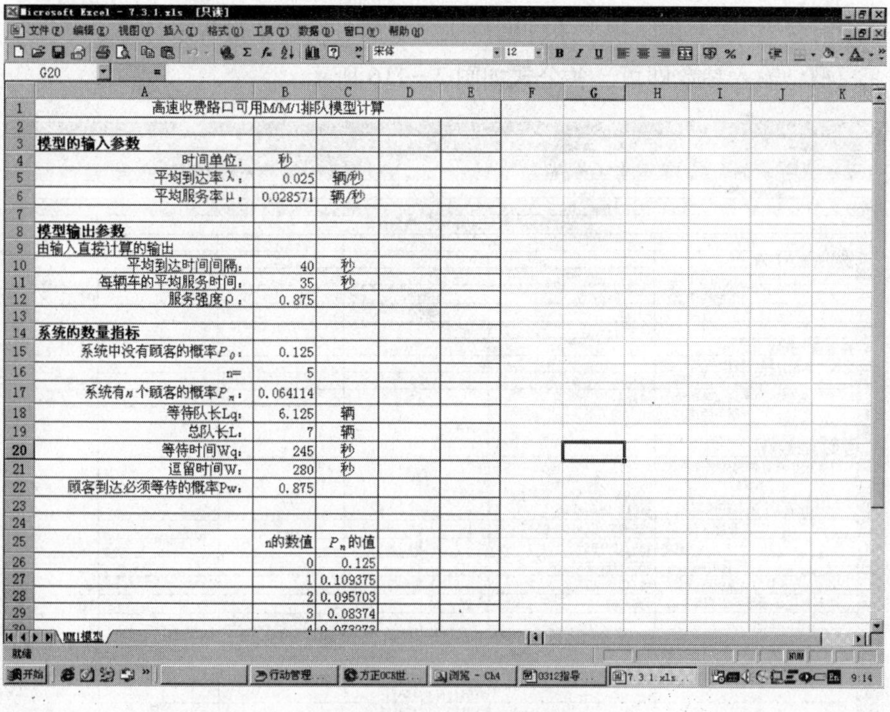

	A	B	C
1	高速收费路口可用M/M/1排队模型计算		
2			
3	模型的输入参数		
4	时间单位：	秒	
5	平均到达率λ：	0.025	辆/秒
6	平均服务率μ：	0.028571	辆/秒
7			
8	模型输出参数		
9	由输入直接计算的输出		
10	平均到达时间间隔：	40	秒
11	每辆车的平均服务时间：	35	秒
12	服务强度ρ：	0.875	
13			
14	系统的数量指标		
15	系统中没有顾客的概率P_0：	0.125	
16	n=	5	
17	系统有n个顾客的概率P_n：	0.064114	
18	等待队长Lq：	6.125	辆
19	总队长L：	7	辆
20	等待时间Wq：	245	秒
21	逗留时间W：	280	秒
22	顾客到达必须等待的概率Pw：	0.875	
23			
24			
25		n的数值	P_n的值
26		0	0.125
27		1	0.109375
28		2	0.095703
29		3	0.08374

图 2－115　数据输入图

（1）在单元格 B4、B5、B6 输入参数。

B4：模型的时间单位，秒

B5：平均到达率，B5＝90/3600（辆/秒）

B6：平均服务率，B6 = 1/35（辆/秒）

（2）根据模型输入参数计算模型的输出参数，先求得直接计算的输出，见单元格 B10：B12。

B10：计算平均到达时间间隔，B10 = 1/B5（秒）

B11：计算每辆车的平均服务时间，B11 = 1/B6（秒）

B12：计算服务强度，B12 = B5/H6

（3）计算系统数量指标，见单元格 B15：B22。

B15：计算系统中没有顾客的概率，B15 = 1 − B12

B16：输入顾客个数 n

B17：计算系统中有 n 个顾客的概率，B17 = B12^B16 × B15

B18：计算等待队长，B18 = B5 × B5/（H6 ×（B6 − B5））

B19：计算总队长，B19 = B5/（B6 − B5）

B20：计算等待时间，B20 = B5/（（B6 − B5）× B6)

B21：计算逗留时间，B21 = 1/（B6 − B5）

B22：计算顾客到达必须等待的概率，B22 = B5/B6

其他符合 M/M/1 排队模型条件的排队模型都可用这个过程来计算，计算时只需要改变模型，输入参数即可。各公式如图 2 − 116 所示。

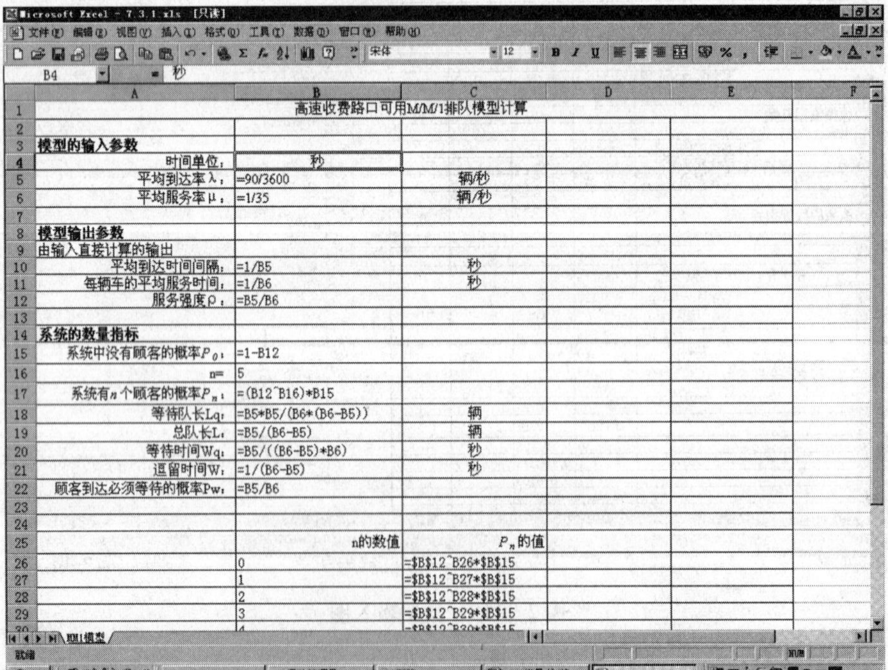

图 2 − 116　求解结果图

小知识：

1909 年丹麦的电话工程师爱尔朗（A. K. Erlang）最早提出排队问题，1930年以后，开始了更为一般情况的研究，取得了一些重要成果。1949 年前后，开始了对机器管理、陆空交通等方面的研究，1951 年以后，理论工作有了新的进展，逐渐奠定了现代随机服务系统的理论基础。排队论主要研究各种系统的排队队长，排队的等待时间及所提供的服务等各种参数，以便求得更好的服务。它是研究系统随机聚散现象的理论。

实验项目七　非线性规划模型及求解

实验项目：非线性规划模型及求解

实验学时：2 学时

实验类别：综合性实验

实验目的与要求：

了解非线性规划的基本原理；理解 Spreadsheet 方法建立非线性规划模型的基本原理；掌握 Excel 对模型的求解操作和分析。

实验过程要点：

根据给定的案例资料建立非线性规划模型并求解。注意电脑的安全开启和退出；注意实验室防火安全。

实验设备、工具及材料：电脑、Microsoft Excel 操作软件

编写报告及实物制作：实验小结

小知识：

非线性规划

非线性规划是线性规划的进一步发展和继续。许多实际问题如设计问题、经济平衡问题都属于非线性规划的范畴。非线性规划扩大了数学规划的应用范围，同时也给数学工作者提出了许多基本理论问题，使数学中的如凸分析、数值分析等也得到了发展。还有一种规划问题和时间有关，叫做"动态规划"。近年来在工程控制、技术物理和通讯中的最佳控制问题中，已经成为经常使用的重要工具。

案例　北海玩具厂生产一种玩具，设该玩具下月产量为 x 个，而且所有的产品均可销售出去。已知玩具 A 的单位产品利润随着销量的增加而减少，其规律是单位产品利润为 $100 - 0.5x$（元）。该玩具每月单位产品的原材料消耗量为 1 单位，对人工的需求量为 2 单位。已知该厂下月可提供的原材料为 200 单位，可提供的人工为 350 单位。问该厂下月应如何安排生产，才能使总利润最大？

解：设下月玩具的产量为 x 个，则下月的利润为：

$(100 - 0.5x)\ x = 100x - 0.5x^2$

下月玩具消耗的原材料为：x

下月玩具需要的人工为：　2x

由此得到本问题的模型如下：

$$100x - 0.5x^2$$
$$x \leqslant 200$$
$$2x \leqslant 350$$
$$x \geqslant 0$$

上述问题中，目标函数（利润）为决策变量（产量 x）的非线性函数，所以本规划问题为非线性规划问题。

用 Spreadsheet 求解此题的步骤如下：

第一步，输入已知数据。首先在 Excel 的工作表上输入已知数据。在单元格 D4：E4 中输入目标函数的系数，在单元格 D6：D7 中分别输入单位产品消耗的原材料和人工，在单元格 G6：G7 中分别输入原材料和人工的可提供量。

第二步，建立非线性规划模型。

在 Spreadsheet 上描述规划的决策变量、目标函数与约束条件。

图 2－117　问题描述

问题的决策变量是下月的计划生产量，在 Spreadsheet 上用单元格 D9 表示该决策变量。

问题的目标函数是下月总利润最大。用单元格 D11 表示总利润。它等于单位产品的利润与产量的乘积，其中单位产品的利润等于 $100x - 0.5x^2$。所以，在单元格 D11 中输入：

$= D4 \times D9 - E4 \times D9 \times D9$

本问题共有三个约束条件。

第一个约束是原材料约束，即所消耗的原材料不得超过原材料的可提供量，用单元格 E6 表示该约束条件的左边，即所消耗的原材料，它应等于单位产品消耗的原材料与产量的乘积。所以在单元格 E6 中输入：

$= D6 \times \$D \$9$

第二个约束是人工约束，即所需要的人工数不得超过可提供的人工数，用单元格 E7 表示该约束条件的左边，即所需要的人工，它应等于单位产品需要的人工数与产量的乘积。所以在单元格 E7 中输入：

$= D7 \times \$D \$9$

第三个约束是非负约束，该约束将在下一步规划求解时输入。

第三步，利用"规划求解"功能求出非线性规划的最优解。

在规划求解参数框中输入目标单元格（目标函数地址）、可变单元格（决策变量地址）和约束条件。其规划求解参数框如图 2 - 118 所示。

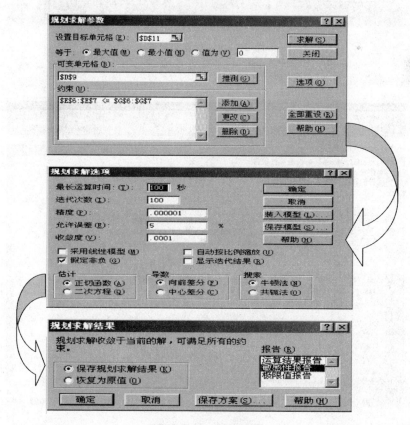

图 2 - 118　求解过程

然后在规划求解选项参数框中选择"假定非负"（注意：本问题是非线性规划问题，所以不选择"采用线性模型"），最后在规划求解参数对话框中单击"求解"得到本问题的最优解，如图 2 - 119 所示。

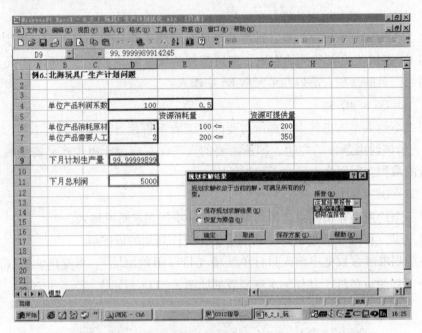

图 2 - 119　优化结果图

敏感性报告如图 2 - 120 所示。

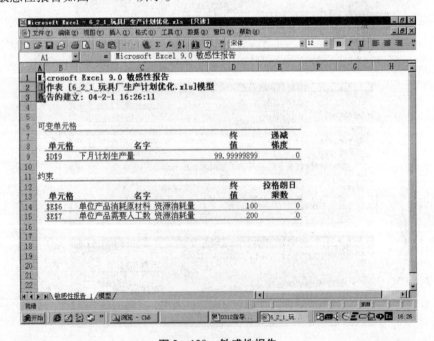

图 2 - 120　敏感性报告

小提示：

敏感性分析是指从定量分析的角度研究有关因素发生某种变化对某一个或一组关键指标影响程度的一种不确定分析技术。其实质是通过逐一改变相关变量数值的方法来解释关键指标受这些因素变动影响大小的规律。

第三章 财务应用技能实训

学习提示

　　财务管理专业是应用性专业学科之一，需要学生扎实地掌握相关应用技能。本章针对财务的主要应用领域，设计了项目投资、项目评价、税收学、税收筹划、证券投资分析、期货与期权投资等课程实训项目。通过实验实训，要求学生具备项目投资选择、分析、评价能力，纳税技能与税收筹划能力、证券行情研判与投资能力、期货与期权交易操作等方面能力。

第一节　项目投资实验

小提示：

　　项目投资是对企业内部生产经营所需要的各项资产的投资，是对企业内部特定项目的一种长期投资行为。项目投资决策的一般程序：估计投资方案的现金流量；估计预期现金流量的风险；确定资本成本的一般水平；确定投资方案的现金流量现值；决定方案取舍。

实验项目一 项目可行性研究报告的编写

实验项目：项目可行性研究报告的编写

实验学时：3 学时

实验类别：综合性实验

实验目的与要求：

通过本实验，学生能够掌握项目可行性研究报告编写要求，熟悉项目可行性研究报告内容和格式。通过对投资项目概况和基础数据进行有意义的分析，能正确、完整、全面地编写可行性研究报告，为项目决策服务。要求学生充分发挥自己的积极性和创造性，培养学生根据实际情况分析问题的能力

实验过程要点：

选择某一投资项目案例，进行基础资料收集，并按照客观实际情况对项目在经济上的合理性、盈利性，在实施上的可行性、风险性进行全面、科学地综合分析论证，得出结论。要求写出完整的可行性研究报告。本实验以小组为单位进行。

实验设备、工具及材料：电脑、多媒体教学系统、互联网

编写报告：

按要求完成可行性报告。报告内容包括：项目名称、项目背景、市场分析和建设规模、建设条件与厂址选择、项目实施进度安排、投资估算与资金筹措、经济评价、可行性研究结论与建议等。

小知识：

可行性研究报告是从事一种经济活动（投资）之前，双方要从经济、技术、生产、供销直到社会各种环境、法律等各种因素进行具体调查、研究、分析，确定有利和不利的因素、项目是否可行，估计成功率大小、经济效益和社会效果程度，为决策者和主管机关审批的上报文件。

项目可行性研究报告实验过程：

（一）打开教师指定文档，获取相关投资项目资料

对给定投资项目资料进行阅读，了解该项目投资概况。

（二）通过互联网查询该项目投资的详细资料

1. 确定通过互联网查询的目的

主要通过互联网对案例中所给定项目的投资背景、建设条件、市场前景、基本财务状况分析等进行资料收集，详细了解投资项目进行运作的宏微观背景及其他相关情况。

2. 确定查询对象

查询对象：资料中所出现的投资项目。

3. 制定查寻项目

查询项目：投资项目基本状况，建设规模、建设条件与厂址选择、基本财务状况分析，市场前景预测，经济前景预测等。

4. 具体查询步骤

第一步，打开 http：//baidu. com 或 http：//google. com 等相关搜索网站。

第二步，在网站上输入关键字如案例中的股票代码（600240），进行搜索。见图 3 - 1。

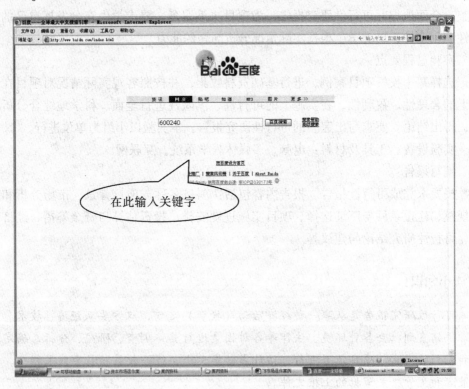

图 3 - 1

第三步，在网站上查找有关网站。见图 3 - 2。

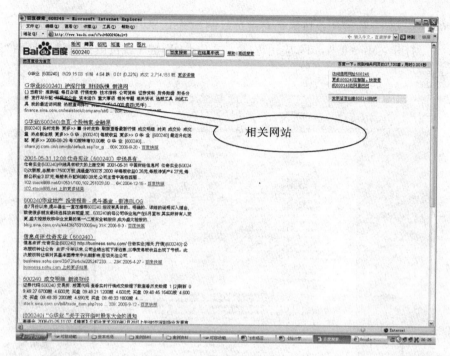

图 3 - 2

第四步，在网站上查询该项目相关资料。

第五步，下载并保存相关资料。

（1）按鼠标左键不放，下拖以便选中下载区域，如图 3 - 3 中的黑色部分。

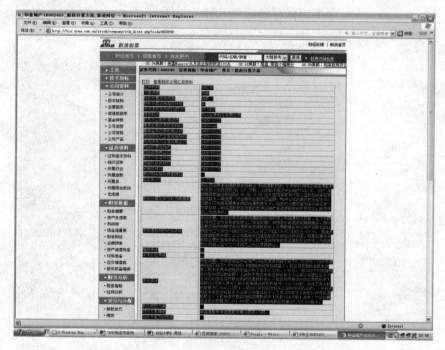

图 3 - 3

（2）按 Ctrl + C 键（或按鼠标右键选复制）。

（3）打开"Microft Word"应用程序，按 Ctrl + V 键（或按鼠标右键选粘贴）。见图 3-4。

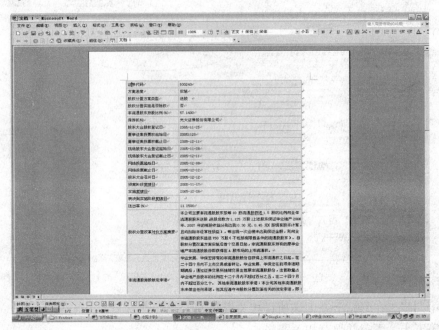

图 3-4

（4）在文件（F）菜单中保存该资料文件。见图 3-5。

图 3-5

第六步，将所下载的资料结合给定的案例进行整理、归类后进行综合分析（以后实验涉及上网收集资料的均按此步骤进行）。

（三）利用 Microsoft Word 操作软件撰写项目可行性研究报告

示例

骏景南苑（东区）可行性研究报告

一、项目名称：骏景南苑

二、项目地点

广州市天河区中山大道南面、车陂路西面地段。建设用地规划许可证号：穗规地证字（1997）第136号。项目东侧为车陂路；南面为规划住宅区，距黄浦大道约500米；西侧为规划住宅区；北面是成熟住宅小区"骏景花园"，紧临中山大道。

三、项目背景

第一，广州市经济发展势态，为房地产业的快速发展提供有力保障。广州市具有庞大的房产消费群体，为房地产的有效开发提供根本保证。

第二，广州市区东移，使天河区成为新的市中心区，"骏景南苑"所在地成为近市中心区，具有优越的地理位置。九运会主会场建于东浦，使东浦板块成为房地产的热炒之地。

第三，"骏景花园"的成功开发，为"骏景南苑"开发奠定了良好的基础。可以说"骏景南苑"的开发是应消费者之求，按需而开，顺势而生。

第四，"骏景南苑"的开发商为"广州合生骏景房地产有限公司"，与"骏景花园"开发商"广州合生科技园房地产有限公司"是一套人马，有较高的房地产开发技术力量，在小区规划、建筑安装、销售策划、物业管理等方面有着丰厚的基础和丰富的经验。

四、项目开发企业概况

（一）发展商简况

广州合生骏景房地产有限公司是由广州天河科技园实业发展有限公司和南博置业有限公司（英属处女岛）合作成立的中外合作公司，经广州市工商行政管理局批准于2001年6月4日注册登记，注册资金为22 167万元，合作经营期限为30年。

合作公司宗旨为：为社会提供环境优美、生活舒适、价格适宜的房地产商品，并从开发中获得合法利润，发展各方经济。生产经营范围是：在经广州市规划局编号为穗规地证字（1997）第136号建设用地规划许可证同意使用的位于天河区中山大道南面、车陂路西面地段土地的开发、建设、销售、出租以及管理自建的商业住宅楼宇。合作项目规划总用地面积为253 965平方米，项目计划分期分批进行开发，建筑总面积约为45万平方米。

合作公司设董事会，实行董事会领导下的总经理负责制。董事长肖燕霞系由南博置业有限公司委派，董事会成员共五人，由董事会决定合作公司的一切重大事宜。公司下设办公室、财务部、工程部、销售部等部门。公司员工共 30 人，其中大专以上学历 20 人，中级职称 10 人，高级职称 2 人，聚集了一批房地产开发建设、销售各方面的人才。

（二）投资商简况

中方　广州天河科技园实业发展有限公司。该公司提供项目已三通一平的用地开发权及 5% 的注册资本。

外方　南博置业有限公司（英属处女岛）是香港合生创展集团旗下的投资公司，倚靠集团的实力，在内地投资创业。该集团自 1993 年在内地投资以来，拥有在内地注册的 12 个房地产项目公司的物业发展及投资权益，其总注册资金为 68 054 万元，总建筑楼面面积约为 2 621 300 平方米。1998 年公司股票在香港联交所上市，筹集资金达 64 300 万元，加上集团对广州房地产市场的深刻认识，使该集团成为广州房地产界之翘楚。

五、项目规划设计

骏景南苑将建设成为大型高尚住宅区，以其优越的地理位置、超前的规划设计、完善的配套设施、幽雅的园区环境，专业的物业管理，为居民提供舒适、方便、高质生活环境。

（一）总体规划

骏景南苑项目占地面积约 25 万平方米，总建筑面积约 49 万平方米。充分利用其优越的地理位置，全部用于建造 13~19 层低密度、高尚的大规模住宅小区。骏景南苑东区，占地面积 81 000 多平方米，规划建筑面积约 275 774 平方米，由 37 栋 13~19 层住宅楼组成。

1. 规划结构力图淡化组团模式，采用小区邻里住宅群的结构模式，削弱组团形态，规划的重点是组织和丰富居民的邻里交往和居住生活的活动内容，精心组织住宅组群。

2. 以大面积的绿地为纽带的有机组合，形成风格各异的围合或半围合空间。

3. 住宅首层大部分规划为架空层，以拓展花园绿地的空间，采用点、线、面结合的方式形成小区的绿化系统，中心绿化广场东西向贯穿整个小区。

4. 小区以东部 40 米规划路为界，分为东西两部分。两部分在建筑形式、建筑组合、路网走向、绿地系统上相互呼应，使小区成为一个统一整体。

（二）骏景南苑主要经济技术指标

1. 规划用地平衡表（见表 3-1）。

表3-1

	项目	面积（平方米）	比例（%）	人均（平方米）
	居住区总用地	162 000	100	12.8
其中	住宅用地	76 140	47	6
	公建用地	15 990	9.9	1.3
	道路广场	54 040	33.4	4.3
	公共绿地	15 680	9.7	1.2

2. 主要经济技术指标表（见表3-2）。

表3-2

项 目	数 量	单 位
总征用地	253 965	平方米
总规划用地	162 000	平方米
总建筑面积	4 940 905	平方米
其中：1. 住宅建筑面积	466 008	平方米
2. 其中公建面积	28 082	平方米
绿地面积	15 680	平方米
道路面积	54 040	平方米
绿地率	33.9	%
容积率	3.05	
建筑密度	25	%
居住总户数	3628	户
居住总人口	12 698	人
人口毛密度	783.8	人/公顷

（三）形态结构规划

小区规划总目标：特色鲜明、生态优良、经济与环境协调发展的居住园区。

住宅设计健康、自然、户型多样。所有户型设计均考虑到自然通风，创造良好的室内气候，依据人的生活模式，以起居室为中心，公私、洁污、闹静分区。厅、房朝向均以景观视线为主，兼顾朝向。立面处理以具有现代化气息的岭南特色为目标。底层部位架空结合布置环境艺术小品，娱乐设施等，将室外铺地自然延伸进入架空层，避免架空层无人光顾的情景，屋顶部分作绿化处理，顶盖弧型飘板，局部漏空，体现通透轻灵的特点。标准层处理为标准凸窗台，透空铁饰阳台栏杆，同时户型之间避免视线干扰。

（四）住宅基本户型

小区设计有三种住宅类型，共63栋，户型从二房一厅一卫至五房二厅二卫等6

种户型，住宅面积从 66.95～140 平方米（套内面积）。

六、市场分析及发展前景

（一）2001 年市场分析

广州市经济发展势态，为房地产业的快速发展提供有力保障

1. 近几年，广州市的 GDP 保持了持续平稳增长。从 1998 年以来，增长速度分别为 13%、13.3%、13.6%，2000 年创近 5 年来最大增幅，从而带来广州居民收入的持续增长：城市居民人均可支配收入 11 683.39 元，人均消费性支出 9546.23 元，同比分别增长 16.9% 和 17.4%，2001 年市政府预计增长速度仍会达到 12%。如果按国际上通行的年收入价格比来考核居民的购房负担，1998 年广州的这一比例超过了 9，高于国际上较为合理水平 3～6 的范围。目前，这一比例则下降到 7.5～8，居民的有效购房能力大大提高。

2. 房地产投资资金充裕。2000 年全市房地产开发企业资金来源合计 546 亿元，比前年同期增长 13.74%，房地产资金来源与实际完成开发投资的比例为 1.5∶1，房地产投资资金来源充裕，投资增长潜力较大。

3. 买房者平均月收入提高，房价承受能力提高。根据统计，2000 年 44% 潜在消费者家庭月收入达 3000～6000 元，总体平均月收入 5218.4 元，比上年的 4802 元有所提高，显示经济环境进一步改善。其中 20～40 岁的年轻家庭受教育程度越高，月收入明显高于年长家庭。买家认为 3000～5000 元/平方米的住房最易接受，平均单价为 4039 元/平方米，与上半年 3807 元/平方米相比，他们对商品房价承受能力有所提高。

政府政策与市政配套建设，有利于房产业的发展

1. 政府出台新政策，使房产市场完备化、秩序化，一方面继续刺激消费，另一方面保护消费者。

例如：①金融界推出"零首期"业务，二手楼按揭业务，建立二手楼交易中心等，在信贷资金上更有力地支持购房者，在市场信息上更充分地提供给求购者，从而使集团购买力退出市场后，个人购房时期平稳过渡。根据市国土房管局对市属八区的房地产交易统计，2000 年，二手房屋交易面积增长 99%，达到 125.47 万平方米。②"交通年票制"，带动海珠、芳村、白云楼市。③"提高预售政策门槛"、"实行套内面积制"、"回收闲置土地"等政策的出台，用有形之手大清场，使有实力的发展商占领市场，从而保护消费者利益，保证市场运作更规范更有效。

2. 市政配套建设上新台阶，带旺新板块地产开发。

①新世纪广州城市总体规划拟定"西调、南拓、东移、北抑"八字方针，番禺、花都撤市改区，广州将向国际化大都市发展。花都发展"空港产业"，番禺建成广州的休闲居住旅游区，各卫星城与旧城区相连，各功能区生态环境更趋于合理。此举使广州成为真正的山水海滨城市，并使广州房地产开发格局产生重大变化。

②地铁二号线动工兴建、新港东路的竣工、会展中心的建设等将使琶洲板块炙手可热；地铁三号线规划出台、带旺了番禺、河南楼市，番禺区新一年数个巨无霸楼盘几乎同时有所动作；举办九运会，东圃板块有突出表现；花都区新机场建设亦带动楼市兴旺。市政建设的配套和完善，使新一轮的房地产快速发展势头已开始出现。

3. 发展商积极储备土地，对房地产业持乐观态度。2000年，全市开发企业购置土地面积742.52万平方米，比1999年同期增长72.6%。土地购置费达到52.82亿元，增长46.33%。说明开发企业正在积极增加土地储备及前期开发准备工作，反映出房地产开发企业对广州房地产发展前景的乐观态度。

广州市具有庞大的房产消费群体

1. 据广州日报调查，普通员工买房人数大增。两年内打算购房的潜在消费者，73%是20～40岁的青壮年，其中26～35岁的青壮年由于正值结婚成家的年纪，对住房需求表现得更加迫切。在单位任职管理人员的潜在消费者占了48%，比上半年有明显减少。而一般职工的购房比例则由上半年12%上升到24%，显示消费群向中等偏低收入层扩充。

2. 非本地人买楼占4成。广州作为一个开放城市，有着宽容的成长氛围。最新的统计数字表明，若以是否"从小在广州长大"划分广州本地人和非本地人，购房比例为本地人占57%，外地人占43%，而2000年上半年购房的本地人和外地人的比例分别是62%、38%，反映出广州正吸引越来越多非本地人在此落户。这些外地人72%具有大专以上学历，远远高于本地人，而且其家庭收入也高于本地人家庭。安居才能乐业，买房置业是欲望在广州发展的非本地人的首选，具有很大的房产市场。

3. 广州市人均住房面积又多3平方米。据统计，打算买房的消费者现有的住房面积为71.3平方米/户，按每户3.3人计算，人均使用面积为21.6平方米，比上半年的18.8平方米增加近3平方米，反映出广州人的居住水平正在不断提高，这又是房地产业发展的内在动力。

4. 集团购房退出市场，个人购房时期已平稳过渡。取消福利分房后，原本占市场消化率三成的集团购买力全面退出市场，年初曾有业内专家担心住宅市场会因此出现"断层"。然而，由于强劲的个人消费及时补位，楼市已顺利实现由以集团消费为主向以个人消费为主的平稳过渡，2000年的房地产市场出现了投入增加、销售活跃、购销两旺的良好发展势态。统计显示，2000年头10个月，全省商品房地产开发投资同比增长22.82%，其中住宅投资增长29.82%；竣工面积同比增长13.68%；销售面积同比增长27.5%。广州市商品房总售出量达到701万平方米，比1999年同期下降约8%。这种下降是与1999年由于房改末班车而引发的购房热潮的高峰期相比的，在集团购买大幅下降的情况下，商品房能保持10%以内的降幅，都足以说明市场已经实现由集团消费与个人消费相结合的时代向个人消费市场的平稳过渡。

（二）项目市场分析

该项目地段位于中山大道与车陂路交会点，毗邻黄浦大道。其市场优势主要表现在如下：

1. 优越的地理位置

本项目位居天河要冲，西倚天河公园，民族学院等著名学府近在咫尺，北接中山大道，东行车陂路，与广深高速公路相通，交通极为便利。广州市中心东移，使之正处于市中心黄金地段。其周围环境以骏景花园为首，汇集了一大群新建住宅小区，交映生辉。骏景花园以其宽阔的广场、优雅的居室设计、美丽的园林绿化，置身其中，首屈一指、更胜一筹，尽显住宅群中的优越之尊。

2. 高尚层次的需要

珠江三角洲地区在全国率先富了起来，为广东首府的广州市更是聚集着众多的富豪阶层，这一阶层人士凭自有的经济实力，对生活环境、消费水平有着更高、更新、更好的要求。

3. 配套完善，生活便利

（1）生活设施配套：小区内设有大型的农贸市场、超级市场、酒店餐厅、理发店等，极大方便了居民日常生活的需要。

（2）健身娱乐、医疗保健设施：小区本身附设有医疗、娱乐设施、市政各种设施，可满足居民各种娱乐休闲、医疗健身的需要。

（3）教育设施：小区本身附设有中学、小学、幼儿园。

4. 周边楼盘分析及售价定位（见表3-3）

表3-3

项目名称	项目地点	目前销售均价	开发楼盘	发展商
骏景花园	中山大道车陂花园旁	5500 元/平方米	66 栋 12～14 层	广州合生科技园房地产有限公司
天朗明居	中山大道车陂花园旁	5110 元/平方米	19 栋 18～26 层	广州天力房地产有限公司
叠翠台	中山大道与天府路交界处理品	6143 元/平方米	6 栋 13～32 层	广州东顺房地产有限公司
华江花园	黄埔大道	5756 元/平方米	6 栋 9～30 层	广州华嘉房地产有限公司
伟诚广场	天河公园南门东侧	4200 元/平方米	1 栋 23 层	广州伟腾房地产有限公司

与上述楼盘相比，骏景南苑在地理位置上占有绝对优势，并且，其开发商合生创展集团在广州市具有强大实力，在广州市开发过多个大型享有极高声誉的居民居住小区，尤其是倚骏景花园的成功气势，积成功之经验，使骏景南苑一出胎便有一种优越之感，优胜之能。该公司初步将售价定位于5500元/平方米，仍留有余地，随着该项目的逐步开发，其售价也将步步走高，有望突破6000元/平方米。

5. 项目的发展前景

广州市重心东移及南移的趋势已是毋庸置疑，天河区作为今后广州市房地产发展的重心地带已成现实。即将全线通车的广州环城高速公路将使广州市的重心东移、南移范围进一步扩大。近期内天河区政府迁到员村二马路，九运会主会场建于东浦，是其明显的迹象。这种发展趋势将为该项目带来巨大的发展机会。

七、项目开发资金筹集计划

项目开发总成本约 115 670 万元，该公司计划采用滚动式开发，预计前期投入为 92 533 万元，计划资金来源于：①注册资本金 10 600 万元；②集团公司内部自筹及销售滚动投入 66 933 万元；③预备向银行借款 15 000 万元。

八、财务分析

1. 骏景南苑施工、销售计划（见表 3-4）

表 3-4

	2001 年	2002 年	2003 年	2004 年	2005 年	2006 年	合计
施工计划	30%	35%	30%	5%			100%
销售计划	7.5%	15%	25%	20%	20%	12.5%	100%

2. 单位成本表（附表一）（略）

3. 总体成本表（附表二）（略）

4. 利润估算表（附表三）（略）

5. 项目现金流量表（附表四）（略）

6. 财务现金流量表（附表五）（略）

九、结论

本项目总成本 115 670 万元，总收入 145 845 万元，税前利润 30 175 万元，税后利润为 20 217 万元，净利润率为 17.48%，内部收益率为 13.26%，投资回收期为 5.11 年。这些指标都优于社会同类平均经济指标，从经济指标上来看，表明本项目具有较好的投资效益，本项目可行。

广州合生骏景房地产有限公司

2002 年 10 月

实验项目二　项目投资经济评价实例分析

实验项目：项目投资经济评价实例分析

实验学时：3 学时

实验类别：综合性实验

实验目的与要求：

通过本实验，学生能够灵活掌握项目投资财务评价和国民经济评价的方法，并能通过对投资项目的经济评价做出投资决策。要求学生充分发挥自己的积极性和创造性，培养学生根据实际情况分析问题的能力。

实验过程要点：

选择某一项目投资经济评价实例，对实例进行认真阅读和详尽的分析，同时根据需要从互联网查找相关背景资料，对其经济评价过程是否客观，评价结果是否合理做出分析判断，要求写出分析报告。本实验以小组为单位进行。

实验设备、工具及材料：电脑、多媒体教学系统、互联网

编写报告：

按要求完成实例分析报告。报告内容包括项目名称、项目背景、投资项目经济效益评价和国民经济评价的方法、综合分析情况及评价等。

小知识：

项目经济评价是对工程项目的经济合理性进行计算、分析、论证，并提出结论性意见的全过程。是工程项目可行性研究工作的一项重要内容，也是最终可行性研究报告的一个重要组成部分。其目的是根据国民经济长远规划和地区、部门（或行业）规划的要求，结合产品需求预测和工程技术研究，通过计算、分析、论证和多方案比较，提出全面的评价报告，为方案决策和编制设计任务书提供可靠的依据。

项目投资经济评价实验过程

一、打开教师指定文档，获取相关投资项目资料

对给定投资项目资料进行认真阅读，了解该项目投资经济评价概况

二、通过互联网查询该项目投资背景资料

视需要而定，选做，方法参见实验项目一。

三、对项目经济评价资料进行分析

对本项目财务评价和国民经济评价的方法和过程进行分析，评价其结论。

四、利用 Microsoft Word 操作软件撰写实例分析报告。

问题讨论：

1. 工业投资项目经济评价的主要过程是什么？
2. 试说明财务评价和国民经济评价的异同。
3. 在项目论证中进行不确定性分析的意义是什么？
4. 项目经济评价的指标有哪些？每一指标说明什么含义？
5. 对本案例中进行的项目经济评价进行评价。

实验项目三　项目管理实例分析

实验项目：项目管理实例分析

实验学时：2 学时

实验类别：综合性实验

实验目的与要求：

通过本实验，学生能够灵活掌握项目投资控制、进度控制、质量管理、费用控制的方法。通过对投资项目概况进行有意义的分析，能寻求最佳项目进度、质量、费用控制方法，为项目投资顺利进行服务。

实验过程要点：

选择某一项目管理案例，从项目概况出发，分析其项目进度的控制、质量的管理、费用的控制是否合理有效，并提出建设性意见，要求写出分析报告。

实验设备、工具及材料：电脑、多媒体教学系统、互联网

编写报告：

按要求完成实例分析报告。报告内容包括项目名称、项目背景、项目进度的控制、质量的管理、费用的控制、评论和建议等。

项目管理案例分析实验过程

一、打开教师指定文档，获取相关项目管理资料

对给定项目管理资料进行认真阅读，了解该项目管理概况。

二、通过互联网查询该项目背景资料

视需要而定，选做，方法参见实验项目一。

三、对项目管理资料进行分析

对该项目招标与投标管理、采购与合同管理、项目投资控制、进度控制、质量管理、费用控制等方面进行分析。

四、利用 Microsoft Word 操作软件撰写案例分析报告

示例

某度假村项目管理实例

某实业公司拟建一度假村。选址在浦东国际机场与泸潮港连线中部地段，占地面积约 10 000 平方米。主要包括欧式别墅区、主楼、副楼、游泳馆、射击馆、钓鱼台、停车场、职工宿舍（见图 3-6），并在周边道路布置绿地，建成后将集休闲、娱乐、会议、餐饮等多种功能于一体。各配套项目经向有关单位征询，可配套解决。项目总投资人民币 1 亿元，建设周期 2 年。

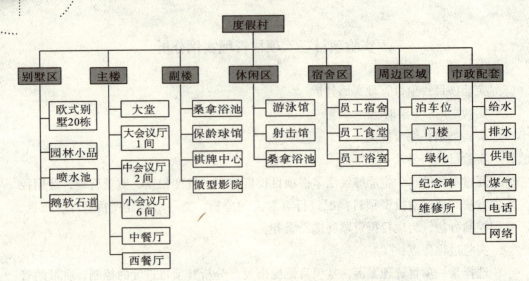

图 3-6　项目组织结构图

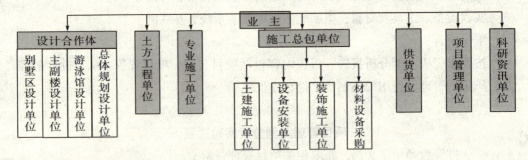

图 3-7　项目实施合同结构图

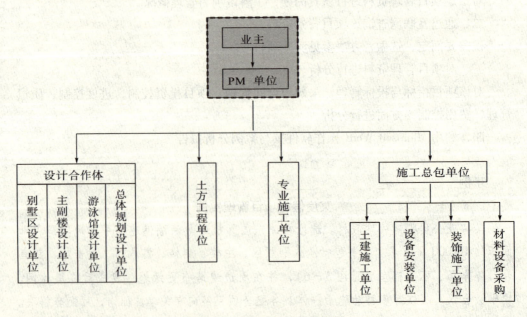

图 3-8　项目管理组织结构图

表3－5　　　　　　　　　　　　项目管理职能分工表

阶段	编号	工作任务分类	业主方	项目管理方	设计方	施工方	供货方
设计阶段	1	投资切块	E	IDCP			
	2	编制设计任务书	EC	IDCP			
	3	方案竞赛和设计招标组织	EDC	ICP			
	4	扩充设计组织	E	IDCP	D		
	5	概算	E	C			
	6	设计方案评审	EC	PCD			
	7	施工图设计、预算	E	C	D		
设计阶段	8	资金使用计划	E	PDC	D		
	9	进度计划	E	PDC	D		
	10	甲供机电设备和材料招标	EDC	IPC			
施工阶段	11	编制施工招标方案	EC	IPDC			
	12	招标申请	ED	P			
	13	编制招标文件	EC	IPDC			
	14	组织招标、选择施工单位	EC	IPC			
	15	进驻施工现场	ED	PDC			D
	16	开工前审批及申请	ED	P			
	17	对已批准工期计划的监督	EC	PD			D
	18	投资监督	EC	PD			D
	19	对质量的监督	EC	PD		D	D
	20	项目管理组织内部信息	EC	IPD			
	21	合同管理	EC	PD			IDC
	22	现场组织、协调与管理	DC	DC			
	23	设计和施工工期的改变	E	PC	D		ID
	24	款项的审核与支付	D	C			
	25	竣工预检验与质量评定	EC	PDC	D		D
	26	竣工决算	C	DC			D
	27	竣工交付验收	DC	DC			D
	28	遗留问题的处理落实	C	C			D

备注：职能代号：信息—I，决策准备—P，决策—E，执行—D，检查—C。

项目管理任务

本项目管理方案是对项目设计阶段进行投资、质量、合同、信息、组织协调六方面的控制，以及甲供材料设备招标管理：

1. 投资控制

采用的基本工作原理是动态控制原理，即采用计算机辅助的手段，在项目设计的各个阶段，分析和审核投资计划值，并将不同阶段的投资计划值和实际值进行动态跟踪比较。当其发生偏差时，分析产生偏差的原因，提出纠偏的措施，使项目设计在确保项目质量的前提下，充分考虑项目的经济性，使项目总投资控制在计划总投资范围以内。主要任务是：

（1）审核方案设计优化估算，并提出审核报告和建议；

（2）审核设计概算，并提出审核报告和意见；

（3）在审核设计概算的基础上，确定项目总投资目标值；

（4）对施工图设计从设计、施工、材料和设备等多方面进行必要的市场调查分析和技术经济比较，并提出咨询报告，供业主参考；

（5）审核施工图预算，调整总投资计划，在充分考虑满足项目功能的条件下提出进一步挖掘节约投资的可能性；

（6）在施工图设计过程中，逐一进行投资计划值和实际值的跟踪比较，并提交投资控制报告和建议；

（7）严格审查设计变更，从经济性分析是否满足业主的要求。

2．进度控制

设计进度如果控制不住，将直接影响到项目建设总进度目标的实现。为了缩短建设周期，项目管理人员应协助设计单位进行合理的安排，使设计进度计划为施工招标服务，并尽量使设计满足业主对开工日期的要求、同时兼顾采购周期较长的材料、设备供应时间的要求，同时应充分考虑到有关政府和市政部门对设计文件审批的时间要求。此外，对于由业主自身因素（如业主能否向设计方及时明确设计要求并提供设计所需的参数和条件、能否及时对设计文件进行决策和认可、能否尽量减少设计意图的改变和反复）造成对设计进度的影响，项目管理人员应协助业主尽早发现问题，并提出解决方案。主要任务是：

（1）审核设计方提出的详细的设计进度计划和出图计划，并控制其执行，尽可能避免发生因设计推迟而影响项目总进度计划及造成施工单位要求工期赔偿；

（2）协助起草主要材料和设备的采购计划，编制进口材料设备清单，以便业主向有关部门办理进口手续；

（3）协助研究分析分包合同及招投标、施工进度，与设计方协商，使设计进度为招投标及施工服务，并作为进度目标值；

（4）协助业主对设计文件尽快做出审定和决策，以免影响设计进度计划；

（5）在设计过程中进行进度计划值和实际值的比较，并提交进度控制报告和建议；

（6）协调各专业工种设计进度，使其能满足施工进度要求。

3．质量控制

设计质量具有直接效用质量和间接效用质量双重属性。直接效用质量目标是指实质设计文件（包括图纸和说明书）应尽量满足的质量要求，其中最关键的是设计是否符合国内有关设计规范、是否满足业主的要求、各阶段设计是否达到国家有关部门规定的设计深度，以及设计是否具有施工和安装的可建造性；间接效用质量目标是指设计文件所体现的最终建筑产品质量，该项目的间接效用质量是指通过设计和施工的共同努力使项目建设成为造型新颖、功能齐全、布局合理、结构可靠、环境协调的具有国际一流水平的邮电通信大楼。为了有效地进行设计阶段质量控制，项目管理人员应在透彻了解业主给项目要求的基础上，详细的阅读、分析图纸，以便发现并提出问题。对重要的细节问题和关键问题，如有必要建议组织中外专家论证。主要任务是：

（1）仔细分析设计图纸，及时向设计单位提出图纸中存在的问题。对设计变更进行技术经济分析，并按照规定的程序办理设计变更手续。凡对投资及进度带来影响的设计变更，需会同业主核签。

（2）审核各设计阶段的设计图纸与说明是否符合国家有关设计规范、设计质量和标准要求，并根据需要提出修改意见。

（3）在设计进展过程中，协助审核设计是否符合业主对设计质量的特殊要求，并根据需要提出修改意见。

（4）若有必要，建议组织有关专家对结构方案进行分析和论证，以确定施工可行性，以降低成本、提高效率。

（5）进行大楼智能化总体方案设计的技术经济分析。

（6）对常规设备系统的技术经济进行分析，并提出改进意见。

（7）审核有关水、电、气等系统设计与有关市政工程规范、地块市政条件是否相符合，以便获得有关政府部门的审批。

（8）审核施工设计是否有足够的深度，是否满足要求，确保施工进度计划的顺利进行。

（9）对项目所采用的主要设备、材料充分了解其性能，并进行市场调查分析；对设备、材料的选用提出咨询报告，在满足功能要求的条件下，尽可能降低工程成本。

4. 合同管理

合同管理是项目管理工作中三大目标控制外的另一项重要的工作，因为业主签订的任何合同，都与项目的投资、进度和质量有关，因此，应充分重视合同管理的重要性。主要任务是：

（1）协助业主选择标准合同文件，起草设计合同及特殊条款；

（2）从投资控制、进度控制和质量控制的角度分析设计合同条款，分析合同执行过程中可能会出现的风险和问题；

（3）参与设计合同谈判；

（4）进行设计合同执行期间的跟踪管理，包括合同执行情况的检查，签订补充协议等事宜；

（5）分析可能发生索赔的原因，制定防范性的对策，减少业主索赔的发生；协助业主处理有关实际合同的索赔事宜，并处理合同纠纷事宜。

5. 信息管理

信息市规划、控制、协调和决策的依据，在整个项目建设过程中扮演着非常重要的角色，必须进行良好的信息管理。信息管理的基本原则是通过对信息进行合理的分类及编码，制定信息管理制度，以便迅速准确的传递信息、全面有效的管理信息。在此基础上建立完整的系统，客观记录并反映项目建设的整个过程。主要任务是：

（1）建立设计阶段工程信息的编码体系；

（2）建立设计阶段信息管理制度，并控制其执行；

（3）进行设计阶段各类工程信息的收集、分类、整理和存档；

（4）运用计算机进行本项目的信息管理，随时向业主提供有关项目管理的各类信息，并提供各种报表和报告；

（5）协助业主建立有关会议制度，整理各类会议纪要；

（6）将所有设计文档（包括图纸、说明文件、来往函件、会议纪要、政府批文等）装订成册，在项目结束后递交业主。

6. 组织协调

设计阶段事由多家单位和众多人员共同参与的，为了使这个过程能紧密结合、顺利运作，必须进行有效的组织与协调。主要工作内容包括：

（1）协助业主协调与设计单位之间的关系，并处理有关问题，使设计工作顺利进行；

（2）协助业主处理设计与有关政府主管部门和市政部门的联系，了解有关设计参数和要求；

（3）协助业主做好方案设计与设计审批准备工作，处理和解决方案设计与设计审批有关规定；

（4）协助业主处理设计阶段各种纠纷事宜；

（5）协助业主协调设计与招投标、施工之间的关系；

（6）协助业主处理有关政府部门和市政部门对设计文件审批事宜。

7. 机电设备和材料招标工作

（1）业主进行材料设备的合同结构设计；

（2）协助业主进行机电设备系统和材料的招标准备工作，包括机电设备和材料的型号、性能询价、资格预审等。重点考察其生产能力、供货时间、产品质量及使用工程的实际效果。

（3）编制材料和机电设备系统招标文件；

（4）起草材料和机电设备供货及安装合同；

（5）编制材料、机电设备标的；

（6）分析投标文件，参与材料、机电设备系统评标、议标和合同谈判及起草、制定合同书；

（7）协助业主处理有关索赔事宜，制定防范性对策、减少向业主索赔的发生；

（8）监督订货合同执行情况，控制供货进度及产品质量（包括开箱、检验等），确保不影响施工进度和安装质量。

问题讨论

1．本案例中所采用的项目组织形式是否合理？如不合理，你有什么更好的建议？

2．本案例项目控制是否完善，还应进行哪些方面控制？

3．本案例应如何将方案与实际很好衔接？

4．本案例的投资控制、进度控制、质量控制是否恰当？你认为应否还加以改善，如何改善？

5．本项目面临的风险有哪些，如何应对？

第二节　项目评价实验

实验项目一　认识投资项目评价软件的基本功能

实验项目：认识投资项目评价软件的基本功能

实验学时：2 学时

实验类别：综合性实验

实验目的与要求：

通过本实验，要求学生熟悉投资项目评价软件系统；了解项目评价相关数据的输入编辑、操作规程、注意事项等；学会软件的基本操作。

实验过程要点：

在老师指导下开启投资项目评价软件系统，了解项目评价相关数据的输入编辑、操作规程、注意事项等，学会软件的基本操作。注意电脑的安全开启和退出，注意实验室防火安全。

实验设备、工具及材料：电脑、多媒体教学系统、投资项目评价系统软件

编写报告：实验小结

一、投资项目经济评价系统技改版4.0界面

点击"开始"→"程序"→"投资项目经济评价系统"→"投资项目经济评价系统技改版4.0"，进入系统的主界面，见图 3-9。

图 3-9 投资项目经济评价系统

二、使用指南

软件中的使用指南分成两个部分：一个是快速指南，另一个是高级指南。二者的区别是：快速指南是描述每个模块需要输入的主要内容和方法，不包括具体的每个功能的使用方法；高级指南描述每个模块中涉及的功能和操作方法。

软件的使用大致分为三个部分：①输入。报表数据的输入包括的基本方案、增量计算、敏感性分析和概率分析等。②计算。根据输入的数据进行计算。③报表或图形显示。根据计算的结果显示相应的报表。软件中的所有工作都是围绕这三个部分展开的。

三、技改项目评价的特点及计算方法

（一）技改项目评价的特点

（1）改扩建项目是在原有企业的基础上进行建设的，它与新建项目相比具有以下特点：

①在不同程度上利用了原有资产和资源，以增量调动存量，以较小的新增投入取得较大的新增效益。

②原来已在生产经营，而且其状况还会发生变化，因此项目效益和费用的识别，计算较复杂。

③建设期内建设与生产同步进行。

④项目与企业既有区别又有联系，有些问题的分析范围需要从项目扩展至企业。

因此，改扩建项目的评价除应遵循一般新建设项目经济评价的原则和基本方法外，还必须针对以上特点，在具体评价方法上做一些特殊的规定。

（2）改扩建项目的目标不同，实施方法各异。其效益可能表现在增加产量，扩大品种，提高质量，降低能耗，合理利用资源，提高技术装备水平，改善劳动条件或减轻劳动强度，保护环境和综合利用等一个方面或几个方面。其费用（代价）不

仅包括新建投资、新增经营费用，还包括由项目建设可能带来的停产或减产损失，以及原有固定资产拆除费等。所有效益和费用均应反映在项目的经济评价中。对于难以定量计算的效益和费用应做定性描述。

（3）改扩建项目的评价分为财务评价和国民经济评价。①财务评价进行盈利能力和清偿能力分析；对涉及外汇收支的项目，还应进行外汇平衡分析。财务评价计算的指标有财务内部收益率、财务净现值、投资回收期、投资利润率、资本金利润率、资产负债率、固定资产投资借款偿还期、流动比率、速动比率。②国民经济评价进行盈利能力分析；涉及产品出口创汇及替代进口节汇的项目，还应进行外汇效果分析。国民经济评价计算的指标有经济内部收益率、经济净现值、经济外汇净现值、经济换汇（节汇）成本。

（4）盈利能力分析和外汇效果分析应采用有无对比法，以增量指标作为判断项目可行性和经济合理性的主要依据。也可以计算项目的总量效益指标。进行有无对比，增量计算时，可选用以下两种方法：

①先计算改扩建后（即"有项目"）以及不改扩建（即"无项目"）两种情况下的效益和费用，然后通过这两套数据的差额（即增量数据，包括增量效益和增量费用），计算增量指标。

②有些改扩建项目，如新建生产车间或生产线，新增一种或数种产品，其效益和费用能与原有企业分开计算的，可视同新建项目，直接采用增量效益和增量费用，计算增量指标。

（5）清偿能力分析和外汇平衡分析是在现状的基础上对项目实施后的财务状况做出评价。在计算固定资产投资借款偿还期时，偿还借款的资金来源不仅包括项目新增的可用于还款的资金，还可以包括原有企业所能提供的还款资金。

（6）改扩建项目财务评价的基本报表有：现金流量表（增量全部投资、增量自有资金）、损益表、资金来源与运用表、资产负债表、财务外汇平衡表（改扩建基本报表）；国民经济评价的基本报表有：国民经济效益费用流量表（增量全部投资、增量国内投资）和经济外汇流量表（增量投资、改扩建基本报表）。

（7）进行改扩建项目经济评价时，原有固定资产的价值，一般采用账面值（即原值和净值）；涉及产权转移时，采用重估值，重估方法参照国有资产管理局有关规定。这一原则同样适合于计算原有流动资产的价值。

（二）技改项目评价的计算方法

1. 无项目基本方案计算

技改前的方案计算，通过计算可以得到无项目的基本报表和辅助报表信息。

2. 有项目基本方案计算

技改后的方案计算，通过计算可以得到有项目的基本报表和辅助报表。

3. 增量计算

无项目计算和有项目计算是增量计算的基础，在此基础上将有项目的某些基础数据减去无项目的基础数据，然后进行增量计算可以得到增量计算的结果。

四、创建新建项目

点击主菜单"文件"→"新建项目"或按键盘"Ctrl + N"，显示创建新项目窗口，在窗口中输入项目名称和备注信息点"新建"按钮即可。

（一）录入企业损益表（见图3－10）

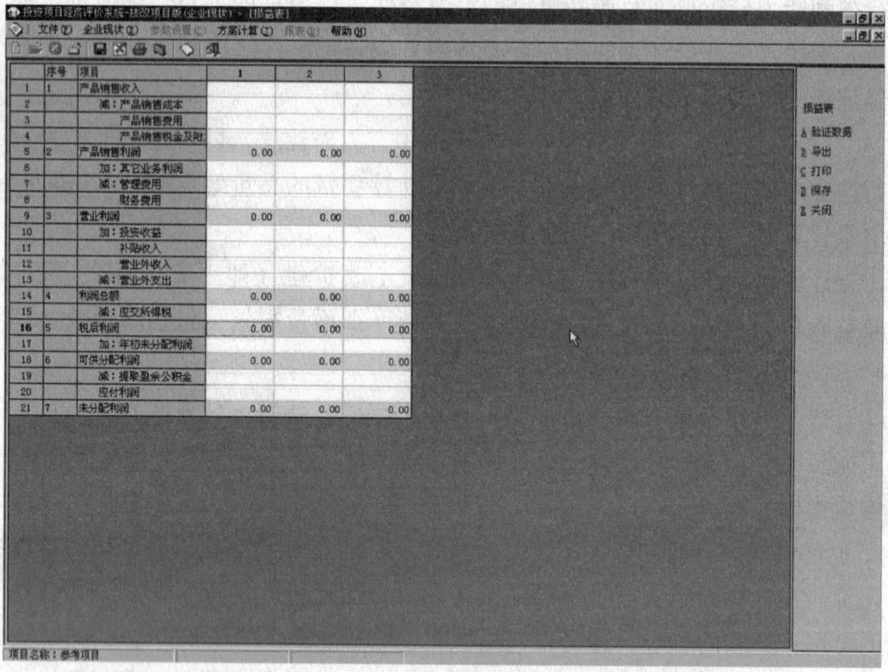

图3－10 数据录入

1. 说明

企业损益表是描述当前企业收入和支出，并得出企业损益的状况。该窗口就是用于收入和支出的输入并计算。

2. 录入数据

窗口输入的数据主要是收入和支出中的成本、费用、税金等。在白色可编辑的单元格中输入每年对应的数据后按回车键，系统会进行自动计算；然后点击面板上的"校验数据"来验证你输入数据的合法性。

3. 保存

将编辑并验证无错误的数据保存到数据库中。方法是：点击面板上的"保存"或工具条上的 ■ 按钮。

（二）录入企业资产负债表（见图 3－11）

图 3－11　企业现状资产负债表

1. 说明

企业资产负债表主要是描述企业现有资产和负债及所有者权益的表格。资产主要有流动资产、长期投资、固定资产、无形资产及递延和其他资产。负债及所有者权益主要有流动负债、长期负债、所有者权益。由于财务报表的划分标准与评价报表有所不同，因此在结转时要注意科目间的关系。

2. 录入数据

输入分为资产和负债两个部分，根据窗口上的提示输入资产和负债的数据。在白色可编辑的单元格内输入每期数据并按回车键后，系统会自动计算结果，输入后点击面板上的"校验数据"来验证输入数据的合法性。

除输入数据外还涉及资产和负债的结转，点击面板上的"结转资产及负债"，进入结转资产负债窗口进行输入数据。

3. 保存

将编辑并验证无错误的数据保存的数据库中。方法是：点击面板上的"保存"或工具条上的 ■ 按钮。

实验项目二　项目财务分析

实验项目：项目财务分析

实验学时：2 学时

实验类别：综合性实验

实验目的与要求：

通过本实验，学生能够灵活掌握固定资产投资的估算；流动资金的估算；项目资金筹措方案的选择与评价；销售收入与销售税金及附加的估算；总成本费用的估算。

实验过程要点：

选择某一投资项目案例，对项目基本数据进行录入，并进行固定资产投资的估算；流动资金的估算；项目资金筹措方案的选择与评价；销售收入与销售税金及附加的估算；总成本费用的估算。

实验设备、工具及材料：电脑、多媒体教学系统、投资项目经济评价系统软件、互联网

编写报告：实验小结

小提示：

项目财务分析主要内容：①项目未来（10 年）的利润表、现金流量表；②净现值；③投资回收期；④内含报酬率；⑤敏感性分析。

一、打开教师指定文档，获取相关改扩建项目概况

二、通过互联网查询项目相关数据，主要是项目投资前后相关财务数据资料

三、进行数据录入及计算

（一）无项目录入及计算

1. 说明

计算改造项目的计算涉及无项目基本方案计算、有项目基本方案计算和增量计算主要三个部分。而无项目基本方案计算是指在项目进行技术改造以前即有项目之前的项目的计算工作。

2. 录入数据

数据的录入是计算和显示结果的前提条件。具体方法是：在"参数设置"下的每个窗口都需要输入，该菜单下涉及的输入模块包括：公用参数、投资项目估算、资金筹措、结转债务偿还、销售收入、营业外收入、人员工资福利、资产折旧摊销、制造/管理/销售费用、外购原材料估算、燃料动力估算、流动资金参数、利润分配等部分。

3. 保存

保存是用来将每个窗口上输入的数据保存到数据库中，因此，每个窗口上都有保存按钮用来保存当前窗口的数据，保存后的数据用来作为该项目的计算和得到结果的基础。

4. 数据录入

（1）数据录入——公用参数表（见图3-12）

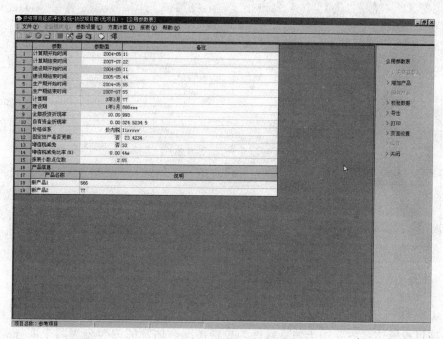

图3-12　数据录入界面

① 说明

公用参数是整个软件中各个不同模块所用到的相同数据的描述。该窗口就是用来完成共同参数的设置工作，分为两部分：一是公用参数；二是产品信息。见图3-12。

②录入数据

输入由两部分组成：①公用参数；②产品信息。

公用参数：在公用参数窗口可输入相应的公用参数数据。其中：计算期开始时间、计算期结束时间、建设期开始时间、建设期结束时间、生产期开始时间、生产期结束时间必须输入并且要注意之间的关系和取值的合理性。

设置产品：产品的输入可以通过面板上的"增加产品"或"删除产品"或直接修改来完成设置工作。

③保存

将编辑并验证无错误的数据保存到数据库中。方法是：点击面板上的"保存"

或工具条上的 按钮。

(2) 数据录入——投资估算（见图 3-13）

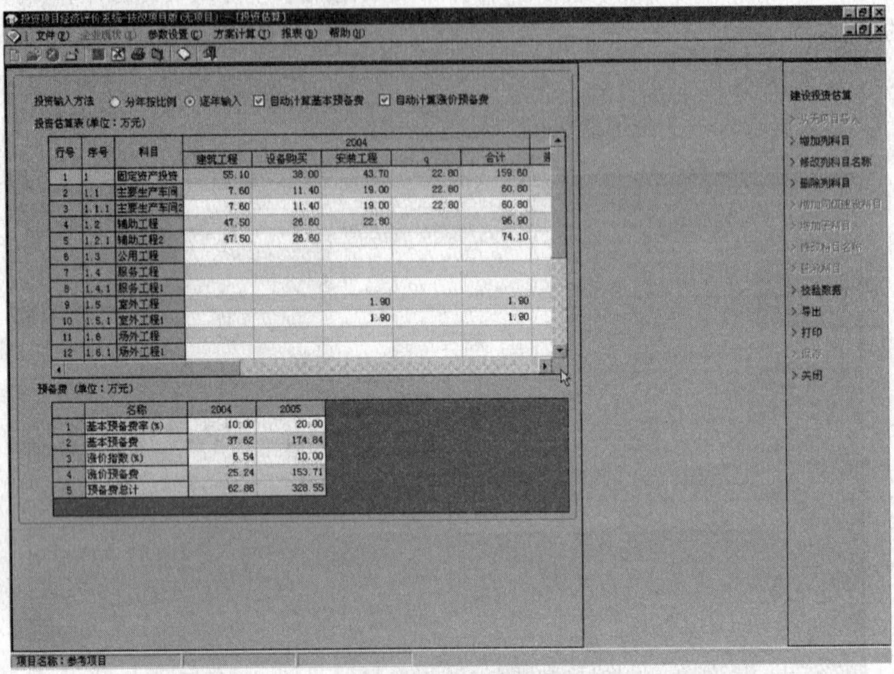

图 3-13 投资估算

①说明

项目投资估算主要用于估算软件的投资情况。估算的内容分为两个部分：一是资产估算；二是预备费用估算。所以，该窗口分成了两个部分：上面表格用于资产中的固定资产和无形资产的输入，而下面表格用于预备费用的输入。

②录入数据

软件的输入分为两种方式：一种是分年按比例及输入每年占用总投资的比例；另一种是逐年输入即输入每一期的投资估算数据。

项目资产的输入。资产的输入主要是固定资产和无形资产各个科目的输入，具体实现可以用面板上的行或列科目的增加、修改、删除来实现。

预备费输入。预备费用输入分为两种：一种是自动计算。即选择自动计算预备费用按钮输入提取预备费比例。另一种是手工输入。即在预备费表格输入每一期预备费用。

③保存

将编辑并验证无错误的数据保存到数据库中。方法是：点击面板上的"保存"或工具条上的 按钮。

（3）数据录入——资金筹措（见图 3 - 14）

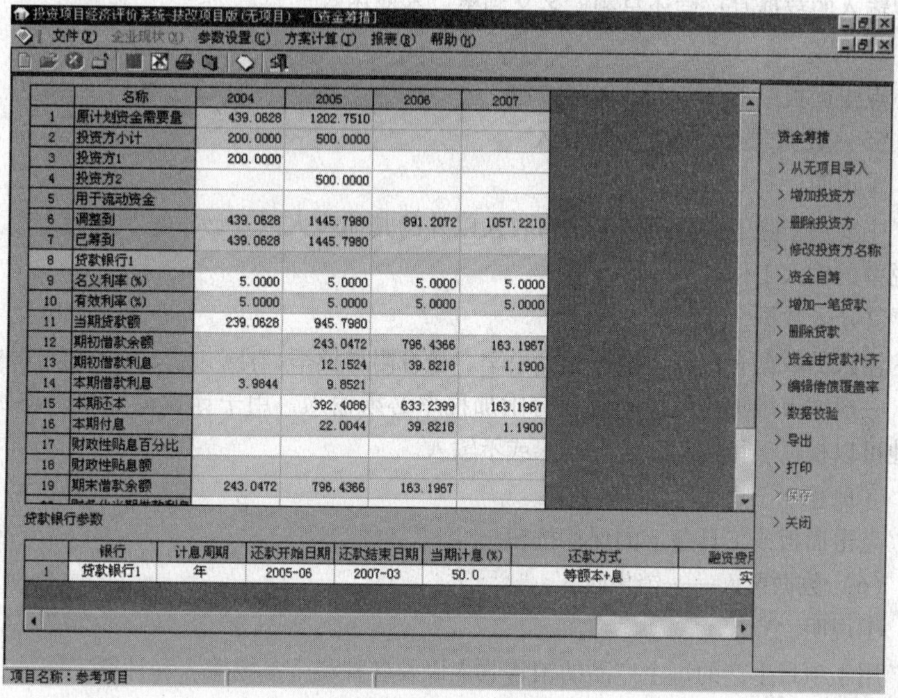

图 3 - 14　资金筹措

① 说明

资金筹措是将估算的数据进行筹措。筹措的资金来源主要分为三个部分：一是投资方投资；二是财政补贴；三是银行贷款。所以，如果有银行贷款就涉及资金偿还和筹措资金的问题。

② 录入数据

投资方投资信息输入：通过面板上的增加、修改、删除投资方实现投资方信息输入。

贷款银行信息和参数：通过面板上的增加贷款来增加一个银行贷款后输入相应银行贷款偿还参数，如利率、贷款额等。

财政贴息：在表格中输入财政贴息百分比。

资金筹措资金费用输入：资本化利息等的输入。

需要注意：必须保证筹措的资金要大于或等于项目建设投资资金的需要量。

③ 保存

将编辑并验证无错误的数据保存到数据库中。方法是：点击面板上的"保存"或工具条上的按钮。

（4）数据录入——结转债务偿还

① 说明

完成企业结转负债的偿还工作，注意结转的债务与结转相符。

163

②录入数据

输入的数据有：偿还总额、名义利率、本期还本。

③ 保存

点击面板或工具条上的保存按钮。

（5）数据录入——营业外收入

①说明

主要用于除了主要产品的销售收入以外的其他收入以及城市维护和教育附加费用税率的输入工作。

②录入数据

输入的数据有：城市维护建设税率、教育附加税率、补贴收入、营业外净收入。

一般城市维护建设税率和教育附加税率必须输入，用于计算税金及附加所用，其他可以根据项目的实际情况输入或不输入。

③保存

点击面板或工具条上的保存按钮。

（6）数据录入——销售收入

①说明

用于项目生产的每个产品的销售收入以及各种税金参数输入和计算工作。

②录入数据

输入的数据有：最大生产能力、达产率、单价信息、销项税率、营业税、消费税、出口退税、其他税种。

最大生产能力和达产率一般必须输入数据合理，对于每个单价中需要输入单价和销售比例，必须输入销项税率，对于营业税、消费税、出口退税和其他税种可以增加并输入，也可以不输入主要根据项目的需要。

③保存

完成并确认每个产品的数据后，点击面板或工具条上的保存按钮保存数据。

（7）数据录入——人员工资福利

①说明

人员的工资及福利是整个项目投资总成本的一部分，该窗口主要完成人员及工资福利的相关参数的输入工作。

②录入数据

输入的数据有：部门人数、人均年工资、工资福利比率、直接人工、制造费用、管理费用、销售费用所占的百分比。

需要注意，直接人工、制造费用、管理费用、销售费用百分比的每一年合计必须为百分百。

③保存

点击面板或工具条上的保存按钮。

（8）数据录入——资产折旧摊销

①说明

用于固定资产的折旧和无形资产的摊销工作，该窗口中将固定资产和无形资产用不同的页面分开，根据需要来切换页面。

②录入数据

输入的数据有：固定资产包括折旧年限、残值率、折旧方法、当期转入固定资产；无形资产包括摊销年限、当期转入无形资产。

③保存

点击面板或工具条上的保存按钮。

（9）数据录入——制造费用/销售费用/管理费用

①说明

主要用于总成本费用中的各项费用（制造费用/管理费用/销售费用）的输入。

②录入数据

输入的数据有：每个费用科目包括的费用计算方法、进项税率、抵扣比例。

③保存

点击面板或工具条上的保存按钮。

（10）数据录入——外购原材料费用

①说明

主要用于总成本费用中外购原材料费用的输入。

②录入数据

输入的数据有：每种原材料包括的计量单位、费用计算方法、单价单位、单价、年消耗量、周转天数、进项税率。

③保存

点击面板或工具条上的保存按钮。

（11）数据录入——外购燃料动力费用

①说明

主要用于外购燃料和动力费用的输入。

②录入数据

输入的数据和外购原材料相同。

③保存

点击面板和工具条上的保存按钮即可。

（11）数据录入——流动资金参数

①说明

主要用于计算流动资金所需参数的输入。

②录入数据

输入的数据有：流动资金借款利率、短期借款利率。

分项详细费用估算法：应收账款周转天数、在产品周转天数、产成品周转天数、现金周转天数、应付账款周转天数、备品备件占用流动资金。

经营成本资金率法：应收账款周转天数、经营成本资金率。

产值资金率法：应收账款周转天数、产值资金率。

流动资金定额估算法：应收账款周转天数、流动资金。

注意：各个数据的输入如周转天数等要注意数据来源有充分的依据。

③保存

点击面板或工具条上的保存按钮。

（12）数据录入——利润分配

①说明

主要用于利润分配所涉及的参数设置。

②录入数据

输入数据有：优惠期税率、各投资方股权、基金的提取方式、可供分配资金留存比例。

提取方式一：职工奖励福利基金、企业储备基金、企业发展基金、特种基金。

提取方式二：法定盈余公积金、任意盈余公积金、公益金、特种基金。

③保存

点击面板或工具条上的保存按钮。

（二）有项目数据录入及计算

有项目与无项目是相对而言的，即在做完技术改造后为有项目，有项目所涉及的数据输入和计算方法与无项目完全相同。

小提示：

财务分析的最基本功能，是将大量的报表数据转换成对特定决策有用的信息，减少决策的不确定性。

实验项目三　项目财务效益评估

实验项目：项目财务效益评估

实验学时：2 学时

实验类别：综合性实验

实验目的与要求：

通过本实验，学生能够灵活掌握项目财务评估指标的选用和技术，掌握项目财务评估的基本方法和具体技术，能进行项目盈利能力的分析与评价，项目清偿能力的分析与评价。

实验过程要点：

选择某一投资项目案例（可采用实验项目二已经录入的数据），从企业或项目的微观角度，从项目本身的财务状况出发，正确选用财务评估指标评价项目的可行性，并写出分析报告。

实验设备、工具及材料：电脑、多媒体教学系统、投资项目经济评价系统软件

编写报告：

按要求完成实验报告。报告内容包括项目名称、项目概况、财务基础数据、财务评估内容（重点是盈利能力、清偿能力分析）、结论和评价等。

 小知识：

项目财务效益评估是在国家现行财税制度和有关法律法规的基础上，鉴定、分析项目可行性研究报告提出的投资、成本、收入、税金和利润等财务费用和效益，从项目出发测算项目建成投产后的获利能力、清偿能力和财务外汇效果等财务状况，以评价和判断项目财务上是否可行。

一、利用已知数据生成辅助报表及基本报表

（一）计算——无项目基本方案计算

1. 模块介绍

该模块通过计算生成一系列无项目的辅助报表及基本报表。

2. 开始计算

单击"开始计算"，计算开始。

3. 计算结果存放位置

显示生成报表的存放位置。

4. 说明

在基本方案计算开始之前，首先会对数据输入模块的数据进行校验。如果校验不能通过，计算将终止，必须根据提示对数据输入模块进行修改后重新计算。

（二）计算——有项目基本方案计算

1 模块介绍

该模块通过计算生成一系列有项目的辅助报表及基本报表。

2. 开始计算

单击"开始计算"，计算开始。

3. 计算结果存放位置

显示生成报表的存放位置。

4. 说明

在基本方案计算开始之前，首先会对数据输入模块的数据进行校验。如果校验不能通过，计算将终止，必须根据提示对数据输入模块进行修改。

二、利用辅助报表及基本报表计算项目的盈利能力和偿债能力

（一）说明

1. 财务盈利能力指标计算与分析的评价

（1）财务内部收益率

财务内部收益率（FIRR）是反映项目在计算期内投资盈利能力的动态评价指标，它是项目计算期内各年净现金流量现值累计等于零时的折现率。其表达式为：

$$\sum_{t=1}^{n} (CI - CO)_t (1 + FIRR)^{-t} = 0$$

式中：CI——现金流入量；

CO——现金流出量；

（CI - CO）——第 T 年的净现金流量；

n——计算期。

全部投资财务内部收益率是反映项目在计算期内全部投资的盈利能力指标。当全部投资财务内部收益率（所得税前、所得税后）大于或等于行业基准收益率或折现率时，项目在财务上可以考虑被接受。

自有资金财务内部收益率则表示项目自有资金盈利能力。当自有资金财务内部收益率大于或等于投资者期望的最低可接受收益率时，项目在财务上可以考虑被接受。

在利用财务内部收益率指标进行盈利能力判断时，应注意计算口径的可比性。

（2）财务净现值

全部投资（或自有资金）财务净现值（FNPV）是指按设定的折现率将项目计算期内各年的净现金流量折现到建设期初的现值之和。其计算公式为：

$$FNPV = \sum_{t=1}^{n} (CI - CO)_t (1 + i_c)^{-t}$$

式中：IC——基准收益率或设定的折现率。

财务净现值等于零时，表明项目在计算期内可获得或等于基准收益水平的收益额。因此，当 FNPV ≥ 0 时，项目在财务上可以考虑被接受。对于在计算期内分期建设以及在经营期内某几年的净现金流量多次出现正负值交替现象的非常规项目，财务内部收益率可能出现无解或不合理的情况，此时，可以财务净现值作为评价指标。

（3）投资回收期

投资回收期是指以项目税前的净收益抵偿全部投资所需的时间。投资回收期从建设开始年起计算。静态投资回收期（PT）的表达式为：

$$\sum_{t=1}^{P_t} (CI - CO)_t = 0$$

投资回收期根据财务现金流量表（全部投资所得税前）累计净现金流量栏中的数据计算求得。计算公式为：

$$投资回收期 = 累计净现金流量开始出现正值年份数 - 1 + \frac{上年累计净现金流量}{当年净现金流量}$$

投资回收期的分析与评价，应将求出的投资回收期（PT）与基准投资回收期（PC）相比较。当 PT≤PC 时，项目在财务上才可以考虑被接受。

（4）投资利润率

投资利润率是指项目生产经营期内年平均总额占项目总投资（固定资产投资与全部流动资金之和）的百分比率。它是反映项目单位投资盈利能力的指标。其计算公式为：

$$投资利润率 = \frac{平均利润之总额}{项目总投资} \times 100\%$$

当投资利润率≥基准投资利润时，项目在财务上才可以考虑被接受。

（5）投资利税率

投资利税率是指项目生产经营期内平均年利税总额占项目总投资（固定资产投资和全部流动资金之和）的百分比率。它是反映项目单位投资盈利能力的对财政所做贡献的指标。其计算公式为：

$$投资利税率 = \frac{平均利税总额}{项目总投资} \times 100\%$$

当投资利税率≥基准投资利税率时，项目在财务上才可以考虑被接受。

（6）资本金利润率是指项目生产经营期内年平均所得税后利润与资本金的比率。其计算公式为：

$$资本金净利润 = \frac{平均利润总额}{资本金} \times 100\%$$

2. 清偿能力分析的评价

新建项目清偿能力分析的评价，是在财务盈利能力分析评价的基础上，进一步对资金来源与资金与运用平衡分析、资产负债分析的结果进行评价，评价项目的总体水平、清偿长期债务的能力，为信贷决策提供评价依据。新建项目清偿能力分析的评价，首先要审查资金来源与运用表和资产负债表的编制是否符合《方法与参数》及其他有关规定的要求，表中数据与其相关报表的数据是否一致等；然后在此基础上，计算反映项目清偿能力的有关评价指标。

（1）资金来源与运用表和资产负债表的评价

资金来源与运用表由资金来源、资金运用、盈余资金和累计盈余资金四大部分组成。评价中应注意，各年累计盈余资金不宜出现负值，如果出现负值，应通过增加短期借款解决。表中"回收固定资产余值"和"回收流动资金"计入计算期末。

资产负债表是根据"资产＝负债＋所有者权益"的会计平衡原理编制，它为企业经营者、投资者和债权人等不同的报表使用者提供了各自需要的资料。评价中应注意根据资本保全原则，投资者投入的资本金在生产经营期内，除依法转让外，不得以任何方式抽回，计提固定资产折旧不能冲减资本金。

（2）借款清偿能力

固定资产投资国内借款偿还期分析通过资金来源与运用表和国内借款还本付息计算表计算国内借款偿还期或偿债覆盖率。其计算公式为：

$$偿债覆盖率 = \frac{当年应还长期借款本金}{可用于还款资金}$$

（3）财务比率分析

通过资产负债表可以计算资产负债率、流动比率和速动比率等财务比率（以百分比表示）。资产负债率是负债总额与资产总额之比；流动比率是流动资产总额与流动负债总额之比；速动比率是流动资产减存货后的差额与流动负债总额的比率。

（二）计算

1. 计算无项目

（1）盈利能力分析

打开投资项目评价系统（无项目）——盈利能力分析界面，单击"计算"按钮即可开始计算。

（2）清偿能力分析

打开投资项目评价系统（无项目）——清偿能力分析界面，单击"计算"按钮即可开始计算。

2. 计算有项目

（1）盈利能力分析

打开投资项目评价系统（有项目）——盈利能力分析界面，单击"计算"按钮即可开始计算。

（2）清偿能力分析

打开投资项目评价系统（有项目）——清偿能力分析界面，单击"计算"按钮即可开始计算。

三、进行项目财务效益评价

（一）增量计算

1. 模块介绍

该模块对比有项目与无项目情况下的报表数据，得到盈利能力和清偿能力相关指标的差额。

2. 开始计算

单击"计算"按钮即可开始计算。

3. 结算结果存放位置

显示生成报表存放的位置。

4. 说明

只有在进行了无项目与有项目的基本方案计算后才能进行增量计算。

（二）对改扩建项目进行财务效益分析评价，得出项目从财务上是否可行的结论

四、利用 Microsoft Word 软件撰写项目财务评估报告

实验项目四 项目不确定性分析

实验项目：项目不确定性分析

实验学时：2学时

实验类别：综合性实验

实验目的与要求：

通过本实验，学生能够灵活掌握项目的盈亏平衡分析和敏感性（单因素、双因素）分析方法。通过对投资项目概况和基础数据进行有意义的分析，对项目进行不确定性分析，为项目决策服务。

实验过程要点：

选择某一投资项目案例（可采用实验项目二已经录入的数据），从国家的宏观角度和项目的微观角度，对项目进行盈亏平衡分析和敏感性（单因素、双因素）分析等不确定性分析，以此衡量项目的风险，评价项目的可行性。

实验设备、工具及材料：电脑、多媒体教学系统、投资项目评价系统软件

编写报告：

按要求完成实验报告。报告内容包括项目名称、项目概况、基础数据、不确定性分析内容、结论等。

小知识：

不确定性分析（Uncertainty Analysis）是指对决策方案受到各种事前无法控制的外部因素变化与影响所进行的研究和估计。它是决策分析中常用的一种方法。通过该分析可以尽量弄清和减少不确定性因素对经济效益的影响，预测项目投资对某些不可预见的政治与经济风险的抗冲击能力，从而证明项目投资的可靠性和稳定性，避免投产后不能获得预期的利润和收益，以致使企业亏损。

一、利用已知数据生成辅助报表及基本报表（步骤同实验项目三）

二、利用辅助报表及基本报表分析项目的不确定性

（一）说明

1. 盈亏平衡分析的评价

盈亏平衡分析主要是测算项目投产运行后各生产年份的财务盈亏平衡点（BEP），用以衡量项目适应生产或销售情况变化的能力，考察项目的风险承受能力。在生产期正常生产年份，当销售额等于总生产成本费用和销售税金及附加之和时，最低需要达到的产量或生产能力利用率，称为保本点或盈亏平衡点。盈亏平衡点通

常根据项目运行后正常年份的产量、销售量、可变成本、固定成本、产品价格、税金等数据计算，在本评价软件中采用生产能力利用率表示的盈亏平衡点。

以生产能力利用率表示的盈亏平衡点的计算公式为：

$$BEP = \frac{年固定总成本}{年产品销售收入年 - 年可变总成本 - 年销售税金及附加} \times 100\%$$

2. 敏感性分析的评价

在本软件系统中敏感性分析评价是指财务敏感性分析的评价。财务敏感性分析，主要是假设当建设投资、经营成本、产品销售价格、产品产量、原材料价格和外汇汇率等因素发生变化时，对财务评价指标的影响所进行的预测分析的评价。根据项目的实际情况，评价单因素或多因素变化对财务内部收益率、财务净现值、投资回收期、借款偿还期的影响，找出最敏感因素。在本评价软件中用单因素敏感性分析和多因素敏感性分析。

3. 概率分析的评价

概率分析是根据客观统计数据或经验推断，设定项目各种情况发生的可能性（如概率），求出各种情况下项目净现值的期望值及净现值≥0 的累计概率。在本软件中的处理步骤是：

（1）列出各种要考虑的不确定性因素（敏感因素）；

（2）设想各种不确定性因素可能发生的情况，即其数值发生变化的各种情况；

（3）分别确定每种情况出现的可能性即概率（每种不确定因素可能发生情况的概率之和必须等于1）；

（4）分别求出各可能发生事件的净现值、加权平均净现值，然后求出净现值的期望值，求出净现值大于或等于零的累计概率。

（二）计算——有项目不确定性分析

1. 有项目单因素敏感性分析

（1）模块介绍

该模块主要是假设当建设投资、经营成本、产品销售价格、产品产量、原材料价格等因素分别发生变化时，计算出财务内部收益率、财务净现值、投资回收期、借款偿还期等指标。

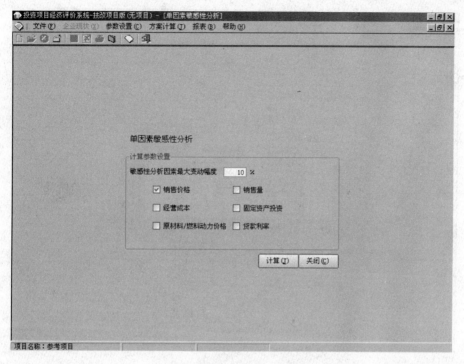

图 3 - 15　单因素敏感性分析

（2）开始计算

如图 3 - 15 所示，输入敏感性分析因素最大变动幅度，选中改变的因素，单击"计算"按钮即可开始计算。

（3）说明

单因素敏感性分析是项目不确定性分析的一部分，本软件中的敏感性分析对于任何项目都是相同的。具体操作在敏感性分析窗口中首先输入敏感性因素变化幅度大于零，再选择变化因素 1、有项目单因素敏感性分析进行计算，计算完成后可以到单因素敏感性分析结果窗口查看。

2. 有项目多因素敏感性分析

（1）模块介绍

该模块主要是假设当建设投资、经营成本、产品销售价格、产品产量、原材料价格等因素同时发生变化时，计算出财务内部收益率、财务净现值、投资回收期、借款偿还期等指标。

（2）录入数据

录入界面如图 3 - 16 所示。

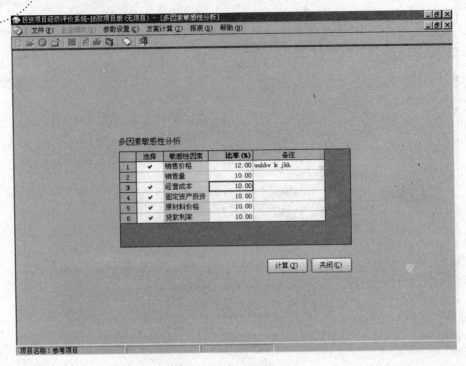

图 3-16　录入数据界面

选中变化因素，输入该因素的变化比率，单击"计算"按钮即可开始计算。

（3）开始计算

单击"计算"按钮，开始计算。

（4）说明

多因素敏感性分析是指在多个敏感性因素同时发生变化时对项目的主要指标的影响。具体计算是在多因素敏感性分析窗口中选择变化的因素，然后在输入对应的比率后进行计算，在对应的多因素敏感性分析结果窗口可以查看结果。

3．有项目概率分析

（1）模块介绍

该模块是根据多种变化因素在不同变化幅度下的概率值来计算财务净现值大于0时的累计概率。

（2）录入数据

录入界面如图 3-17 所示。

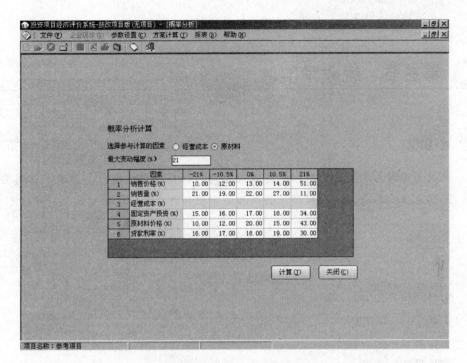

图 3-17　录入数据界面

输入最大变动幅度及每种变化因素在各种变动情况下的概率值。

（3）开始计算

单击"计算"按钮即可开始计算。

（4）说明

概率分析是指敏感性因素在一定的变化幅度和可能出现的概率下计算出净现金流量小于零时的累计概率。具体操作是首先输入变化幅度，然后输入每种因素在各种变化幅度下的概率，点计算即可。

三、进行项目不确定性评价

（一）增量计算

1. 模块介绍

该模块对比有项目与无项目情况下的报表数据，得到不确定性相关指标的差额。

2. 开始计算

单击"计算"按钮即可开始计算。

3. 结算结果存放位置

显示生成报表存放的位置。

4. 说明

只有在进行了无项目与有项目的基本方案计算后才能进行增量计算。

（二）对改扩建项目进行不确定性分析评价，衡量项目投资风险

四、利用 Microsoft Word 软件撰写项目不确定性分析报告

第三节　税收学实验

小知识：

税收是国家为实现其职能，凭借政治权力，按照法律规定，通过税收工具强制地、无偿地征收参与国民收入和社会产品的分配和再分配取得财政收入的一种形式。

实验项目一　流转税应纳税额计算

实验项目：流转税应纳税额计算

实验学时：4 学时

实验类别：综合性实验

实验目的与要求：

理解增值税、消费税、营业税纳税义务人、征税范围、税率、减免税规定、纳税义务时间、纳税环节等税制要素，掌握增值税、消费税、营业税税制要素在暂行条例中的体现，熟练掌握增值税、消费税、营业税应纳税额的计算。

实验过程要点：

利用用友财务软件进行业务分析、账务处理；利用 Microsoft Excel 操作软件进行应纳税额计算；利用 Microsoft Excel 操作软件进行应纳税额申报。

实验设备、工具及材料：多媒体教学系统、电脑、Microsoft Excel 操作软件

编写报告：

按要求完成计算。报告内容包括各项业务分析、账务处理、销项税额的确定、进项税额的确定、应纳税额的确定、应纳税额申报。

小知识：

增值税是对销售货物或者提供加工、修理修配劳务以及进口货物的单位和个人就其实现的增值额征收的一个税种。

增值税应纳税额计算试验过程

一、打开教师指定文档，获取相关增值税购销业务资料

二、利用用友财务软件进行购销业务分析、账务处理

（1）单击菜单"凭证"下的"填制凭证"，显示单张凭证。

（2）单击"增加"按钮或按 F5 键，增加一张新凭证，光标定位在凭证类别上，输入或参照选择一个凭证类别字。

（3）如果在"选项"中选择"系统编号"，则由系统按时间顺序自动编号；否则，请手工编号，允许最大凭证号为 32767。系统规定每页凭证可以有五笔分录，当某号凭证不只一页，系统自动将在凭证号后标上几分之一，如收 0001 号 0002/0003 表示为收款凭证第 0001 号凭证共有三张分单，当前光标所在分录在第二张分单上。

（4）系统自动取当前业务日期为记账凭证填制的日期，可修改。

（5）在"附单据数"处输入原始单据张数。

（6）用户根据需要输入凭证自定义项，单击凭证右上角的输入框输入，见图 3-18。

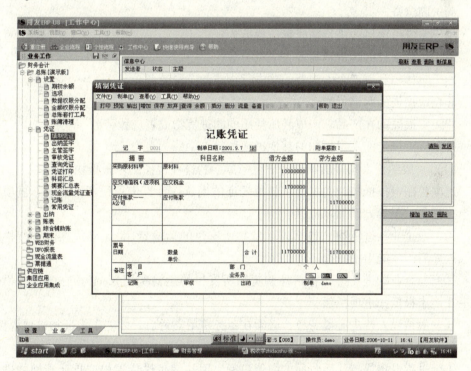

图 3-18　日常业务处理

三、增值税一般纳税人应纳税额的计算及注意事项

增值税应纳税额＝本期销项税额－本期进项税额

（1）销项税额：销项税额＝销售额×税率

（2）进项税额：

首先掌握：

①从销售方取得的增值税专用发票上的增值税额；

②从海关取得的完税凭证上注明的增值税额；

③购进免税农产品准予抵扣的进项税额，按照买价和13%的扣除计算；

④支付运输费用按7%的扣除率计算的进项税额；

⑤废旧物资经营的增值税一般纳税人收购废旧物资，且不能取得增值税专用发票的，根据收购凭证上注明的收购金额，依10%的扣除率计算进项税额，准予抵扣。从2001年5月1日开始，生产企业增值税一般纳税人购入废旧物资的，也可按10%计算进项税。

（3）不得从销项税额抵扣的进项税额有：

①纳税人购进货物或者应纳劳务，未按照规定取得并保存增值税扣税凭证或者增值税扣税凭证上未按照规定注明增值税额及其他有关事项的，其进项税额不得从销项税额中抵扣。

②下列项目的进项税额不得从销项税额中抵扣：

购进固定资产；

用于非应税项目购进货物或者应税劳务；

用于免税项目的购进货物或者应税劳务；

用于集体福利或者个人消费的购进货物或者应税劳务；

非正常损失的购进货物；

非正常损失的在产品、产成品所耗用的购进货物或者应税劳务

税务机关规定的不得抵扣的其他进项税额。

（4）一般纳税人购进货物或者应税劳务，其进项税额的申报抵扣时间：

进项税额申报抵扣时间主要从扣税凭证的确认、计算进项税额的规定、进项税额申报抵扣时限等方面加以把握。

①工业企业购进货物（包括外购货物所支付的运输费用），必须在购进货物已验收入库后，才能申报抵扣进项税额。

②商业企业购进货物（包括外购货物所支付的运输费用），必须在购进货物付款后才能申报抵扣进项税额。

③一般纳税人购进应税劳务，必须在劳务费用支付后，才能申报抵扣进项税额。

（5）进项税额的扣减：

①因进货退出或折让而收回的增值税额，因从发生进货退出或折让当期的进项税额中扣减。

②已抵扣进项税额的购进货物或应税劳务发生上述所列进项税额不得从销项税额中抵扣情况的，应将该项购进货物或应税劳务的进项税额从当期的进项税额中扣减。

（6）进项税额不足抵扣的处理：因当期销项税额小于当期进项税额不足抵扣时，其不足部分可以结转下期继续抵扣。

四、增值税纳税申报

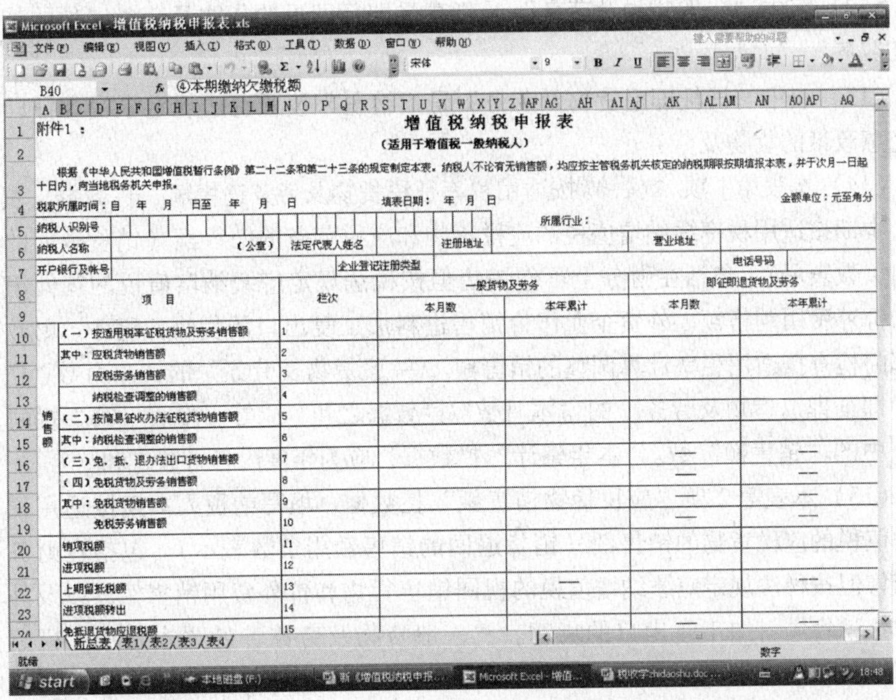

附件1：

增值税纳税申报表

（适用于增值税一般纳税人）

根据《中华人民共和国增值税暂行条例》第二十二条和第二十三条的规定制定本表。纳税人不论有无销售额，均应按主管税务机关核定的纳税期限按期填报本表，并于次月一日起十日内，向当地税务机关申报。

税款所属时间：自　年　月　日至　年　月　日　　填表日期：　年　月　日　　金额单位：元至角分

纳税人识别号				所属行业：			
纳税人名称	（公章）	法定代表人姓名		注册地址		营业地址	
开户银行及帐号		企业登记注册类型				电话号码	

项目		栏次	一般货物及劳务		即征即退货物及劳务	
			本月数	本年累计	本月数	本年累计
销售额	（一）按适用税率征税货物及劳务销售额	1				
	其中：应税货物销售额	2				
	应税劳务销售额	3				
	纳税检查调整的销售额	4				
	（二）按简易征收办法征税货物销售额	5				
	其中：纳税检查调整的销售额	6				
	（三）免、抵、退办法出口货物销售额	7			—	—
	（四）免税货物及劳务销售额	8			—	—
	其中：免税货物销售额	9			—	—
	免税劳务销售额	10			—	—
	销项税额	11				
	进项税额	12				
	上期留抵税额	13		—		—
	进项税额转出	14				
	免抵退货物应退税额	15			—	—

图 3－19　增值税纳税申报表（适用于一般纳税人）

增值税纳税申报表（适用于一般纳税人）填表说明

本申报表适用于增值税一般纳税人填报。增值税一般纳税人销售按简易办法缴纳增值税的货物，也使用本表。

（1）本表“税款所属时间”是指纳税人申报的增值税应纳税额的所属时间，应填写具体的起止年、月、日。

（2）本表“填表日期”指纳税人填写本表的具体日期。

（3）本表“纳税人识别号”栏，填写税务机关为纳税人确定的识别号，即税务登记证号码。

（4）本表“所属行业”栏，按照国民经济行业分类与代码中的最细项（小类）进行填写（国民经济行业分类与代码附后）。

（5）本表“纳税人名称”栏，填写纳税人单位名称全称，不得填写简称。

（6）本表“法定代表人姓名”栏，填写纳税人法定代表人的姓名。

（7）本表“注册地址”栏，填写纳税人税务登记证所注明的详细地址。

（8）本表“营业地址”栏，填写纳税人营业地的详细地址。

（9）本表“开户银行及账号”栏，填写纳税人开户银行的名称和纳税人在该银行的结算账户号码。

（10）本表“企业登记注册类型”栏，按税务登记证填写。

（11）本表"电话号码"栏，填写纳税人注册地和经营地的电话号码。

（12）表中"一般货物及劳务"是指享受即征即退的货物及劳务以外的其他货物及劳务。

（13）表中"即征即退货物及劳务"是指纳税人按照税法规定享受即征即退税收优惠政策的货物及劳务。

（14）本表第1项"（一）按适用税率征税货物及劳务销售额"栏数据，填写纳税人本期按适用税率缴纳增值税的应税货物和应税劳务的销售额（销货退回的销售额用负数表示）。包括在财务上不作销售但按税法规定应缴纳增值税的视同销售货物和价外费用销售额，外贸企业作价销售进料加工复出口的货物，税务、财政、审计部门检查按适用税率计算调整的销售额。"一般货物及劳务"的"本月数"栏数据与"即征即退货物及劳务"的"本月数"栏数据之和，应等于附表一第7栏的"小计"中的"销售额"数。"本年累计"栏数据，应为年度内各月数之和。

（15）本表第2项"应税货物销售额"栏数据，填写纳税人本期按适用税率缴纳增值税的应税货物的销售额（销货退回的销售额用负数表示）。包括在财务上不作销售但按税法规定应缴纳增值税的视同销售货物和价外费用销售额，以及外贸企业作价销售进料加工复出口的货物。"一般货物及劳务"的"本月数"栏数据与"即征即退货物及劳务"的"本月数"栏数据之和，应等于附表一第5栏的"应税货物"中17%税率"销售额"与13%税率"销售额"的合计数。"本年累计"栏数据，应为年度内各月数之和。

（16）本表第3项"应税劳务销售额"栏数据，填写纳税人本期按适用税率缴纳增值税的应税劳务的销售额。"一般货物及劳务"的"本月数"栏数据与"即征即退货物及劳务"的"本月数"栏数据之和，应等于附表一第5栏的"应税劳务"中的"销售额"数。"本年累计"栏数据，应为年度内各月数之和。

（17）本表第4项"纳税检查调整的销售额"栏数据，填写纳税人本期因税务、财政、审计部门检查、并按适用税率计算调整的应税货物和应税劳务的销售额。但享受即征即退税收优惠政策的货物及劳务经税务稽查发现偷税的，不得填入"即征即退货物及劳务"部分，而应将本部分销售额在"一般货物及劳务"栏中反映。"一般货物及劳务"的"本月数"栏数据与"即征即退货物及劳务"的"本月数"栏数据之和，应等于附表一第6栏的"小计"中的"销售额"数。"本年累计"栏数据，应为年度内各月数之和。

（18）本表第5项"按简易征收办法征税货物的销售额"栏数据，填写纳税人本期按简易征收办法征收增值税货物的销售额（销货退回的销售额用负数表示）。包括税务、财政、审计部门检查、并按按简易征收办法计算调整的销售额。"一般货物及劳务"的"本月数"栏数据与"即征即退货物及劳务"的"本月数"栏数据之和，应等于附表一第14栏的"小计"中的"销售额"数。"本年累计"栏数据，应为年度内各月数之和。

（19）本表第 6 项"其中：纳税检查调整的销售额"栏数据，填写纳税人本期因税务、财政、审计部门检查、并按简易征收办法计算调整的销售额，但享受即征即退税收优惠政策的货物及劳务经税务稽查发现偷税的，不得填入"即征即退货物及劳务"部分，而应将本部分销售额在"一般货物及劳务"栏中反映。"一般货物及劳务"的"本月数"栏数据与"即征即退货物及劳务"的"本月数"栏数据之和，应等于附表一第 13 栏的"小计"中的"销售额"数。"本年累计"栏数据，应为年度内各月数之和。

（20）本表第 7 项"免、抵、退办法出口货物销售额"栏数据，填写纳税人本期执行免、抵、退办法出口货物的销售额（销货退回的销售额用负数表示）。"本年累计"栏数据，应为年度内各月数之和。

（21）本表第 8 项"免税货物及劳务销售额"栏数据，填写纳税人本期按照税法规定直接免征增值税的货物及劳务的销售额及适用零税率的货物及劳务的销售额（销货退回的销售额用负数表示），但不包括适用免、抵、退办法出口货物的销售额。"一般货物及劳务"的"本月数"栏数据，应等于附表一第 18 栏的"小计"中的"销售额"数。"本年累计"栏数据，应为年度内各月数之和。

（22）本表第 9 项"免税货物销售额"栏数据，填写纳税人本期按照税法规定直接免征增值税货物的销售额及适用零税率货物的销售额（销货退回的销售额用负数表示），但不包括适用免、抵、退办法出口货物的销售额。"一般货物及劳务"的"本月数"栏数据，应等于附表一第 18 栏的"免税货物"中的"销售额"数。"本年累计"栏数据，应为年度内各月数之和。

（23）本表第 10 项"免税劳务销售额"栏数据，填写纳税人本期按照税法规定直接免征增值税劳务的销售额及适用零税率劳务的销售额（销货退回的销售额用负数表示）。"一般货物及劳务"的"本月数"栏数据，应等于附表一第 18 栏的"免税劳务"中的"销售额"数。"本年累计"栏数据，应为年度内各月数之和。

（24）本表第 11 项"销项税额"栏数据，填写纳税人本期按适用税率计征的销项税额。该数据应与"应交税费——应交增值税"明细科目贷方"销项税额"专栏本期发生数一致。"一般货物及劳务"的"本月数"栏数据与"即征即退货物及劳务"的"本月数"栏数据之和，应等于附表一第 7 栏的"小计"中的"销项税额"数。"本年累计"栏数据，应为年度内各月数之和。

（25）本表第 12 项"进项税额"栏数据，填写纳税人本期申报抵扣的进项税额。该数据应与"应交税费——应交增值税"明细科目借方"进项税额"专栏本期发生数一致。"一般货物及劳务"的"本月数"栏数据与"即征即退货物及劳务"的"本月数"栏数据之和，应等于附表二第 12 栏中的"税额"数。"本年累计"栏数据，应为年度内各月数之和。

（26）本表第 13 项"上期留抵税额"栏数据，为纳税人前一申报期的"期末留抵税额"数，该数据应与"应交税费——应交增值税"明细科目借方月初余额一致。

（27）本表第 14 项"进项税额转出"栏数据，填写纳税人已经抵扣但按税法规定应作进项税转出的进项税额总数，但不包括销售折扣、折让，销货退回等应负数冲减当期进项税额的数额。该数据应与"应交税费——应交增值税"明细科目贷方"进项税额转出"专栏本期发生数一致。"一般货物及劳务"的"本月数"栏数据与"即征即退货物及劳务"的"本月数"栏数据之和，应等于附表二第 13 栏中的"税额"数。"本年累计"栏数据，应为年度内各月数之和。

（28）本表第 15 项"免、抵、退货物应退税额"栏数据，填写退税机关按照出口货物免、抵、退办法审批的应退税额。"本年累计"栏数据，应为年度内各月数之和。

（29）本表第 16 项"按适用税率计算的纳税检查应补缴税额"栏数据，填写税务、财政、审计部门检查按适用税率计算的纳税检查应补缴税额。"本年累计"栏数据，应为年度内各月数之和。

（30）本表第 17 项"应抵扣税额合计"栏数据，填写纳税人本期应抵扣进项税额的合计数。

（31）本表第 18 项"实际抵扣税额"栏数据，填写纳税人本期实际抵扣的进项税额。"本年累计"栏数据，应为年度内各月数之和。

（32）本表第 19 项"按适用税率计算的应纳税额"栏数据，填写纳税人本期按适用税率计算并应缴纳的增值税额。"本年累计"栏数据，应为年度内各月数之和。

（33）本表第 20 项"期末留抵税额"栏数据，为纳税人在本期销项税额中尚未抵扣完，留待下期继续抵扣的进项税。该数据应与"应交税费——应交增值税"明细科目借方月末余额一致。

（34）本表第 21 项"按简易征收办法计算的应纳税额"栏数据，填写纳税人本期按简易征收办法计算并应缴纳的增值税额，但不包括按简易征收办法计算的纳税检查应补缴税额。"一般货物及劳务"的"本月数"栏数据与"即征即退货物及劳务"的"本月数"栏数据之和，应等于附表一第 12 栏的"小计"中的"应纳税额"数。"本年累计"栏数据，应为年度内各月数之和。

（35）本表第 22 项"按简易征收办法计算的纳税检查应补缴税额"栏数据，填写纳税人本期因税务、财政、审计部门检查并按简易征收办法计算的纳税检查应补缴税额。"一般货物及劳务"的"本月数"栏数据与"即征即退货物及劳务"的"本月数"栏数据之和，应等于附表一第 13 栏的"小计"中的"应纳税额"数。"本年累计"栏数据，应为年度内各月数之和。

（36）本表第 23 项"应纳税额减征额"栏数据，填写纳税人本期按照税法规定减征的增值税应纳税额。"本年累计"栏数据，应为年度内各月数之和。

（37）本表第 24 项"应纳税额合计"栏数据，填写纳税人本期应缴增值税的合计数。"本年累计"栏数据，应为年度内各月数之和。

（38）本表第 25 项"期初未缴税额（多缴为负数）"栏数据，为纳税人前一申报期的"期末未缴税额（多缴为负数）"。

（39）本表第 26 项"实收出口开具专用缴款书退税额"栏数据，填写纳税人本期实际收到税务机关退回的，因开具出口货物税收专用缴款书而多缴的增值税款。该数据应根据"应交税费——未交增值税"明细科目贷方本期发生额中"收到税务机关退回的多缴增值税款"数据填列。"本年累计"栏数据，为年度内各月数之和。

（40）本表第 27 项"本期已缴税额"栏数据，是指纳税人本期实际缴纳的增值税额，但不包括本期入库的查补税款。"本年累计"栏数据，为年度内各月数之和。

（41）本表第 28 项"①分次预缴税额"栏数据，填写纳税人本期分次预缴的增值税额。

（42）本表第 29 项"②出口开具专用缴款书预缴税额"栏数据，填写纳税人本期销售出口货物而开具专用缴款书向主管税务机关预缴的增值税额。

（43）本表第 30 项"③本期缴纳上期应纳税额"栏数据，填写纳税人本期上缴上期应缴未缴的增值税款，包括缴纳上期按简易征收办法计提的应缴未缴的增值税额。"本年累计"栏数据，为年度内各月数之和。

（44）本表第 31 项"④本期缴纳欠缴税额"栏数据，填写纳税人本期实际缴纳的增值税欠税额，但不包括缴纳入库的查补增值税额。"本年累计"栏数据，为年度内各月数之和。

（45）本表第 32 项"期末未交税额（多缴为负数）"栏数据，为纳税人本期期末应缴未缴的增值税额，但不包括纳税检查应缴未缴的税额。"本年累计"栏与"本月数"栏数据相同。

（46）本表第 33 项"其中：欠缴税额（≥0）"栏数据，为纳税人按照税法规定已形成欠税的数额。

（47）本表第 34 项"本期应补（退）税额"栏数据，为纳税人本期应纳税额中应补缴或应退回的数额。

（48）本表第 35 项"即征即退实际退税额"栏数据，填写纳税人本期因符合增值税即征即退优惠政策规定，而实际收到的税务机关返还的增值税额。"本年累计"栏数据，为年度内各月数之和。

（49）本表第 36 项"期初未缴查补税额"栏数据，为纳税人前一申报期的"期末未缴查补税额"。该数据与本表第 25 项"期初未缴税额（多缴为负数）"栏数据之和，应与"应交税费——未交增值税"明细科目期初余额一致。"本年累计"栏数据应填写纳税人上年度末的"期末未缴查补税额"数。

（50）本表第 37 项"本期入库查补税额"栏数据，填写纳税人本期因税务、财政、审计部门检查而实际入库的增值税款，包括：①按适用税率计算并实际缴纳的查补增值税款；②按简易征收办法计算并实际缴纳的查补增值税款。"本年累计"栏数据，为年度内各月数之和。

(51）本表第 38 项"期末未缴查补税额"栏数据，为纳税人纳税检查本期期末应缴未缴的增值税额。该数据与本表第 32 项"期末未缴税额（多缴为负数）"栏数据之和，应与"应交税费——未交增值税"明细科目期初余额一致。"本年累计"栏与"本月数"栏数据相同。

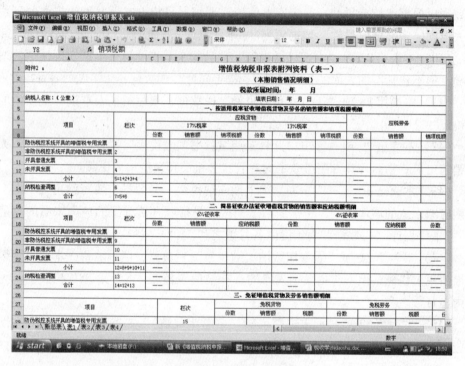

图 3-20　增值税纳税申报表附列资料（表一）

增值税纳税申报表附列资料（表一）填表说明

（1）本表"税款所属时间"是指纳税人申报的增值税应纳税额的所属时间，应填写具体的起止年、月。

（2）本表"填表日期"指纳税人填写本表的具体日期。

（3）本表"纳税人名称"栏，应加盖纳税人单位公章。

（4）本表"一、按适用税率征收增值税货物及劳务的销售额和销项税额明细"和"二、简易征收办法征收增值税货物的销售额和应纳税额明细"部分中"防伪税控系统开具的增值税专用发票"、"非防伪税控系统开具的增值税专用发票"、"开具普通发票"、"未开具发票"各栏数据均应包括销货退回或折让、视同销售货物、价外费用的销售额和销项税额，但不包括免税货物及劳务的销售额，适用零税率货物及劳务的销售额和出口执行免、抵、退办法的销售额以及税务、财政、审计部门检查并调整的销售额、销项税额或应纳税额。

（5）本表"一、按适用税率征收增值税货物及劳务的销售额和销项税额明细"和"二、简易征收办法征收增值税货物的销售额和应纳税额明细"部分中"纳税检查调整”栏数据应填写纳税人本期因税务、财政、审计部门检查计算调整的应税货物、应税劳务的销售额、销项税额或应纳税额。

（6）本表“三、免征增值税货物及劳务销售额明细”部分中“防伪税控系统开具的增值税专用发票”栏数据，填写本期因销售免税货物而使用防伪税控系统开具的增值税专用发票的份数、销售额和税额，包括国有粮食收储企业销售的免税粮食，政府储备食用植物油等。

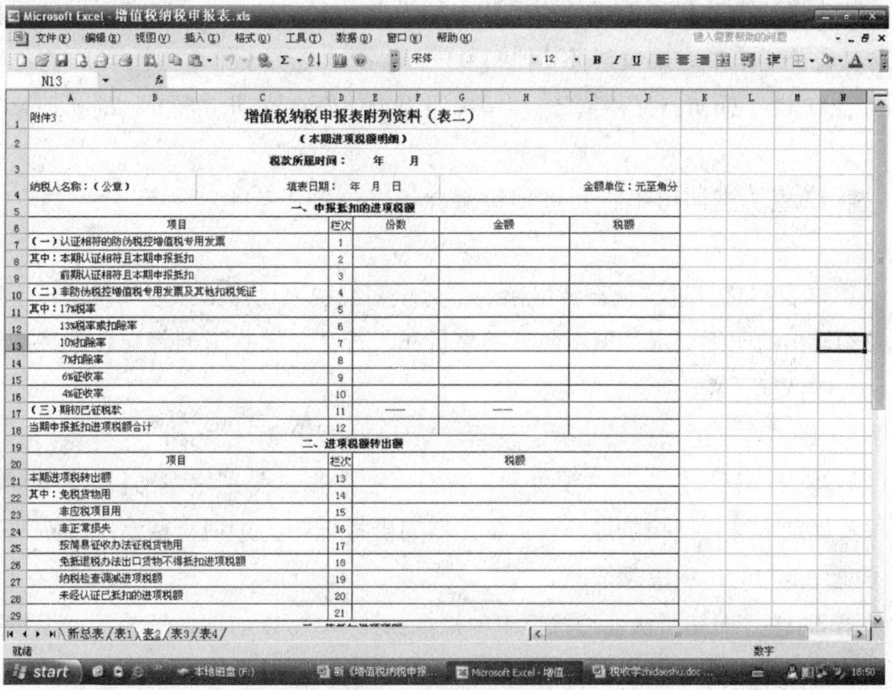
附件3

增值税纳税申报表附列资料（表二）

（本期进项税额明细）

税款所属时间：　年　月

纳税人名称：（公章）　填表日期：　年　月　日　金额单位：元至角分

一、申报抵扣的进项税额

项目	栏次	份数	金额	税额
（一）认证相符的防伪税控增值税专用发票	1			
其中：本期认证相符且本期申报抵扣	2			
前期认证相符且本期申报抵扣	3			
（二）非防伪税控增值税专用发票及其他扣税凭证	4			
其中：17%税率	5			
13%税率或扣除率	6			
10%扣除率	7			
7%扣除率	8			
6%征收率	9			
4%征收率	10			
（三）期初已征税款	11	——	——	
当期申报抵扣进项税额合计	12			

二、进项税额转出额

项目	栏次	税额
本期进项税转出额	13	
其中：免税货物用	14	
非应税项目用	15	
非正常损失	16	
按简易征收办法征税货物用	17	
免抵退税办法出口货物不得抵扣进项税额	18	
纳税检查调减进项税额	19	
未经认证已抵扣的进项税额	20	
	21	

图 3－21　增值税纳税申报表附列资料（表二）

增值税纳税申报表附列资料（表二）填表说明

（1）本表“税款所属时间”是指纳税人申报的增值税应纳税额的所属时间，应填写具体的起止年、月。

（2）本表“填表日期”指纳税人填写本表的具体日期。

（3）本表“纳税人名称”栏，应加盖纳税人单位公章。

（4）本表“一、申报抵扣的进项税额”部分各栏数据，分别填写纳税人按税法规定符合抵扣条件，在本期申报抵扣的进项税额情况。

①第 1 栏“（一）认证相符的防伪税控增值税专用发票”，填写本期申报抵扣的认证相符的防伪税控增值税专用发票情况，包括认证相符的红字防伪税控增值税专用发票，应等于第 2 栏“本期认证相符且本期申报抵扣”与第 3 栏“前期认证相符且本期申报抵扣”数据之和。

②第 2 栏“本期认证相符且本期申报抵扣”，填写本期认证相符本期申报抵扣

的防伪税控增值税专用发票情况，应与第 35 栏 "本期认证相符的全部防伪税控增值税专用发票" 减第 24 栏 "本期已认证相符且本期未申报抵扣" 后的数据相等。

③第 3 栏 "前期认证相符且本期申报抵扣"，填写以前期认证相符本期申报抵扣的防伪税控增值税专用发票情况，应与第 23 栏 "期初已认证相符但未申报抵扣" 加第 24 栏 "本期已认证相符且本期未申报抵扣" 减第 25 栏 "期末已认证相符但未申报抵扣" 后数据相等。

④第 4 栏 "非防伪税控增值税专用发票及其他扣税凭证"，填写本期申报抵扣的非防伪税控增值税专用发票及其他扣税凭证情况，应等于第 5 栏至第 10 栏之和。

⑤第 11 栏 "期初已征税款"，填写按照规定比例在本期申报抵扣的初期存货挂账税额。

⑥第 12 栏 "当期申报抵扣进项税额合计" 应等于第 1 栏、第 4 栏、第 11 栏之和。

（5）本表 "二、进项税额转出额" 部分填写纳税人已经抵扣但按税法规定应作进项税额转出的明细情况，但不包括销售折扣、折让，销货退回等应负数冲减当期进项税额的情况。

第 13 栏 "本期进项税转出额" 应等于第 14 栏至第 21 栏之和。

（6）本表 "三、待抵扣进项税额" 部分各栏数据，分别填写纳税人已经取得，但按税法规定不符合抵扣条件，暂不予在本期申报抵扣的进项税额情况及按照税法规定不允许抵扣的进项税额情况。

①第 23 栏 "期初已认证相符但未申报抵扣"，填写以前期认证相符，但按照税法规定，暂不予抵扣，结存至本期的防伪税控增值税专用发票，应与上期 "期末已认证相符但未申报抵扣" 栏数据相等。

②第 24 栏 "本期已认证相符且本期未申报抵扣"，填写本期认证相符，但因按照税法规定暂不予抵扣及按照税法规定不允许抵扣，而未申报抵扣的防伪税控增值税专用发票。包括商业企业购进货物未付款；工业企业购进货物未入库；购进固定资产；外贸企业购进供出口的货物；因退货将抵扣联退还销货方等。

③第 25 栏 "期末已认证相符但未申报抵扣"，填写截至本期期末，按照税法规定仍暂不予抵扣及按照税法规定不允许抵扣且已认证相符的防伪税控增值税专用发票情况。

④第 26 栏 "其中：按照税法规定不允许抵扣"，填写期末已认证相符但未申报抵扣的防伪税控增值税专用发票中，按照税法规定不允许抵扣，而只能作为出口退税凭证或应列入成本、资产等项目的防伪税控增值税专用发票。包括外贸出口企业用于出口而采购货物的防伪税控增值税专用发票；纳税人购买固定资产的防伪税控增值税专用发票；因退货将抵扣联退还销货方的防伪税控增值税专用发票等。

（7）本表"四、其他"栏中"本期认证相符的全部防伪税控增值税专用发票"项指标，应与防伪税控认证子系统中的本期全部认证相符的防伪税控增值税专用发票数据相同。"代扣代缴税额"项指标，填写纳税人根据《中华人民共和国增值税暂行条例实施细则》第三十四条的规定扣缴的增值税额。

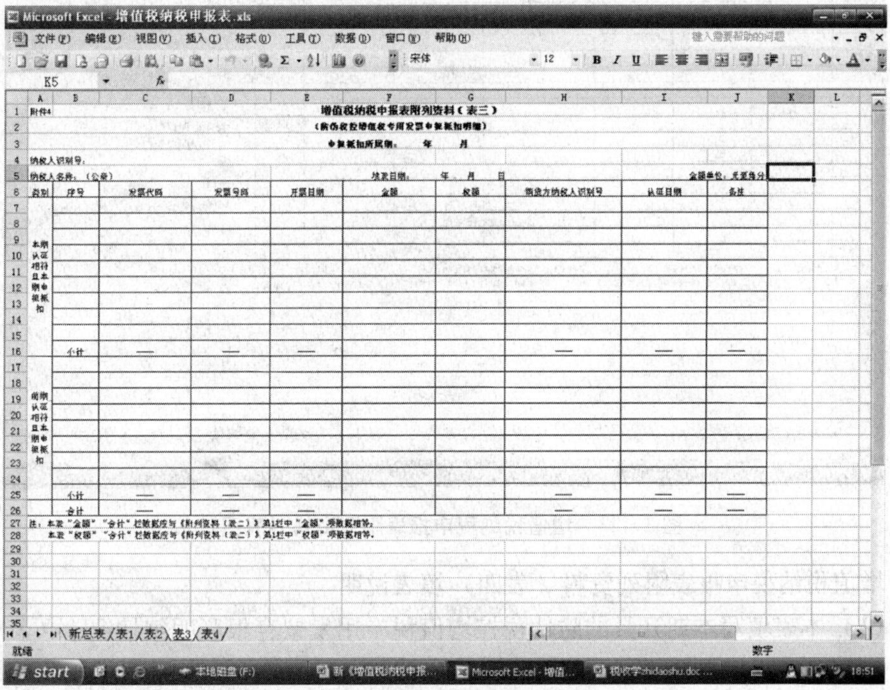

图 3-22　增值税纳税申报表附列资料（表三）

增值税纳税申报表附列资料（表三）填表说明

（1）本表填写本期申报抵扣的防伪税控增值税专用发票抵扣联明细情况，包括认证相符的红字防伪税控增值税专用发票。

（2）本表"认证日期"填写该份防伪税控增值税专用发票通过主管税务机关认证相符的具体年、月、日。

（3）本表"金额""合计"栏数据应与附列资料（表二）第 1 栏中"金额"项数据相等；本表"税额""合计"栏数据应与附列资料（表二）第 1 栏中"税额"项数据相等。

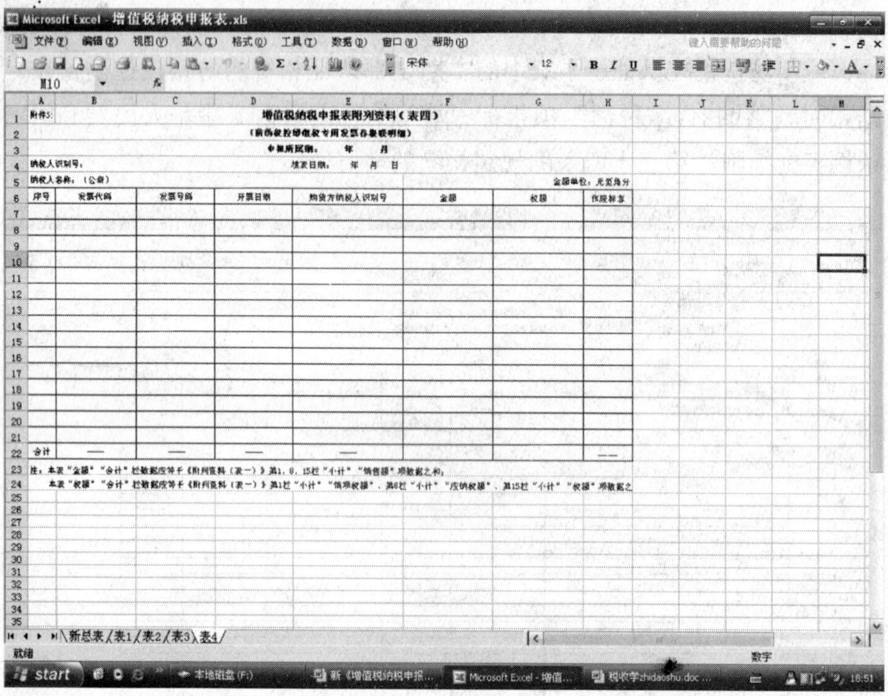

图 3-23 增值税纳税申报表附列资料（表四）

增值税纳税申报表附列资料（表四）填表说明

（1）本表填写本期开具的防伪税控增值税专用发票存根联明细情况，包括作废和红字（负数）防伪税控增值税专用发票。

（2）本表"作废标志"栏填写纳税人当期作废的防伪税控增值税专用发票情况，以"*"作标记，纳税人正常开具的防伪税控增值税专用发票，以空栏予以区别。

（3）本表"金额""合计"栏数据（不含作废发票金额）应等于增值税纳税申报表附列资料（表一）第1、8、15栏"小计""销售额"项数据之和；本表"税额""合计"栏数据（不含作废发票税额）应等于附列资料（表一）第1栏"小计""销项税额"、第8栏"小计""应纳税额"、第15栏"小计""税额"项数据之和。

小提示：

税收与其他分配方式相比，具有强制性、无偿性和固定性的特征，习惯上称为税收的"三性"。

小提示：

增值税已经成为中国最主要的税种之一，增值税的收入占中国全部税收的60%以上，是最大的税种。增值税由国家税务局负责征收，税收收入中的75%为中央财政收入，25%为地方收入。进口环节的增值税由海关负责征收，税收收入全部为中央财政收入。2011 年 10 月 31 日，财政部公布财政部令，增值税、营业税起征点有较大幅度上调。

🔖 **小提示：**

2012 年 7 月 25 日，国务院总理温家宝主持召开国务院常务会议，决定自 2012 年 8 月 1 日起至年底，将交通运输业和部分现代服务业营业税改征增值税试点范围，由上海市分批扩大至北京、天津、江苏、浙江、安徽、福建、湖北、广东和厦门、深圳 10 个省（直辖市、计划单列市）。2013 年继续扩大试点地区，并选择部分行业在全国范围试点。

实验项目二　企业所得税应纳税额计算

实验项目：所得税应纳税额计算

实验学时：4 学时

实验类别：综合性实验

实验目的与要求：

掌握企业所得税的特点，主要政策的组合运用，掌握流转税与企业所得税的关系，训练提高综合与计算的能力和速度，特别要掌握所得税申报表各项目之间的逻辑关系。

理解外商投资企业和外国企业所得税的税制要素，掌握再投资退税政策、亏损弥补政策及应用、国产设备投资抵税、境外所得已纳税扣除、关联企业的认定及应纳税所得额的调整。熟练掌握应纳税所得额的计算与调整。

理解个人所得税纳税义务人、征税范围、税率、减免税规定、纳税义务时间、纳税环节等税制要素，掌握个人所得税税制要素在税法中的体现，熟练掌握个人所得税税应纳税额的计算。

实验过程要点：

利用用友财务软件进行业务分析、账务处理，生成利润表；利用 Microsoft Excel 操作软件进行应纳税额计算；利用企业汇算清缴软件进行应纳税额申报。

实验设备、工具及材料：

多媒体教学系统、电脑、Microsoft Excel 操作软件、用友财务软件、企业汇算清缴软件。

编写报告：

按要求完成计算。报告内容包括各项业务分析、应纳税所得额的确定、应纳所得税额的确定、所得税申报表的填制。

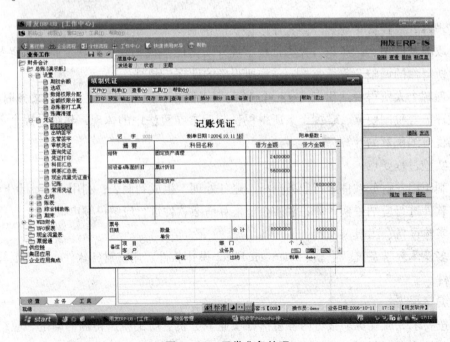

小知识：

企业所得税是对我国内资企业和经营单位的生产经营所得和其他所得征收的一种税。企业所得税的征税对象是纳税人取得的所得。包括销售货物所得、提供劳务所得、转让财产所得、股息红利所得、利息所得、租金所得、特许权使用费所得、接受捐赠所得和其他所得。

一、打开教师指定文档，获取相关企业所得税业务资料

二、利用用友财务软件进行企业经营业务分析、账务处理

（1）单击菜单"凭证"下的"填制凭证"，显示单张凭证。

（2）单击"增加"按钮或按 F5 键，增加一张新凭证，光标定位在凭证类别上，输入或参照选择一个凭证类别字。

（3）如果在"选项"中选择"系统编号"则由系统按时间顺序自动编号。否则，请手工编号，允许最大凭证号为 32767。系统规定每页凭证可以有五笔分录，当某号凭证不只一页，系统自动将在凭证号后标上几分之一，如收 0001 号 0002/0003 表示为收款凭证第 0001 号凭证共有三张分单，当前光标所在分录在第二张分单上。

（4）系统自动取当前业务日期为记账凭证填制的日期，可修改。

（5）在"附单据数"处输入原始单据张数。

（6）用户根据需要输入凭证自定义项，单击凭证右上角的输入框输入，见图 3-24。

图 3-24　日常业务处理

三、利用 Microsoft Excel 操作软件生成利润表（见图 3－25）

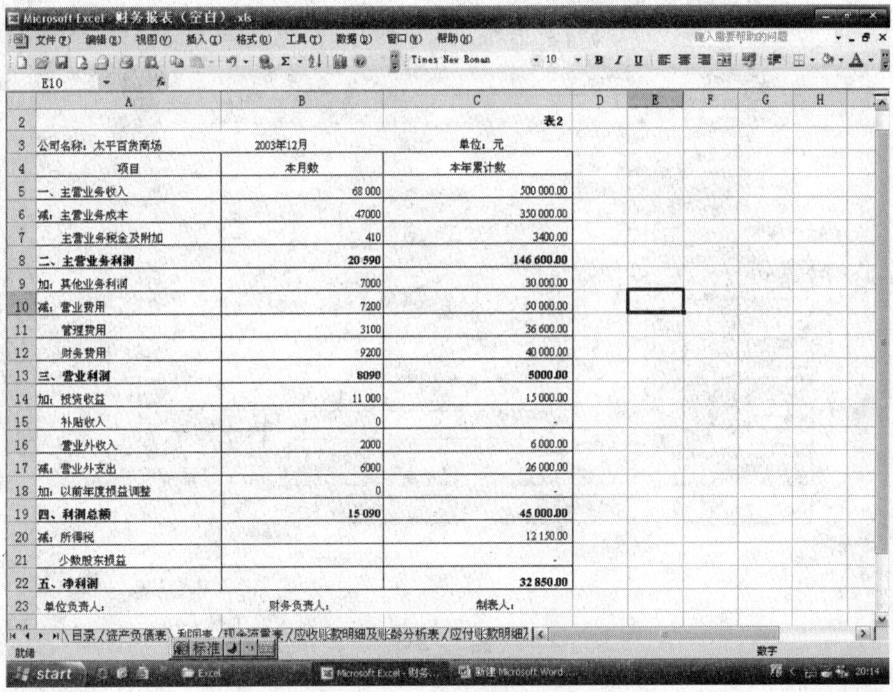

表2

公司名称：太平百货商场　　2003年12月　　单位：元

项目	本月数	本年累计数
一、主营业务收入	68 000	500 000.00
减：主营业务成本	47000	350 000.00
主营业务税金及附加	410	3400.00
二、主营业务利润	**20 590**	**146 600.00**
加：其他业务利润	7000	30 000.00
减：营业费用	7200	50 000.00
管理费用	3100	36 600.00
财务费用	9200	40 000.00
三、营业利润	**8090**	**5000.00**
加：投资收益	11 000	15 000.00
补贴收入	0	-
营业外收入	2000	6 000.00
减：营业外支出	6000	26 000.00
加：以前年度损益调整	0	-
四、利润总额	**15 090**	**45 000.00**
减：所得税		12 150.00
少数股东损益		-
五、净利润		**32 850.00**

单位负责人：　　财务负责人：　　制表人：

图 3－25　企业利润表

利用上一步骤完成的记账凭证，通过核算得到各科目余额填制利润表。

报表中的“本月数”栏，反映的是各项目本月的实际发生数；报表中的“本年累计数”栏，反映的是自年初起到本月末为止的累计实际发生数。

报表中黑体数字可以利用 Microsoft Excel 操作软件的计算功能得到。

四、利用企业汇算清缴软件进行应纳所得税申报

（一）企业汇算清缴软件安装步骤

将光盘放入光驱中，双击“我的电脑”→ 双击光盘图标 →将 Excel 文件“汇算清缴客户端”拷贝到桌面上，客户端软件安装完毕

（二）汇算清缴客户端软件主界面

用鼠标双击 Excel 文件“汇算清缴客户端. xls”，即可进入汇算清缴客户端软件的主界面。

第一次进入到“汇算清缴客户端”的主界面后，选择菜单栏的“文件”→“另存为”，跳出如下图所示的“另存为”窗口。在“保存位置”处选择“桌面”，在“文件名”处填写新的文件名，如“汇算清缴客户端 2006. xls”，然后点击“保存”按钮。这样就对“汇算清缴客户端”做好了备份，以备今后继续使用。随后进行的填写报表的操作都是在“汇算清缴客户端 2006. xls”文件中进行。（见图 3－26、图 3－27）

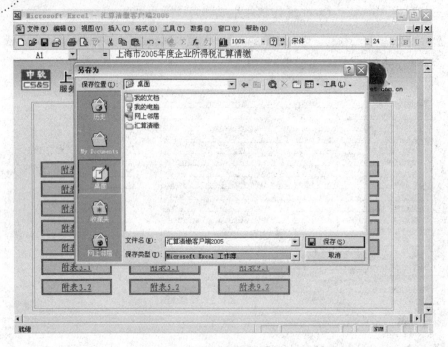

图 3 - 26

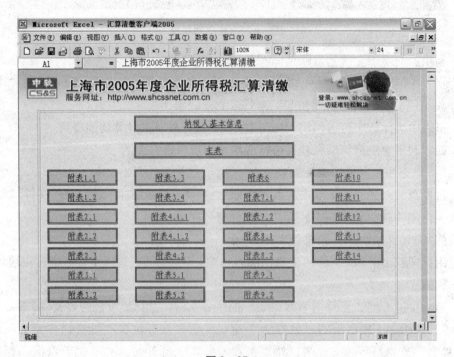

图 3 - 27

（三）主界面操作说明：

主界面比较简单明了，主要是起索引的作用。

主界面包括"纳税人基本信息"、"主表"、"附表1_1"、"附表2_1"……"附表14"，一共28个灰色按钮。

用户用鼠标点击这些按钮，即可切换到相应的基本信息或报表的填写界面。

（四）纳税人基本信息填写界面

点击主界面中的"纳税人基本信息"按钮，即进入到纳税人基本信息填报界面（见图3-28）。

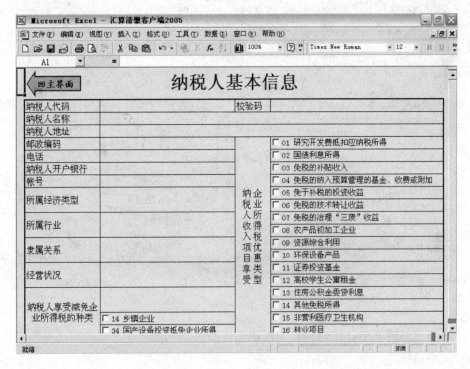

图3-28

（五）纳税人基本信息各项填写说明

纳税人的基本信息各项内容均为必填项。填写说明如下：

（1）纳税人代码、校验码、纳税人名称、纳税人地址、邮政编码、电话、纳税人开户银行、账号。

分别选中对应的空格（用鼠标单击、双击均可），输入相应的内容。

◇ 纳税人代码：又叫电脑编号；

◇ 校验码：暂为纳税人代码前6位；

◇ 纳税人名称：填报税务登记证所载纳税人的全称；

◇ 纳税人地址：填报税务登记证所载纳税人的详细地址；

◇ 纳税人开户银行、账号：填报纳税人主要开户银行的全称及其账号。

(2) 所属经济类型、所属行业、隶属关系、经营状况、纳税人享受减免企业所得税的种类。

用户填写这几项内容的方法是：选中其旁边的空白格将会出现下拉列表的向下箭头（灰色小方框中有黑色箭头），点击箭头，在下拉式菜单中选择各项纳税人所属的类型，见图 3 - 29。

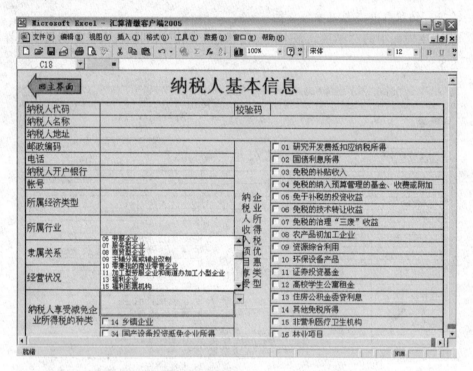

图 3 - 29

◇ 所属经济类型：指"纳税人所属经济类型"；

◇ 所属行业：指"纳税人所属行业"；

◇ 经营状况：包括盈利企业、亏损企业。

(3) 纳税人收入项目享受企业所得税优惠类型。

◇ 此项属于多选项，由 16 个复选框组成，用户用鼠标点击属于本企业优惠类型前的空白方框，选中的方框中出现"√"标志。

(六) 填写主表和附表的基本说明

空白项：报表中的白色空格，供用户填写内容。

计算行（列）：报表中的灰色行（列），这些项存在计算关系。系统将根据计算关系自动计算出结果。这些行（列）不允许用户进行修改（特殊说明处除外）。

校验项：存在于主表的最后一列，用于随时校验主附表之间的关系，如主表该项与附表相关项数据相等，则显示"√"；否则，显示"≠"。校验项仅用于提示用户，不做有效数据处理。

不可更改项：报表中的浅灰色背景的单元格，这些内容是在实际报表中印刷好的文字，在软件系统中加以严格控制，用户不得擅自修改。计算列（行）的这些文字以灰色背景显示。

税务局审核数：所有税务局审核数的行（列）均不需要纳税人填写，在报表中采用灰色底色。

（七）填写主表、附表的有关说明及约束

禁止使用"复制"、"粘贴"功能填写报表数据。用"复制"、"粘贴"功能填写报表数据，将会改变所填空格的原始设置，导致数据填写有无、错误提示功能失效等后果。

税率的格式均为百分数格式，输入时只需输入百分号前的数字，如 12.89%，只需输入 12.89 即可，系统自动带出%。

所有数值，系统自动保留小数点后两位小数。

若计算公式中出现"±"符号，表中的计算列（行）默认做加法计算自动带出结果，这部分计算列（行）是可以进行修改的。例如，附表二（2）第 2 栏"小计2"，如果有出入请自行手动修改，一旦修改，原有的计算公式将永久消失，该行（列）自动计算功能将不存在。

所有"税务机关审核数"都不允许用户填写。

对于汉字录入，建议使用标准的全角录入方式，防止因为折行显示错误而出现乱字符。

（八）主界面与各填写界面的切换

主界面上点击相应灰色按钮，即可切换到纳税人基本信息、主表、附表。

报表（包括基本信息、主表、附表）界面上点击左上角"回主界面"的蓝色粗箭头，即可返回主界面。

各报表界面间的切换：从任意一张报表（包括主表和附表）必须点击左上角"回主界面"的蓝色粗箭头，先返回到主界面，然后在主界面上点击灰色按钮，选择切换到新的报表。

（九）保存数据

选择菜单"文件"→"保存"或用鼠标点击工具条上的保存图标。为防止数据因软件退出而丢失，建议随时进行文件保存。

如果保存后退出软件，则下次双击"汇算清缴客户端2005"时，进入的界面为上次保存时的当前界面。也就是说，如果再次进入软件时，出现的不是主界面，则为正常现象，用户可点击当前界面左上角的回主界面箭头，返回到主界面。

小提示：

企业所得税的税率即据以计算企业所得税应纳税额的法定比率。根据《中华人民共和国企业所得税暂行条例》的规定，2008 年新的《中华人民共和国所得税法》规定一般企业所得税的税率为 25%。

小提示：

企业所得税按年计算，但为了保证税款及时、均衡入库，对企业所得税采取分期（按月或季）预缴、年终汇算清缴的办法。纳税人预缴所得税时，应当按纳税期限的实际数预缴，按实际数预缴有困难的，可以按上一年度应纳税所得额的 1/12 或 1/4，或者经当地税务机关认可的其他方法分期预缴所得税。预缴方法一经确定，不得随意改变。

第四节　税收筹划实验

小知识：

税收筹划是指纳税人在符合国家法律及税收法规的前提下，按照税收政策法规的导向，事前选择税收利益最大化的纳税方案处理自己的生产、经营和投资、理财活动的一种企业筹划行为。

小提示：

税收筹划的前提条件是必须符合国家法律及税收法规；税收筹划的方向应当符合税收政策法规的导向；税收筹划的发生必须是在生产经营和投资理财活动之前；税收筹划的目标是使纳税人的税收利益最大化。所谓"税收利益最大化"，包括税负最轻、税后利润最大化、企业价值最大化等内涵，而不仅仅是指税负最轻。

实验项目一　增值税税收筹划模拟实验

实验项目：增值税税收筹划模拟实验

实验学时：2 学时

实验类别：综合性实验

实验目的与要求：

通过本实验，学生能够灵活运用增值税税收筹划的各种方法，合法降低企业增值税税负。通过对企业增值税税负情况及企业现状进行有意义的分析，挖掘案例所描述的增值税税收中的筹划空间，拟定各种筹划方案并进行权衡对比，从中制定最后税收筹划决策。

要求学生充分发挥自己的积极性和创造性，培养学生根据实际情况解决问题的能力。

实验过程要点：

选择某一增值税税负较重的典型企业案例，从其目前生产经营、组织管理、税收政策现状等方面进行分析，对其进行增值税税收筹划，寻求合理降低增值税税负的途径，并对筹划前后增值税税负进行比较分析。

实验设备、工具及材料：多媒体教学系统、电脑、Microsoft Excel 操作软件、Microsoft Word 操作软件

编写报告：

按要求完成实验报告。报告内容包括企业名称、企业现状（重点在适用的增值税相关政策）、企业目前的增值税税负、税收筹划方案、对方案的分析等。

小知识：

增值税是对销售货物或者提供加工、修理修配劳务以及进口货物的单位和个人就其实现的增值额征收的一个税种。

小提示：

增值税是以商品（含应税劳务）在流转过程中产生的增值额作为计税依据而征收的一种流转税。从计税原理上说，增值税是对商品生产、流通、劳务服务中多个环节的新增价值或商品的附加值征收的一种流转税。实行价外税，也就是由消费者负担，有增值才征税没增值不征税。但在实际当中，商品新增价值或附加值在生产和流通过程中是很难准确计算的。

一、打开教师指定文档，获取相关企业案例

对给定企业案例进行阅读，了解该企业目前生产经营、组织管理状况，并对其适用的税收政策进行分析。

二、利用 Microsoft Excel 操作软件计算企业当前的增值税应纳税额

（一）计算依据

1. 增值税一般纳税人应纳税额的计算及注意事项（参见前述内容）

2. 增值税小规模纳税人应纳税额的计算方法

增值税应纳税额＝销售额×征收率

(二）在 Excel 电子表中计算增值税应纳税额的步骤

第一步，启动 Excel 电子表，创建增值税应纳税额计算表格（见图 3-30）；

图 3-30

第二步，将实例资料录入数据输入区域（见图 3-31）；

图 3-31

第三步，根据前面公式计算当前企业应纳增值税税额，计算实际增值税税负（计算公式为：增值税实际税负＝增值税应纳税额/销售额）。

用鼠标单击单元格 C3，输入＝A3×B3，按回车键；用鼠标单击单元格 E3，输入＝C3－D3，按回车键；用鼠标单击单元格 F3，输入＝E3/A3，按回车键。

三、对企业当前的增值税应纳税额进行分析，寻求减轻税负的税收筹划方案

（一）新产品税收优惠

挂靠新产品进行纳税筹划是指企业利用国家鼓励新产品税收优惠，努力使自己符合新产品的规定和要求，从而光明正大地享受新产品有关增值税、企业所得税等方面的优惠待遇，从而实现节省税收目的的行为。

新产品是指采用新技术原理、新设计思路研制生产或在结构、性质、工艺等某一方面较老产品有明显的改进，从而显著地提高产品性能或扩大使用功能而生产出来的产品。

享受新产品优惠政策应具备以下条件：一是要符合新产品的定义，不符合的不能给予优惠；二是必须列入国家计划，属于计划内产品；三是必须经科委鉴定；四是必须经同级税务部门同意。符合上述条件的新产品，按照国家规定的减免税权限，经税务机关审定后，给予减税、免税。对于国家实行高价高税政策的烟、酒、鞭炮、焰火、化妆品等特殊消费品，以购进的元器件、零部件为主生产的产品，按照用户要求进行一次性生产的非标准设备、零部件和原材料，虽然符合上述条件，也不能按照新产品减免增值税和企业所得税等。对国家统一规定不能减免税的长线产品，如手表、自行车、缝纫机、电风扇、摩托车、电冰箱、牙膏等，其减免税范围只限于国内第一次生产，并列入国家科委、计委试制计划的新产品。

新产品具体优惠政策如下：①从试制品销售之日起，免征增值税 3 年。②列入中央各部委新产品试制计划、经国家税务局同意的新产品，从试制品销售之日起，区别不同情况减征或免征增值税 1~2 年。③依上述规定免税、减税期满后，还可以再给以适当减免增值税照顾。④为鼓励科研人员研制新产品，凡符合规定减免的增值税，科研单位可全额专用于新产品开发。⑤科研单位试制新产品所得，经税务机关批准后，可在 1~2 年内免征所得税。⑥科研单位的技术成果转让、技术咨询、技术服务、技术培训、技术入股、技术承包、技术出口的所得暂免征收所得税。

（二）高新技术优惠

为了促进高新技术产业的发展，按照现行税法规定，对于在国务院批准的高新技术产业开发区内的高新技术企业，除减按 15% 的税率征收企业所得税外，对于新办的企业自投产年度起，免征企业所得税 2 年。这里的新办是指从无到有建立起来的企业，原有企业的分设、改组、改建、扩建、转产、合并而形成的企业，或是吸纳新成员、改变领导关系、改变企业名称的，都不能视为新办企业。但现实中并不是很严格地区分，这就为企业利用挂靠进行纳税筹划创造了条件。

　　近些年，国务院批准了一批各地建立的高新技术产业开发区为国家高新技术产业开发区，比如南京浦口高新技术外向型开发区、深圳科技工业园等。对于在国家高新技术产业开发区内被有关部门认定为高新技术企业的企业实行税收优惠。这里的高新技术主要包括：

　　（1）微电子科学和电子信息技术；

　　（2）空间科学和航空航天技术；

　　（3）光电子科学和光电一体化技术；

　　（4）生命科学和生物工程技术；

　　（5）材料科学和新材料技术；

　　（6）能源科学和新能源、高效节能技术；

　　（7）生态科学和环境保护技术；

　　（8）地球科学和环境保护技术；

　　（9）基本物质科学和辐射技术；

　　（10）医药科学和生物医学工程；

　　（11）其他在传统产业基础上应用的新工艺、新技术。

　　高新技术的范围根据国内外高新技术的不断发展而不断进行补充和修订，由国家科技部发布。高新技术企业是知识密集、技术密集型的经济实体。作为高新技术企业必须具备下列各项条件：

　　（1）从事上述范围内一种或多种高新技术及其产品的研究、开发、生产和经营业务，单纯的商业经营除外。

　　（2）实行独立核算、自主经营、自负盈亏。

　　（3）企业的负责人是熟悉本企业产品研究、开发、生产和经营的科技人员，并且是本企业的专职人员。

　　（4）具有大专以上学历的科技人员占企业职工总数的30%以上，从事高新技术研究、开发的科技人员应占企业职工总数的10%以上。从事高新技术生产和服务的劳动密集型高新技术企业，具有大专以上学历的科技人员占企业职工总数的20%。

　　（5）有50万元以上资金，并有与其业务规模相应的经营场所和设施。

　　（6）用于高新技术及其产品研究、开发的经费应占本企业每年总收入的3%以上。

　　（7）高新技术企业的总收入，一般由技术性收入、高新技术产品产值、一般技术产品产值和技术相关贸易额组成。高新技术企业的技术性收入与高新技术产品产值的总和应占本企业当年总收入的50%以上。

　　（8）有明确的企业章程，严格的技术、财务管理制度。

　　（9）企业的经营期在10年以上。

　　举办高新技术企业，须向开发区办公室提出申请，经开发区办公室考核，由省、市科委批准并发给高新技术企业证书。开发区办公室按上述规定条件定期对高新技术企业进行考核，不符合条件的高新技术企业不得享受税收优惠政策。企业可以根据自身的实际情况，选择恰当的方式进行筹划，以达到节省税款的目的。

（三）补偿贸易筹划法

补偿贸易是指由外商提供技术设备和必要的材料，我方进行生产，然后将生产的产品以返销的方式偿还外商技术设备价款的贸易形式。目前，这种贸易形式在我国特别是沿海地区迅速发展起来。正是由于这种贸易形式的影响范围很广以及其蓬勃发展的趋势，利用补偿贸易来进行纳税筹划将具更大的经济价值。

在补偿贸易进出口环节，有许多节税的机会和可能。补偿贸易筹划法就是企业利用补偿贸易，"三来一补"，进料加工的机会，从而达到少交进口关税、出口关税、增值税和消费税的目的。

下面就来料加工、补偿贸易、进料加工、技贸结合分别介绍企业进行纳税筹划的空间。来料加工也称对外加工装配业务，是指外商提供全部或部分原料、辅料、元器件等物件，其零部件、配套件和包装物料以及必要时提供加工设备，由我方加工单位按外商的要求加工装配成成品由外商销售，我方收取工缴费，即外商提供的作价设备的价款，我方用工缴费偿还的业务。对来料加工项下进口料件和设备可以免征进口环节关税、增值税的范围是：①外商提供的全部或部分料件加工返销出口的；②为加工出口产品而在生产过程中消耗的原料油；③进口生产所必需的机器设备、品质检验仪器、安全和防治污染设备，以及厂内使用的、国内不生产的装卸设备；④为加强管理，由外商提供的微型计算机、闭路电视监视系统、传真机等设备；⑤合理数量的用于加固、安装机器的材料。来料加工项下出口的产品免征出口税。企业可以根据本单位的具体情况通过以上五个合法途径进行纳税筹划。

补偿贸易项下由外商提供材料、设备和进口生产所必需的机器设备、品质检验设备和防治污染设备，在厂区内使用的、国内不能生产的装卸设备，以及数量合理的用于安装、加固机器设备的材料，可以免征进口关税、增值税及消费税。

进料加工是指国内有关单位用外汇购买国外的原材料、元器件、辅料、零部件、配套件和包装物料，经加工后将成品返销出口的业务。由于对进料加工项下进口专为加工出口商品而进口的料件不受品种限制也不受出口成品中所含料件的总值百分比的限制，均可以免征进口关税、增值税和消费税，这样，很多企业便创造各种有利条件，对加工过程中产生的副产品和由于其他原因不能出口转内销的部分也随之免缴进口关税和增值税，从而获得税收上的好处。

技贸结合是指以进口大量商品为筹码，引进按一般贸易所不能引进的先进技术，使进口贸易和引进先进技术密切地结合起来的贸易。对开展技贸结合所需要进口的成套散件，其进口关税不按整机，而按零件、部件税率征税。在《海关进出口税则》中没有列明的零部件的税率，则按整机税率的1/3征税。进口的成套散件、零部件、元器件等物件，其进口环节的关税、增值税，则按该产品应纳税额的 60% 征税。

四、利用 Microsoft Excel 操作软件计算经过税收筹划后企业的增值税应纳税额

方法同步骤二。

五、税收筹划前后企业增值税税负进行比较

包括分析节税效果、实施步骤。

六、对本方案进行评价并完成税收筹划报告的撰写

包括分析操作的可行性、实施注意事项。在 Word 文档撰写税收筹划报告，内容包括企业名称、企业现状（重点在适用的增值税相关政策）、企业目前的增值税税负、税收筹划方案、对方案的分析等。

实验项目二　企业所得税税收筹划模拟实验

实验项目：企业所得税税收筹划模拟实验

实验学时：2 学时

实验类别：综合性实验

实验目的与要求：

通过本实验，学生能够灵活运用企业所得税税收筹划的各种方法，合法降低企业税负。要求学生充分发挥自己的积极性和创造性，培养学生根据企业实际情况解决问题的能力

实验过程要点：

选择某一税负较重的典型企业案例，从其目前生产经营、组织管理、税收政策现状等方面进行分析，对其进行企业所得税税收筹划，寻求合法降低企业所得税税负的途径，并对筹划前后企业所得税税负进行比较分析。可以独立进行也可以采取分组讨论的形式。

实验设备、工具及材料：多媒体教学系统、电脑、Microsoft Excel 操作软件、Microsoft Word 操作软件

编写报告：

按要求完成实验报告。报告内容包括企业名称、企业现状（重点在适用的企业所得税相关政策）、企业目前的企业所得税税负、税收筹划方案、对方案的分析等。

一、打开教师指定文档，获取相关企业资料

对给定企业资料进行阅读，了解该企业目前生产经营、组织管理状况，并对其适用的税收政策进行分析。

二、利用 Microsoft Excel 操作软件计算企业当前的企业所得税应纳税额

（一）利用 Microsoft Excel 操作软件生成利润表（见图 3－32）

报表中的“本月数”栏，反映的是各项目本月的实际发生数；报表中的“本年累计数”栏，反映的是自年初起到本月末为止的累计实际发生数。

报表中的黑体数字可以利用 Microsoft Excel 操作软件的计算功能得到。

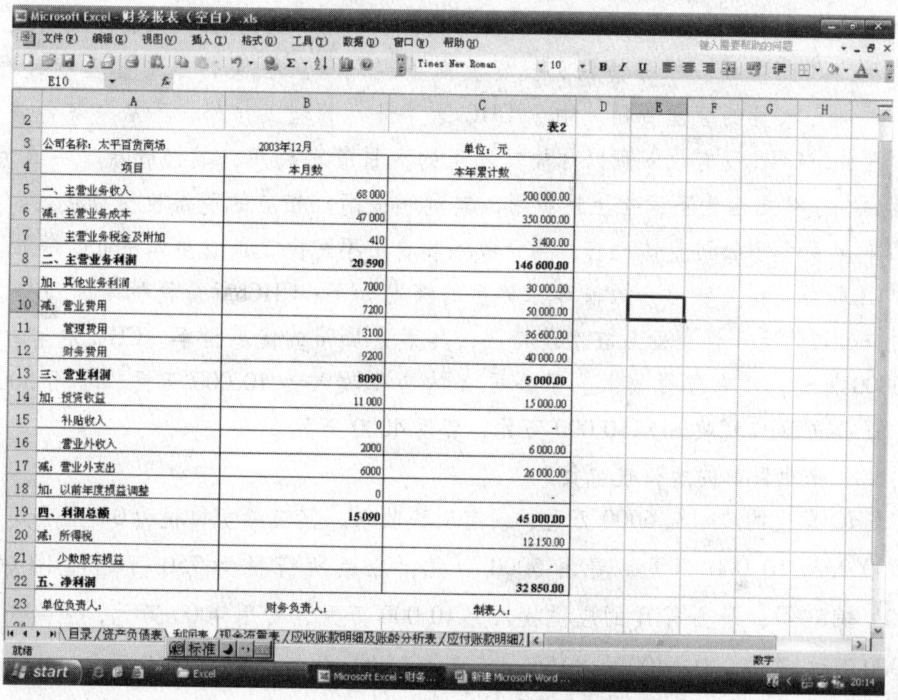

		表2
公司名称：太平百货商场	2003年12月	单位：元
项目	本月数	本年累计数
一、主营业务收入	68 000	500 000.00
减：主营业务成本	47 000	350 000.00
主营业务税金及附加	410	3 400.00
二、主营业务利润	**20 590**	**146 600.00**
加：其他业务利润	7000	30 000.00
减：营业费用	7200	50 000.00
管理费用	3100	36 600.00
财务费用	9200	40 000.00
三、营业利润	**8090**	**5 000.00**
加：投资收益	11 000	15 000.00
补贴收入	0	-
营业外收入	2000	6 000.00
减：营业外支出	6000	26 000.00
加：以前年度损益调整	0	-
四、利润总额	**15 090**	**45 000.00**
减：所得税		12 150.00
少数股东损益		-
五、净利润		**32 850.00**
单位负责人：	财务负责人：	制表人：

图 3－32　企业利润表

（二）计算依据

企业所得税应纳税额＝应纳税所得额×适用税率

应纳税所得额＝利润总额±调整项目金额

（三）在 Excel 电子表中计算企业所得税应纳税额

其步骤同本章实验项目一。

三、对企业当前的所得税应纳税额进行分析，寻求减轻税负的税收筹划方案

四、利用 Microsoft Excel 操作软件计算经过税收筹划后企业的所得税应纳税额

方法同步骤二。

五、税收筹划前后企业所得税税负进行比较

包括分析节税效果、实施步骤。

六、对本方案进行评价并完成税收筹划报告的撰写

包括分析操作的可行性、实施注意事项。在 Word 文档撰写税收筹划报告，内容包括企业名称、企业现状（重点在适用的企业所得税相关政策）、企业目前的所得税税负、税收筹划方案、对方案的分析等。

示例：

CHC 公司企业所得税税收筹划

一、企业现状

一家外商投资公司（CHC）投资了两家子公司，A 公司（50%控股）和 B 公司（100%控股）。

为了高效地运作，直接控制下属两家企业，CHC 的职能主要包括市场开发、技术革新、人员培训、外界协调、投资及财务规划等。在实行集中管理的过程中，CHC 发生了大量的管理费用。由于 CHC 除了进行管理工作外，不从事其他营业活动，因此，CHC 没有收入可以弥被其发生的大量管理费用，其经营状况一直亏损。而其两个子公司由于不承担上述费用，其利润很高，相应的所得税税负很重。对于 CHC 和其两个子公司整体而言，由于收入和费用不配比，造成整体税负的增加。

CHC 在其相关费用分摊前和分摊后的情况如下：CHC 所得税税率为 30%。A、B 两个公司为生产性企业且在经济特区，其享受 15%的优惠税率。CHC 发生的费用为 6000 万元，没有应税收入。子公司 A 的应税收入为 10 000 万元，费用 5000 万元；子公司 B 应税收入为 10 000 万元，费用 4000 万元。

二、企业目前的所得税税负

CHC 发生的费用为 6000 万元，没有应税收入，其应缴所得税为 0。子公司 A 的应税收入为 10 000 万元，费用 5000 万元，应缴所得税为 750 万元 [（10 000 − 5000）×15%]；子公司 B 的应税收入为 10 000 万元，费用 4000 万元，应缴所得税为 900 万元 [（10 000 − 4000）×15%]，整体合计应缴所得税为 1650 万元。

三、企业所得税税收筹划思路

假设 CHC 的费用 6000 万元全部为 A、B 两个公司的业务所发生，所以 CHC 公司按股权比例分配给 A、B 公司，A 公司的费用为 7000 万元（5000 + 6000×50%/150），其应缴所得税 450 万元 [（10 000 − 7000）×15%]；B 公司的费用为 8000 万元（4000 + 6000×100÷150），其应缴所得税 300 万元 [（10 000 − 8000）×15%]，整体合计应缴所得税 750 万元，比分摊前大大减少。

显而易见，如果 CHC 能将其全部费用分摊到其子公司，将会最大限度地降低整体税负。但是根据《外商投资企业和外国企业所得税法实施细则》规定，企业不得列支向其关联企业支付的管理费用。《外商投资企业所得税法》规定，外商投资企业或者外国企业在中国境内设立的从事生产、经营的机构、场所与其关联企业之间的业务往来，应当按照独立企业之间的业务往来收取或者支付价款、费用。因此，CHC 向其 A、B 两个子公司分摊费用要符合国家对关联企业之间往来的规定。换句话说，CHC 与其子公司都是独立的法人，其财务核算也应遵循不同会计主体的收入分配及费用归结的原则，CHC 直接地、机械地将其费用分摊到其子公司既不合法也不合理。那么如何进行筹划呢？

四、企业所得税税收筹划方案

CHC 发生的管理费用可分为以下两种费用：直接费用和间接费用。直接费用主要指可以直接确定服务对象的费用，如外部培训费、广告费、差旅费和通讯费等。对于这种费用只要符合以下两点就可以直接在其子公司列支：

（1）由外部具体单位直接向子公司提供直接服务（当然要符合相应的法律和财会规定，如直接签订合同、直接结算等）。

（2）由外部具体单位直接向子公司提供发票且发票的抬头为对应的子公司。

但是，对于 CHC 来说，大部分管理费用是间接费用，即无法直接区分服务对象的费用，如技术研究开发费、市场调研费、内部培训费、产品推销费及交际应酬费等。

我们设计 CHC 可以通过向其子公司收取"专项技术服务费"的方式分配一部分上述间接费用，即 CHC 按照实际发生的管理和咨询服务费用（可再加一定的利润率）向其子公司收取专项技术服务费。采用这种安排，CHC 需要与其子公司签订符合独立企业原则的服务协议，以备税务机关的确认和审查。CHC 在收取其子公司开具服务发票，作为其子公司税前可抵扣费用的凭证。当然，CHC 还需要对服务费收入缴纳 5% 的营业税。

由于这种安排，CHC 可以合法、合理地将大部分间接费用在其子公司的所得税前列支，因此即便付出营业税的代价，就其整个集团的税负而言，其税负也会大大降低。当然，这种安排要掌握一个适度的界限，若 CHC 分配的间接费用过大，则 CHC 将会盈利。因其在税收上是非生产性企业，不能享受优惠税率（如 15%）和优惠期（如两免三减半），其要按 30% 缴纳所得税，这样整体税负反而会加大。理论上，企业经过测算可以找到一个较佳的分配比例。

以此思路我们修正上面假设条件如下：我们假设 CHC 可将其直接费用 300 万元直接分配给其子公司，其中 A 公司 100 万元、B 公司 200 万元。CHC 将其间接费用 5700 万元的 40% 以专业技术服务费的方式分配给其子公司，分配依据仍为 CHC 的控股比例。为了体现独立企业的公平交易原则，我们在提供专业技术的成本价之上再加上 10% 的利润率，即 CHC 提供专业服务收入为 2508 万元 [5700 × 40% × (1 + 10%)]，其应缴营业税约为 125 万元（2508 × 5%），因此 CHC 所剩费用为 3317 万元（6000 － 300 － 2508 × 125）。CHC 按股权比例给 A 公司的分配额为 836 万元，给 B 公司的分配额为 1672 万元。分配后，A 公司的费用为 5836 万元、B 公司的费用为 5672 万元。我们根据修正假设列表如表 3 - 6 所示。

表3-6　　　　　　　　　　　　　　　　　　　　　　　　　单位：万元

	CHC	A公司	B公司	整体合计
应税收入	2508	10 000	10 000	20 000
费用	3317	5836	5672	11 508
应纳税所得额	−809	4164	4328	8492
所得税税率	30%	15%	15%	15%
应缴所得税	0	625	649	1274

　　虽然CHC付出的营业税代价为125万元，而因此减少的整体所得税为376万元（1650−1274），其整体税负减轻了251万元（376−125）。

　　五、税收筹划方案分析

　　投资公司相关费用分配的基本原则是要符合独立企业原则。不能直接将其相关费用分摊给其子公司，而要以独立企业之间提供专项服务的方式来分配相关费用。其中要注意"专项技术服务费"计价的问题。CHC若以其实际成本计价，肯定会引起税务机关的异议，税务机关有权依照有关规定对CHC进行价格调整。从实际操作来看，CHC可以实际成本为基础加上适当的利润率定价，再通过与税务机关协商，其相关费用的处理可以顺利地得到合法解决。

　　CHC还应注意选择科学、合理的费用的分配依据，如采取以外方实收资本数的比例为分配技术研发费，以销售收入的比例分配市场调研费，以参加培训人数来分配内部培训费等，其依据要科学、合理，体现子公司的受益关系。

　　另外，企业应注意的是这种服务协议的签订，必须要经过与合资企业中方的沟通和协调，尤其是对中方控股的合资企业，中方很可能不会接受这种费用的分配。因为CHC的相关费用的分配会直接造成合资企业中中方利益的损失。必要时，还应考虑其他赔偿方式。

小提示：

　　旧《中华人民共和国企业所得税暂行条例》规定，企业所得税税率为33%。另有两档优惠税率：全年应纳税所得额3万~10万元的，税率为27%；应纳税所得额3万元以下的，税率为18%。特区和高新技术开发区的高新技术企业的税率为15%。外资企业所得税税率为30%，另有3%的地方所得税。新《中华人民共和国企业所得税暂行条例》规定，企业所得税税率为25%，内资企业和外资企业一致，国家需要重点扶持的高新技术企业为15%，小型微利企业为20%，非居民企业为20%。

实验项目三　企业设立税收筹划模拟实验

实验项目：企业设立税收筹划模拟实验

实验学时：2 学时

实验类别：综合性实验

实验目的与要求：

通过本实验，学生能够在企业设立过程中利用其组建形式、注册地点、经营范围等方面的选择灵活地进行税收筹划，达到合理使企业承担较低税负的目的。要求学生充分发挥自己的积极性和创造性，培养学生根据实际情况解决问题的能力。

实验过程要点：

自行选择某一拟筹建的企业案例，分析企业设立的限定条件，从税收的角度对其组建形式、注册地点、经营范围等方面进行考虑，利用企业的设立进行税收筹划，达到从企业设立起就能合理享受较低的税负的目的。可以独立进行也可以采取分组讨论的形式。

实验设备、工具及材料：多媒体教学系统、电脑、互联网、Microsoft Word 操作软件

编写报告：

按要求完成实验报告。报告内容包括拟筹建企业名称、企业设立限定条件、适用税收、税收筹划方案、对方案的分析评价等。

小提示：

企业经营过程中能否获得成功，在很大程度上与设立过程中的各种筹划分不开，而纳税筹划是最为重要的筹划之一。企业设立过程中纳税筹划水平的高低，直接影响着企业今后经营的整体税负，进而在一定程度上影响着企业的正常发展。一般而言，在企业的设立过程中，纳税人可以从企业的性质、从属机构、优惠年度的选择、企业注册地点的选择等方面进行筹划。

一、通过互联网查询选择某一拟筹建的企业资料

（一）确定通过互联网查询的目的

主要通过互联网对拟筹建企业的设立背景进行资料收集，了解企业设立的目的、前景、具备的条件条件及其他相关情况。

（二）确定查询对象

查询对象：拟筹建的企业。

（三）制定查寻项目

查询项目：企业设立的目的、具备的条件、市场前景、宏观背景、设立方案等。

（四）具体查询步骤

第一步，打开 http：//baidu. com 或 http：//google. com 等相关搜索网站。

第二步，在网站上输入关键字如案例中的股票代码（600240），进行搜索（见图 3-33）。

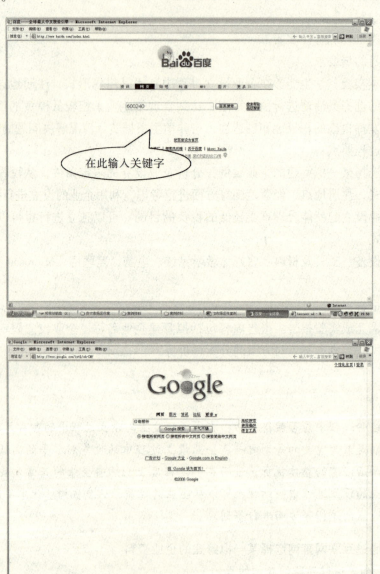

图 3-33　网络搜索

第三步，在网站上查找有关网站（见图 3 - 34）。

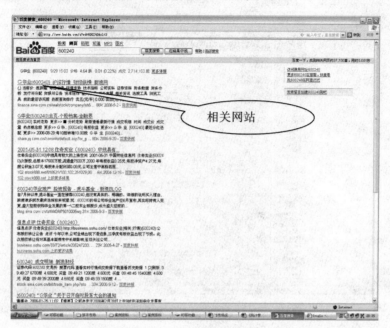

图 3 - 34　查找企业

第四步，在网站上查询该企业相关资料（见图 3 - 35、图 3 - 36）。

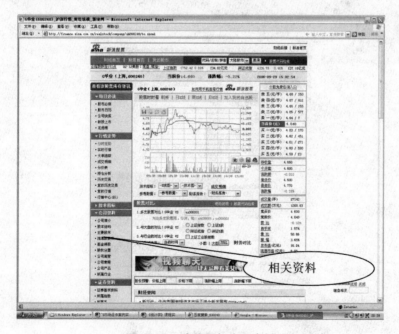

图 3 - 35　查询目标企业资料

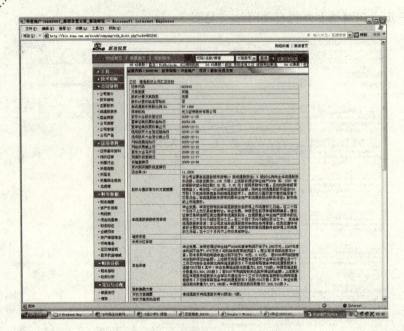

图 3-36 查询目标企业资料

第五步，下载并保存相关资料。

（1）按住鼠标左键不放，下拖以便选中下载区域，见图 3-37 中的黑色部分。

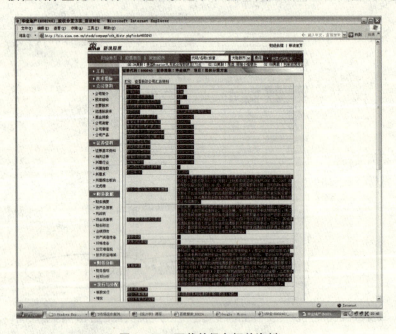

图 3-37 下载并保存相关资料

（2）按 Ctrl + C 键（或按鼠标右键选复制）。

（3）打开 Word 应用程序，按 Ctrl + V 键（或按鼠标右键选粘贴）。

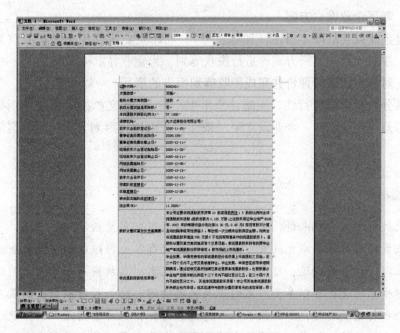

图 3 - 38　下载并保存相关资料

（4）在文件（F）菜单中保存该资料文件（见图 3 - 39）。

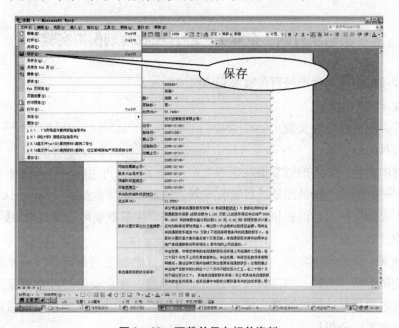

图 3 - 39　下载并保存相关资料

第六步，将所下载的资料结合给定的案例进行整理、归类后进行综合分析，为案例讨论做好准备。

二、制定企业设立方案

通过企业设立的限定条件（如行业等），利用企业设立的相关税收政策，从设立方式、注册地点、出资方式等进行税收筹划，为企业寻求税负最低的设立方式。

三、对本方案进行评价并完成税收筹划报告的撰写

包括分析操作的可行性、实施注意事项。在 Word 文档撰写税收筹划报告，内容包括拟筹建企业名称、企业设立限定条件、适用税收筹划方案、对方案的分析评价等。

小提示：

从税收负担的角度来讲，公司形式以股份有限公司更为有利。因为：①我国税法鼓励投资的有关税收减免政策，主要是以股份有限公司组织的生产企业为适用对象，企业以这种形式出现，可获得更多的税收优惠；②就股东而言，采用这种企业形式进行生产经营也可以享受一定的税收优惠待遇。比如股份制企业的股东个人所获资本公积转增股本时，不征收个人所得税。另外，从筹资角度来讲，股份公司的筹资方式比较灵活，但股份公司设立的条件比有限公司严格，注册资金比有限公司多，经营风险比有限公司大，故纳税人应从各方面进行综合考虑。

实验项目四　企业生产经营税收筹划模拟实验

实验项目：企业生产经营税收筹划模拟实验

实验学时：3 学时

实验类别：综合性实验

实验目的与要求：

通过本实验，学生能够掌握在企业生产经营过程中利用购销、内部核算、财务成果分配等方面的选择灵活地进行税收筹划，达到合理使企业承担较低税负的目的。要求学生充分发挥自己的积极性和创造性，培养学生根据实际情况解决问题的能力。

实验过程要点：

选择某一企业营销案例，分析企业生产经营策略制定的限定条件，从税收的角度对其购销价格、方式，内部核算等方面进行考虑，在企业生产经营策略制定过程中进行税收筹划，达到既圆满完成生产销售又能合理享受较低的税负的目的。可以独立进行也可以分组讨论。

实验设备、工具及材料：多媒体教学系统、电脑、MicrosoftExcel 操作软件、Microsoft Word 操作软件

编写报告：

按要求完成实验报告。报告内容包括企业名称、企业生产经营策略制定的限定

条件、税收筹划方案、对方案的分析评价等。

 小提示：

税收筹划的目的是为了节税，服务于企业的经营目标，人们常认为这是财务人员的事，但往往一个好的税收筹划仅仅靠财务人员是无法顺利实施的，它需要全体管理者的关注和参与。税收筹划也不单体现在财务安排上，而是贯穿在整个投资决策、经营决策以及日常经济活动中。

一、打开教师指定文档，获取相关企业资料

对给定企业资料进行阅读，了解该企业目前生产经营、组织管理状况，并对其适用的税收政策进行分析。

二、利用 MicrosoftExcel 操作软件计算给定条件下企业当前的应纳税额（方法参见实验项目一、二相关步骤）

三、对企业当前的应纳税额进行分析，寻求减轻税负的税收筹划方案

四、利用 Microsoft Excel 操作软件计算经过税收筹划后企业应纳税额

方法同步骤二。

五、税收筹划前后企业所得税税负进行比较

包括分析节税效果、实施步骤。

六、对本方案进行评价并完成税收筹划报告的撰写

包括分析操作的可行性、实施注意事项。在 Word 文档撰写税收筹划报告，内容包括企业名称、企业生产经营策略制定的限定条件、税收筹划方案、对方案的分析评价等。

示例 1

某啤酒厂销售价格的税收筹划

一、基本情况

某啤酒厂 2001 年生产销售 A 品牌啤酒，每吨出厂价格为 3000 元。2002 年，该厂对该品牌啤酒的生产工艺进行了改进，使啤酒喝起来口感更纯、更清爽。按常理，产品质量提高后，产品价格会相应提高，你认为该厂应不应该提高啤酒价格？

二、现行适用税收政策及税负

根据消费税相关法规规定：从 2001 年 5 月起，实行差别定额税率，每吨啤酒出厂价格在 3000 元（含 3000 元）以上的，单位税额为 250 元/吨；在 3000 元以下的，单位税额为 220 元/吨。因此，按原厂家 3000 元的定价，每吨需要缴纳 250 元消费税，收益 2750 元。

三、筹划思路及依据

啤酒厂应该降低价格，如每吨定为 2980 元。原因是在定价时要充分考虑了啤酒消费税实行从量课税制度的影响。定价降为2980元后，每吨缴纳220元消费税，收益2760元，从此项考虑不仅增加了10元的收益，而且由于价格优势，可以增强市场竞争力。

本案例中，我们遇到了一个税收临界点，即啤酒出厂价定价在每吨3000元以上或定价在3000元以下时，就会因为定价而产生税负上升或下降。

所谓税收临界点，就是税法中规定的一些标准，包括一定的比例和数额，当销售额（营业额）或应纳税所得额或费用支出超过一定标准时，就应该依法纳税或按更高的税率纳税，从而使纳税人的税负大幅度上升；有时相反，纳税人可以享受优惠，降低税负。由此产生了税务筹划的特定方法——纳税临界点筹划法。其基本含义是纳税人将达到税收临界点时，通过增减收入或支出，避免承担较重的税负。

除啤酒消费税的税收临界点外税法中还有许多的税收临界点，几乎存在于所有税种当中，而且绝大部分集中体现在税收优惠政策中。要做好"临界点"税务筹划，需要注意以下问题：

首先要高度关注税收起征点。起征点是税法明确规定的当销售额（营业额）、增值额未达到一定标准或数额时，纳税人需要就全部销售额（营业额）、增值额纳税。这种规定对一些小型企业或者个人有很大的影响。比如，在增值税中，现行税法规定，个人销售货物的起征点为月销售额2000～5000元，提供应税劳务的起征点为月销售额1500～3000元，按次纳税的起征点为每次（日）销售额150～200元，各地根据实际情况，在上述幅度内确定了具体的起征点。如果某省确定的起征点为月销售额2500元，则个人销售货物每月低于2500元的，就不需要缴纳增值税。此时，纳税人就可以进行简单筹划：按4%的税率计算，纳税人月销售额在2500～2600元时，获得的收入还不如销售额在2499元时多。目前利用起征点筹划最多的行业是房地产开发中涉及的土地增值税。税法规定：纳税人建造普通住宅出售，增值额未超过扣除项目金额的20%的，免征土地增值税。该规定实质上是两级全额累进税率，第一级税率为0，第二级税率为20%。20%的增值税税率具有"起征点"的性质，属于"隐性起征点"，存在筹划的巨大空间。

其次，应注意享受税收优惠政策需要达到的数额或比例。这方面的规定很多，基本上就是享受税收优惠需要达到的条件。例如，现行税收政策规定，企业发生的研究开发费用比上年实际发生额增长达到10%以上（含10%），当年实际发生的费用除按照规定予以列支外，可再按其实际发生额的50%直接抵扣当年应纳税所得额。根据以上规定，当本年发生的研究开发费用增长率接近10%时，可以利用这种附加扣除规定，使其符合标准，从而享受费用抵扣的好处。比如某企业上年研究开发费用为100万元，年末发现本年已经发生研究开发费用109万元，增长率为9%，接近10%的临界点。由此进行筹划，使得本年度研究开发费用达到110万元，这样就可再按实际发生额的50%直接抵扣当年应纳税所得额。

那么，是不是不管今年的开发费用是多少都可以进行上面的筹划？筹划有没有底线？这需要进行数据分析。假定上年发生的研究开发费用为 R，本年已经发生的研究开发费用为 S，显然，当 S < 1.1R 时，我们才需要考虑临界点筹划问题。筹划方案如下：本年再度发生研究开发费用为 T，显然 T 应满足 S + T≥1.1R。下面进行成本效益分析：

筹划成本 = T

筹划收益 = (S + T) × (1 + 50%) × 33%

　　　　 = 0.165S + 0.495T

筹划净收益 = 0.165S - 0.505T

可行的筹划方案必须同时满足以下条件：

(1)　　S < 1.1R

(2)　　S + T≥1.1R

(3)　　0.165S - 0.505T > 0

简化 (3) 式，T < 0.33S，即满足此条件的筹划方案均可行。但我们需要找出一个最优方案，即找到一个 T 使得筹划净收益最大。根据筹划净收益的计算公式，显然，T 越小，净收益越大。

简化 (2) 式，T≥1.1R - S，因此 T 的最小值为 1.1R - S。筹划方案存在的极值条件在于：1.1R - S = 0.335，S = 0.827R。此时最优的 T = 1.1R - S。

只有当本年已经发生的研究开发费用达到了上年的 82.71% 以上，并且增长率尚未超过 10% 时，才能利用临界点进行筹划。

税法中规定的税收临界点还很多，这里不再赘述。总之，要应用好纳税临界点筹划方法，除通晓税收临界点外，还需要测算出可筹划的空间，各税种的"临界点"带来的筹划空间都存在固定的临界数值（测算方法比较简单，读者可以自己测算一下，基本思路同技术开发费的筹划点测算）。

四、案例分析

本案例比较简单，但体现了一种重要的税务筹划思路——利用税收临界点进行税务筹划，这是税务筹划的基本手段之一，在现实经济生活中得到了广泛的应用。

从税务筹划基本概念来看，税务筹划应是全面、整体筹划，以期实现企业利益的最大化。但所谓全面、整体筹划的基本立足点正是基于非常简单的筹划技术的组合。这也是选用该案例的原因。应用"临界点"进行税务筹划体现了税务筹划的基本理念。所谓税务筹划就是纳税人主动利用税务法规的差异性规定、选择性条款，借助一定的方法和实现技术，通过对自己的经营活动、投资活动、理财活动的周密安排，降低税务风险、实现利益最大化的活动。

应用"临界点"方法进行税务筹划正是利用税法的差异性规定，通过收入、产品价格、特定费用（成本）规划等方式实现税务风险的控制和税务负担的降低。当然，税务负担的降低是否一定能实现纳税人利益的最大化还需要从企业整体角度去考量。

示例 2

某人造板生产公司生产经营税收筹划

一、基本情况

某人造板生产公司成立于 1996 年，是一家合资企业，主要生产中密度纤维板（人造板）。由于属于生产性的外商投资企业，享受"两免三减半"的所得税优惠政策。该企业于 1997 年开始获利，到 2001 年年底优惠期结束。公司税务筹划前的基本业务如下：

原材料采购：该公司主要从当地木材加工点采购木片，通过生产加工后制造成人造板出售。而木片采购对象主要是当地的小规模纳税人企业，由于各种原因，企业无法从这些小规模纳税人处取得增值税专用发票（有小部分可以取得税务机关代开的 6% 的增值税专用发票），所以进项税抵扣额很低，企业增值税税负明显偏高。当地生产销售木片的企业都是小规模纳税人，改变进货渠道或者压地低进价都不可行。

主要原材料：该公司采购的木片基本是由当地的一种细小的木种加工的，该木料基本属于一种薪材类。

主要产品：为了加强发展后劲，筹划当期拟添加了家具生产线，对本公司生产的人造板进行深加工。

二、筹划方案

1. 关于原材料采购的税务筹划方案

公司直接收购木片无法取得进项税额，是否可以直接收购原木？因为木片和原木属于不同的产品。按照现行增值税法规定，纳税人购进农业生产者生产的初级产品，可按收购凭证所列金额的 13% 计算进项税额。木片不属于初级产品范围，直接收购木片不能抵扣进项税额；原木属于初级产品，企业可计算进项税额。所以，公司可以改变购进渠道，到当地农户手里采购原木，再将采购的原木委托小规模纳税人加工成木片，该公司付给加工费。经详细测算，改变采购流程后，该公司当年增值税可节省 170 多万元。

2. "增值税即征即退"的筹划方案

根据《关于以三剩物和次小薪材为原料生产加工的综合利用产品增值税优惠政策的通知》的规定，对企业以三剩物和次小薪材为原料生产加工的综合利用产品，在 2005 年 12 月 31 日以前由税务部门实行增值税即征即退政策。

根据上述政策，该公司向主管税务机关提出了《申请享受利用次小薪材生产加工产品实行即征即退增值税优惠政策的报告》，经当地主管国税局审核批准后，公司享受了增值税即征即退的优惠政策。税务部门在批准公司享受即征即退增值税优惠政策后，要求公司严把进料关，不准采购国家税收优惠政策规定以外的原材料进行生产。经测算，该公司享受了上述优惠后，当年可享受"即征即退"增值税款数百万元。

3．所得税减免的筹划方案

通过上述筹划方案，公司的增值税税负大幅降低，相应地应纳税所得额也急剧增加，对所得税的筹划尤显重要。

公司生产的产品是利用次小薪材生产的中密度纤维板。根据《关于国有农口企事业单位征收所得税问题的通知》的规定，国有农口企事业单位从事种植业、养殖业和农林产品初加工取得的所得暂免征收企业所得税。具体的免税农林产品初加工的范围包括纤维板（含中密度纤维板）、洗木工板（含复合板）等。因此，仅从产品上讲，该公司的符合税法享受企业所得税免征的规定。但是，上述通知对企业性质进行了限制，享受免征所得税的企业必须是国有农口企事业单位，其他单位不能享受。

公司是否能够适用该政策？《关于林业税收政策问题的通知》给出了答案，该文件规定：自2001年1月1日起，对包括国有企事业单位在内的所有企事业单位种植林木、林木种子和苗木作物以及从事林木产品初加工取得的所得暂免征收企业所得税。具体种植业、林木种子、苗木作物以及从事林木产品初加工的范围，根据上述通知中的规定确定。

根据上述政策，该公司应该可以享受免征企业所得税的优惠政策。因此，公司从改变生产需要的原材料采购出发，用足增值税优惠政策后，又可以享受法定的外商投资企业所得税优惠政策。经测算，公司每年节省的所得税款也达数百万元。

4．"拆分家具业务"，公司结构调整筹划方案

该公司为了长远发展，在原有人造板生产的基础上，拟今年对人造板进行深加工，生产家具销售。由于家具产品的增加，加之独立核算难，使公司享受的即征即退增值税优惠政策受到影响。由于公司的最终产品不是人造板，而是家具，税法没有规定利用次小薪材生产的家具可以享受"增值税即征即退"的优惠。

为了避免上述问题，该公司根据税务筹划顾问的建议进行了"生产结构调整"。即由该公司投资组建了一家家具厂，家具厂属该企业的子公司，独立核算。该企业将人造板按正常价格销售给家具厂，家具厂生产家具对外销售。这样，母公司作为独立核算的企业，采购、生产都符合税法规定的要求，可以享受税法规定的有关优惠政策。家具厂作为独立核算的企业，对母公司的优惠政策没有任何影响。

三、案例评析

上述税务筹划方案的实施，该公司的税务风险得到了良好的控制，取得了良好的筹划效果。该案例涉及了以下几种税务筹划技术：

1．税率差异技术

公司通过对原材料采购流程的重组，实现了增值税进项抵扣率的变化，由小规模纳税人代开发票的6%的抵扣率变更为13%的扣除率，实现了提高进项税抵扣率的目的，有效地降低了增值税税负。

2. 免税技术

公司通过原材料的认定，使公司符合了国家税务总局文件的优惠条件，取得了增值税即征即退的优惠政策，实际上是获得了增值税免税待遇。另外，公司通过对优惠政策的应用，在企业所得税方面也获得了免征的优惠。

3. 业务拆分技术

公司生产结构调整的筹划方案是公司发展战略与税务筹划的完美结合。公司对自身产品的深加工是公司的发展战略，但实施时如何进行税务筹划？该案例的做法即是范例，该案例实际上采用了税务筹划中的"业务拆分技术"。将家具生产从公司业务中分离出去，既实现了公司的税务筹划目的，同时也为以后的税务筹划提供了操作平台。

该案例给我们的启示：

（1）税务筹划方案应该根据企业的实际情况量身制作，虽然在筹划技术上有相通之处，但从应用角度看，没有所有条件都相同的企业，自然也不能有完全相同的税务筹划方案。一个成功的筹划方案必然是根据特定对象特别制作的。

（2）要做好税务筹划，必须对企业所在的行业政策，包括税收政策有全面、深入的了解，这是筹划成功的基本前提。而且要从企业的生产流程出发，通过优化流程实现税务筹划的目标。

实验项目五　企业投融资税收筹划模拟实验

实验项目：企业投融资税收筹划模拟实验

实验学时：2 学时

实验类别：综合性实验

实验目的与要求：

通过本实验，要求学生能够在投资过程中利用投资方式、地区、行业等方面的选择灵活地进行税收筹划；在筹资过程中通过负债筹资、权益筹资或其他筹资的灵活选择进行税收筹划，达到合理使企业承担较低税负的目的。要求学生充分发挥自己的积极性和创造性，培养学生根据实际情况解决问题的能力。

实验过程要点：

选择某一企业投资（或筹资）案例，分析企业投资（或筹资）方案制定的限定条件，从税收的角度对其投资方式、地区、行业（或筹资方式）等方面进行考虑，在企业投资（或筹资）方案制定过程中进行税收筹划，既达到投资（或筹资）目的又能合理享受较低的税负。可以独立进行也可以采取分组讨论的形式。

实验设备、工具及材料：多媒体教学系统、电脑、MicrosoftExcel 操作软件、Microsoft Word 操作软件编写报告：

按要求完成实验报告。报告内容包括企业名称、企业投资（或筹资）方案制定的限定条件、税收筹划方案、对方案的分析评价等。

小提示：

企业的投融资决策中充分地运用税收筹划，可以有效地降低筹资成本，达到投资收益最大化的目的。但是，在现实经济生活中，我们必须认识到：一种税负减少了，有可能导致另一种税负的增加；企业暂时的税负减少了，有可能导致后期更重的税负；税负的减少不一定就意味着企业整体收益的增加，有时甚至会导致企业整体收益的下降。这就要求我们在具体应用税收筹划的过程中，不能一味地为了节税而节税，而是要注重企业投融资决策的整体性和战略性，在考虑企业自身条件的基础上，寻求减轻税负与增加企业整体收益的均衡。

一、打开教师指定文档，获取相关企业资料

对给定企业资料进行阅读，了解该企业目前生产经营、组织管理状况，现有的投融资打算，并对其适用的税收政策进行分析。

二、利用 Microsoft Excel 操作软件计算给定条件下企业当前的应纳税额

方法参见实验项目一、二相关步骤。

三、对企业当前的应纳税额进行分析，寻求减轻税负的税收筹划方案

四、利用 Microsoft Excel 操作软件计算经过税收筹划后各方案企业应纳税额

方法同步骤二。

五、将各税收筹划方案税负进行比较

包括分析节税效果、实施步骤。

六、得出最佳方案并完成税收筹划报告的撰写

在 Word 文档撰写税收筹划报告，内容包括企业名称、企业生产经营策略制定的限定条件、税收筹划方案、对方案的分析评价等。

示例
某公司筹资的税收筹划

一、基本情况

辽宁甲公司（母公司）和乙公司（全资子公司）是关联公司，乙公司于 2003 年 1 月 1 日向甲公司借款 500 万元，双方协议规定，借款期限一年，年利率 10%，乙公司于 2003 年 12 月 31 日到期时一次性还本付息 550 万元。乙公司实收资本总额 600 万元。已知同期同类银行贷款利率为 8%，设金融保险业营业税税率为 5%，城市维护建设税税率为 7%，教育费附加征收率为 3%。

二、现行税负

乙公司当年用"财务费用"账户列支甲公司利息 50 万元，允许税前扣除的利息为 24 万元（600×50%×8%），调增应纳税所得额 26 万元（50－24）。假设乙公司 2003 年利润总额为 200 万元，所得税税率为 33%，不考虑其他纳税调整因素，乙公司当年应纳企业所得税额为 74.58 万元 [（200＋26）×33%]。

上述业务的结果是，乙公司支付利息 50 万元，甲公司得到利息 50 万元，由于是内部交易，对甲、乙两个公司来说，既无收益又无损失。但是，因为甲、乙两个公司均是独立的企业所得税纳税人，税法对关联企业利息费用的限制，使乙公司额外支付了 8.58 万元（26×33%）的税款。而甲企业收取的 50 万元利息还须按照"金融保险业"税目缴纳 5% 的营业税和相应的城市维护建设税以及教育费附加，合计金额为 2.75 万元 [50×5%×（1＋7%＋3%）]。

对整个集团企业来说，合计多缴纳税费 10.42 万元 [2.75×（1－33%）＋8.58]。

三、筹划思路及分析

企业可以采取如下三种纳税筹划方式：

方案一：将甲公司借款 500 万元给乙公司，改成甲公司向乙公司增加投资 500 万元。这样，乙公司就无需向甲公司支付利息，如果甲公司适用所得税税率与乙公司相同，从乙公司分回的股息无需补缴税款；如果甲公司所得税税率高于乙公司，乙公司可以保留盈余不分配，这样甲公司也就无需补缴所得税。

方案二：如果甲、乙两个公司存在购销关系，乙公司生产的产品作为甲公司的原材料，那么，当乙公司需要借款时，甲公司可以支付预付账款 500 万元给乙公司，让乙公司获得一笔"无息"贷款，从而排除了关联企业借款利息扣除的限制。

方案三：如果甲公司生产的产品作为乙公司的原材料，那么，甲公司可以采取赊销方式销售产品，将乙公司需要支付的应付账款由甲公司作为"应收账款"挂账，这样乙公司同样可以获得一笔"无息"贷款。

方案二和方案三，属于商业信用筹资。这是因为，关联企业双方按正常售价销售产品，对"应收账款"或"预付账款"是否加收利息，可以由企业双方自愿确定，税法对此并无特别规定。由于乙公司是甲公司的全资子公司，甲公司对应收账款或预付账款不收利息，对于投资者来说，并无任何损失。

如果乙公司是甲公司的非全资子公司，其情况又会怎样呢？甲公司为了考虑其自身的利益，会对销货适当提高售价，实际上就是把应当由乙公司负担的利息转移到原材料成本。应当指出，如果关联方企业之间不按独立企业间业务往来收取或支付价款、费用，而减少应税收入或应纳税所得额的，税务机关有权进行合理调整。因此，企业在采用方案二和方案三进行筹划时应当谨慎行事。

小提示：

筹资决策中的税收筹划对于任何一个企业来说，筹资都是其进行生产经营活动的先决条件。企业筹资决策的目的是在满足自身资金需要的基础上，谋求资金成本的最小化。企业的筹资方式一般分为债权融资和权益融资两种，不同方式又对应有不同的筹资渠道，由于不同的筹资渠道其税前和税后的资金成本是不一样的，这便为企业筹资决策中的税收筹划提供了可能。

实验项目六　企业产权重组税收筹划模拟实验

实验项目：企业产权重组税收筹划模拟实验

实验学时：3 学时

实验类别：综合性实验

实验目的与要求：

通过本实验，学生能够在企业产权重组过程中灵活利用重组方式等方面的选择进行税收筹划，达到合理使企业承担较低税负的目的。要求学生充分发挥自己的积极性和创造性，培养学生根据实际情况解决问题的能力。

实验过程要点：

选择某一企业进行产权重组的案例，分析企业产权重组方案制定的限定条件，从税收的角度对其重组方式等方面进行考虑，在企业产权重组方案制定过程中进行税收筹划，既达到重组目的又能合理享受较低的税负。可以独立进行也可以采取分组讨论的形式。

实验设备、工具及材料：多媒体教学系统、电脑、MicrosoftExcel 操作软件、Microsoft Word 操作软件

编写报告：

按要求完成实验报告。报告内容包括企业名称、企业产权重组方案制定的限定条件、税收筹划方案、对方案的分析评价等。

小知识：

所谓产权重组，是指在社会化再生产过程中企业产权的重新组合以及由此而引起的企业组织结构的调整和企业组织形式的创新过程。产权重组的目的是确定合理的资本结构，合理利用不同性质的资本来源，促使企业价值和所有者价值最大化，确保资本保值增值目标实现。进行企业产权重组，关键在于搞好产权界定和股权设置。

一、打开教师指定文档，获取相关企业资料

对给定企业资料进行阅读，了解该企业目前生产经营、组织管理状况及背景资料，有无产权重组可能性，并对其适用的税收政策进行分析。

二、利用 MicrosoftExcel 操作软件计算给定条件下企业当前的应纳税额

方法参见实验项目一、二相关步骤。

三、对企业当前的应纳税额进行分析，寻求利用产权重组方式的选择减轻税负的税收筹划方案

四、利用 MicrosoftExcel 操作软件计算经过税收筹划后企业应纳税额

方法同步骤二。

五、将税收筹划前后企业税负进行比较

包括分析节税效果、实施步骤。

六、对税收筹划方案进行分析并完成税收筹划报告的撰写

在 Word 文档撰写税收筹划报告，内容包括企业名称、企业产权重组方案制定的限定条件、税收筹划方案、对方案的分析评价等。

示例

产权重组的税收筹划

一、项目背景

有下列关联企业：

（1）淄博欧木特种纸厂，注册资本 414 万元，原有镇集体股 30 万元于 2011 年 1 月份退出，已全部是个人持股，股东 35 人。工商注册企业性质是集体股份合作制。集体退后未作注册变更。企业总资产 1.2 亿元，年销售收入 2.8 亿元，利润 2800 万元。

（2）淄博市临淄齐峰化工厂，注册资本 500 万元，原有镇集体股 30 万元于 2011 年 1 月份退出，已全部是个人持股，股东 40 人。工商注册企业性质为集体，集体退后未作注册变更。企业总资产 9500 万元，年销售收入 6500 万元，利润亏损 650 万元。

（3）山东博兴欧华特种纸业有限公司，注册资本 200 万元，个人李学峰投资 100 万元，临淄齐峰化工厂投资 50 万元，淄博欧木特种纸厂投资 50 万元。工商注册是有限责任公司。企业总资产 5000 万元，年销售收入 1.5 亿元，利润 2200 万元。

（4）淄博市临淄齐峰电子仪表有限公司，注册资本 200 万元，个人王树芬投资 150 万元，临淄齐峰化工厂投资 50 万元，工商注册是有限责任公司。企业总资产 320 万元，2011 年 8 月份新成立的公司，年销售收入 120 万元，利润亏损 30 万元。

（5）淄博欧华特种纸业有限公司，注册资本 500 万元，个人股李炳全 180 万元，临淄齐峰化工厂投资 200 万元，博兴县欧华特种纸业有限公司投资 120 万元。工商注册是有限责任公司。2011 年 4 月份注册。没有生产经营，原计划是该企业合并淄

博欧木特种纸厂，因为注册资本达到 500 万元以上的企业才享有自营进出口权，欧木注册资本小于 500 万元。淄博欧华特种纸业有限公司只发生了几笔进口设备和原料业务，没有生产经营。

二、问题

（1）企业要组建集团公司，选择哪一种方案有利？

（2）企业要考虑外部资金贷款担保问题，最好达到相互担保？

（3）税收方面，因盈利企业缴纳税额较大，亏损企业得不到补亏。能否重组或有其他对企业有利的方案？

三、税收筹划思路

从以上案例可以看出，五家企业之间存在着互相持股的关系，参见下图：

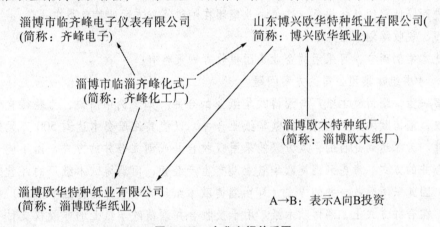

图 3 - 40 企业之间关系图

因此，以上关联企业若以组成企业集团的形式进行税收筹划更为有利。企业集团税收筹划是从集团的发展全局出发，为减轻集团总体税收负担，增加集团的税后利润而做出的一种战略性的筹划活动。全局性是企业集团税收筹划的显著特征。对于企业集团来讲，由于集团内企业存在关联关系，且整个集团的资金实力雄厚，现金流量大，资金调度效果明显，因此在战略选择、兼并重组、经营调整等方面都优于独立企业，在税收筹划方面也有着单个企业所无可比拟的优势。

企业集团税收筹划基本思路：

（1）缩小集团企业或集团的税基。例如：在税法允许的范围和限额内，实现各项成本费用扣除或摊销的最大化，减少应税所得；利用集团企业间的转移定价，把盈利企业的利润转移至亏损企业，以实现整个集团应税所得最小化。

（2）使集团整体适用较低的税率。例如：在税法中除少数税种采用单一税率外，均有各种不同的税率，有的还采用累进税率，在税收筹划方面有着广阔的筹划空间。此外，利用转移定价，把集团企业的利润向税收优惠地企业转移，使得集团整体税率降低。

（3）合理归属集团企业或集团所得的年度，以获得延迟纳税的资金时间价值。

资金是具有时间价值的，延缓纳税期限，可享受类似无息贷款的利益。一般而言，应纳税款延期越长，所获得利益越大。当经济处于通货膨胀期间，延缓纳税的理财效益更为明显。所得归属的处理，可以通过收入、成本、损失、费用等项目之增减或分摊而达到，但需要正确预测销售的形成、各项费用的支付，了解集团获利的趋势，做出合理的安排，才能享受最大利益。

（4）利用税负转嫁方式降低集团税负水平。税负转嫁存在经济交易之中，通过价格变动实现，而集团内部企业投资关系复杂，交易往来频繁，为税负转嫁到集团之外创造了条件。

（5）平衡集团各纳税企业之间的税负。通过集团的整体调控、战略发展和投资延伸，主营业务的分割和转移，以实现税负在集团内部各纳税企业之间的平衡和协调，进而降低集团整体税负。这是企业集团在纳税筹划方面的特色所在。

四、税收筹划策略

就本案例而言，可采用的企业集团税收筹划策略有：

1. 考虑组建集团公司的方案问题

第一步，淄博欧木纸厂与淄博欧华纸业的合并。如案例中所说，为获得自营进出口权，淄博欧木纸厂欲与淄博欧华纸业合并，以使其注册资本达到 500 万元的申请条件。为了达到此目的，双方只能采用吸收合并或创立合并的方式，而不能采用控股合并的方式。考虑到淄博欧华纸业没有生产经营，而淄博欧木纸厂的经营效益良好，因此采用吸收合并的方式（即由淄博欧木纸厂吸收合并淄博欧华纸业）较为有利。在合并方式上，淄博欧木纸厂用于吸收合并淄博欧华纸业的非股权支付不应高于所支付的股权票面价值的 20%，这样，按照税法的规定被合并企业（淄博欧华纸业）不确认全部资产的转让所得或损失，不计算缴纳所得税；被合并企业的股东以其持有的原被合并企业的股权（以下简称旧股）交换合并企业的股权（以下简称新股），不视为出售旧股，购买新股处理。

第二步，组建集团公司。从第一步合并完成后的持股结构可以看出，齐峰化工厂持有各家的部分股份，因此可以考虑建立一个以齐峰化工厂为中心的集团公司。

2. 考虑外部资金贷款担保问题

可以考虑把齐峰化工厂作为集团的核心控股公司，然后利用集团公司的资源和信誉优势，整体对外筹资；最后层层分贷，解决集团内部企业筹资难的问题，调节集团资金结构和债务比例。也可以考虑以集团公司为担保人，为集团内企业的贷款进行担保。

集团公司内部企业间盈亏转移的主要策略有：

（1）互惠定价策略

互惠定价亦称转移定价，是集团根据其经营战略目标，在关联企业之间销售商品、提供劳务和专门技术、资金借贷等活动时所确定的集团内部价格。它不由市场供求决定，主要服从于集团整体利润的要求。

关联企业之间互惠定价的方式，主要有以下几种：一是通过零部件、产成品的销售价格影响产品成本、利润；二是在关联企业之间收取较高或较低的运输费用、保险费、加工费、回扣、佣金等以转移利润；三是通过关联企业之间的固定资产购置价格和使用期限来影响其产品成本和利润水平；四是通过提供咨询、特许权使用费、贷款的利息费用以及租金等来影响关联公司的产品成本和利润；五是通过合同违约金的形式来转移利润。

就该案例而言，齐峰电子的亏损可以通过转移定价转移至齐峰化工厂，博兴欧华纸业和淄博欧木纸厂的盈利也可以通过转移定价转移至齐峰化工厂，最后由齐峰化工厂进行整个集团的盈亏总平衡。

（2）固定资产租赁减税策略

租赁也是企业集团用以减轻税负的重要筹划方法。对承租人来说，租赁可以获得的好处有：一是可以避免因长期拥有机器设备而承受的负担和风险；二是租赁的租金支付较拥有固定资产的折旧扣除更为快速地冲减企业的利润，以使承租企业得到延期缴税的资金时间价值。集团间企业可以利用租赁固定资产的形式，通过租金进行集团各企业间的利润转移，以使集团公司的整体税负降低。

需要说明的是，利用租赁来减轻税负主要是指经营租赁。因为，若是融资租赁，则要求确认租赁资产和租赁负债，而每期不能以租金的方式进行税前扣除，只能以折旧的形式进行税前扣除，这就达不到减轻税负的目的。

企业会计准则规定，企业在对租赁进行分类时，应当全面考虑租赁期届满时租赁资产所有权是否转移给承租人、承租人是否有购买租赁资产的选择权、租赁期占租赁资产尚可使用年限的比例等因素。

为了避免被确认为融资租赁，一般在租赁合同中不要涉及资产所有权的转移和廉价购买权问题，或将租赁期设定为比租赁资产尚可使用年限的 75% 稍短一些等，使之不满足确认为融资租赁的各项条件。

🐾 **小提示：**

产权重组是当前企业改革的重点，也是构建现代企业制度的重要途径。产权重组的方式有合并、兼并、分立、股权重组、资产转让等形式。国家为适应企业产权重组的需要，推进企业改革，加强对资产重组企业的所得税征收管理，先后制定了《企业改组改制中若干所得税业务问题的暂行规定》、《关于企业合并分立业务有关所得税问题的通知》等政策。这些政策对改组和改制企业所得税纳税人认定、资产计价、税收优惠、亏损弥补以及重组收益等涉及企业所得税的问题做出了规范性的规定，为我们进行企业产权重组的税收筹划提供了法律依据。

第五节　证券投资分析实验

 小知识：

证券投资是指投资者（法人或自然人）购买股票、债券、基金券等有价证券以及这些有价证券的衍生品，以获取红利、利息及资本利得的投资行为和投资过程，是间接投资的重要形式。

小提示：

证券投资分析是指人们通过各种专业分析方法，对影响证券价值或价格的各种信息进行综合分析以判断证券价值或价格及其变动的行为，是证券投资过程中不可或缺的一个重要环节。主要的证券投资分析方法有基本面分析法、技术分析法和量化分析法。

实验项目一　证券投资基本分析

实验项目：证券投资基本分析

实验学时：3 学时

实验类别：综合性实验

实验目的与要求：

对某一证券从宏观、中观、微观三个层面分析，使学生对宏观经济的测量指标、行业现状及所处的位置、公司的财务状况的分析方法有所了解和掌握，在此基础能够对该证券的价格走势进行初步预测。

实验过程要点：

选择某一证券，重点关注几个影响宏观、行业、公司发展变化的因素，分别进行分析、判断，阐述原因及分析过程、自己的观点，从而得出结论。注意电脑的安全开启和退出；注意实验室防火安全。

实验设备、工具及材料：钱龙证券投资分析资讯系统软件、计算机硬件系统、多媒体教学系统

编写报告及实物制作：

按要求完成实验报告。报告内容包括证券名称、分类经济指标列示、相关数据记录、理论分析、预测结论、实践验证、对结论的分析与总结说明。

小提示：

基本分析法就是利用上市公司的基本面数据、宏观数据做投资决策。

一、宏观经济分析

表3-7　　　　　　　　　　　宏观经济形式的基本变量

国民经济总体指标	①国内生产总值；②工业增加值；③失业率；④通货膨胀率；⑤国际收支
投资指标	①政府投资；②企业投资
消费指标	①社会消费品零售总额；②城乡居民储蓄存款余额
金融指标	①货币供应量；②金融机构各项存贷款余额；③金融资产总量；④利率；⑤汇率；⑥外汇储备
财政指标	①财政收入；②财政支出；③赤字或结余

表3-8　　　　　　　　　　宏观经济运行对证券市场的一般性影响

国内生产总值（GDP）变动	证券市场相应变动	GDP变动对证券市场影响机制
持续、稳定、高速的GDP增长	证券价格上涨	公司经营效益上升；投资者信心上升；居民收入上升
高通胀下的GDP减速增长	证券价格下跌	企业经营困难；居民收入降低
宏观调控下的GDP减速增长	证券市场平稳渐升	经济矛盾得到缓解，为进一步增长创造了有利条件
转折性的由负增长向正增长转变	证券市场由下跌转为上升	恶化的经济环境逐步得到改善
GDP高速增长	证券价格快速上涨	新一轮经济高速增长已经来临

表3-9　　　　　　　　　　经济周期变动对证券市场的影响

周期阶段	证券市场表现
萧条时期	经济持续衰退至尾声，百业不振，投资者已远离股票市场，每日成交寥寥无几。此时，那些有眼光而且在不停收集和分析有关经济形势并做出合理判断的投资者已经在悄悄吸纳股票，股价缓缓上升。
复苏时期	当各种媒介开始传播萧条已去，经济日渐复苏时，股价实际上已升至一定水平。随着人们普遍认同以及投资者自身的境遇也在不断改善，股市日渐活跃，需求不断扩大，股价不断地攀升，屡创新高。
高涨时期	有识之士在综合分析经济形势基础上，认为经济将不会再创新高时，已经开始悄然抛出股票。股价虽然还在上涨，但供需力量逐渐转变。
衰退时期	当经济形势逐渐被更多的投资者所认识，供求趋于平衡直至供大于求时，股价便开始下跌，当经济形势发展按照人们的预期走向衰退时，与上述相反的情况便会发生。

表 3 - 10 通货变动对股价的影响

通货变动	股票价格
初期的税收效应、负债效应、存货效应、波纹效应	刺激股价上涨
温和的通货膨胀	对股价影响较小
通货膨胀在可容忍范围，经济处于繁荣阶段	股价将持续上升
严重的通货膨胀	股价下跌
通货膨胀造成的相对价格变化	获利公司股价上涨，受损公司股价下跌

表 3 - 11 人民币汇率变动对证券市场的影响

汇率上升，本币贬值	出口型企业利润增加，股票、债券价格上涨； 进口型企业利润下降，股票、债券价格下跌。 资本流出，资本市场将下跌。
汇率下降，本币升值	进口型企业利润增加，股票、债券价格上涨； 出口型企业利润下降，股票、债券价格下跌。 资本流入，资本市场将上涨。

表 3 - 12 经济政策对证券市场的影响

	手段	种类	效应
财政政策	①国家预算；②税收；③国债；④财政补贴；⑤财政管理体制；⑥转移支付制度。	①扩张性财政政策；②紧缩性财政政策；③中性财政政策。	扩张性财政政策刺激经济发展，证券市场将走强； 紧缩性财政政策使得经济过热受到控制，证券市场将走弱。
货币政策	①法定存款准备金率；②再贴现政策；③公开市场业务；④直接信用控制；⑤间接信用指导。	①从紧的货币政策；②宽松的货币政策。	从紧的货币政策，证券价格下降； 宽松的货币政策，证券价格上升。

查看以下网站了解我国各行业投资情况、居民消费价格分类指数、企业景气指数、金融机构本外币信贷收支表、货币供应量、黄金和外汇储备以及证券行业最新信息等宏观经济变量，分析这些变量对上市公司或股票价格的影响。

国家统计局

http：//www. stats. gov. cn/

中国人民银行

http：//www. pbc. gov. cn/

上海证券报

http：//www. cnstock. com/paper%5Fnew/html/2006 - 09/30/node_4. htm

中国证券报

http：//www. cs. com. cn/jrbznew/html/2006 - 09/29/node_25. htm

中金在线

http://dsd. cnfol. com/1413/

大时代

http://hgyj. stock. cnfol. com/

二、行业分析

根据上市公司所属的板块可以对上市公司从行业、地域、所属指数、概念板块、热点板块等多方面进行横向比较分析，掌握上市公司在行业、地域等方面的地位。

1. 选择主菜单，板块分析（或使用热键"501～505＋ENTER"进行操作，分别对应不同板块分类）（见图3－41）

图3-41　分析系统

2. 选择相应板块（见图3－42）

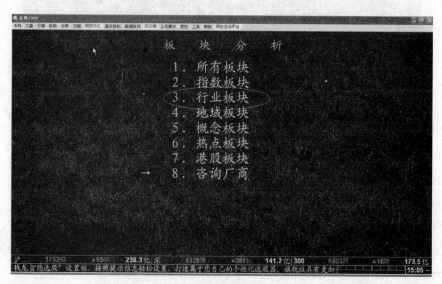

图3-42　选择板块

3. 选择行业板块（见图 3-43）

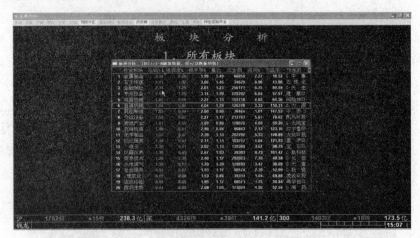

图 3-43　选择行业

4. 个股所属板块（见图 3-44）

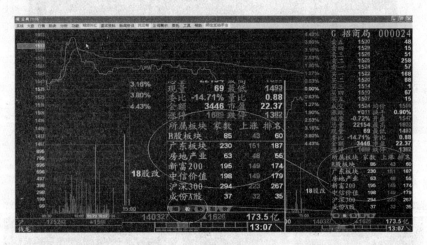

图 3-44　选择上市公司

5. 该上市公司在行业中的地位、市场结构（见表 3-13）

表 3-13

比较项目	完全竞争	垄断竞争	寡头垄断	完全垄断
生产者特点	众多	众多	相对少量	独家企业
生产资料特点	完全流动	可以流动	很难流动	不能流动
产品特点	同质，无差别	存在差别		
价格特点	企业是价格接受者	对价格有一定的控制能力	对价格具有垄断能力	垄断定价，但受法律管制

（6）上市公司产品所处的生命周期（幼稚期、成长期、成熟期、衰退期）

三、公司分析

股票的基本面是形成股票价格的重要因素。当然基本面有可能因为一些外因发生变化，从而导致股票价格的波动。主要反映在个股的消息面上。股票价格是市场对该公司未来的预期，所以基本面对个股的长期走势的判断比较有效。基本面包括公司的各方面信息，可以从它的发行公告、财务报告、消息公告等获得。

进入钱龙软件，按 F10 键进入基本信息页面，见图 3 -45。

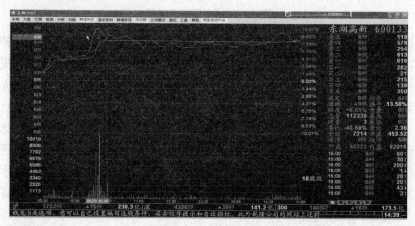

图 3 -45　公司基本信息

最新动态：每股收益、每股净资产、每股公积金、每股未分配利润一般来讲越高越好。相对来说，小盘股的股本扩张潜力大应关注公司最新消息面、控盘情况、概念题材等。

公司概况：看看公司地址、所属板块、主营业务、公司简介等信息。

股东研究：看看前十大股东进出情况、特别留意前十大流通股东情况。

财务透视：分析财务收入情况比较、关注利润来源，有没有可持续发展可能，是否存在财务风险？

1. 进入个股画面（见图 3 -46）

图 3 -46　个股行情

2. 按 F10 键进入个股基本资料画面（见图 3 - 47）

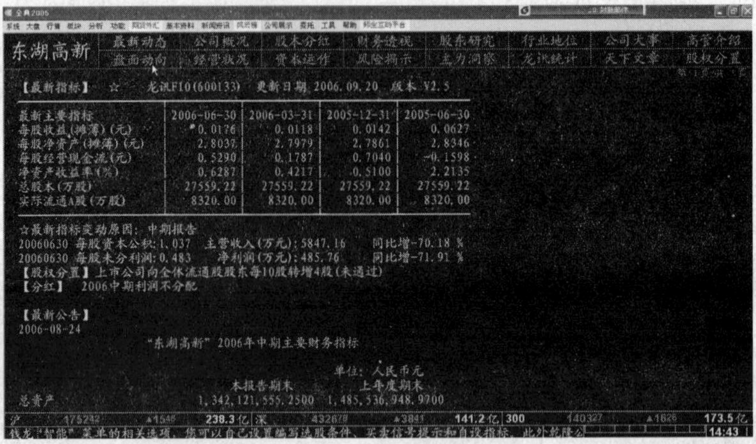

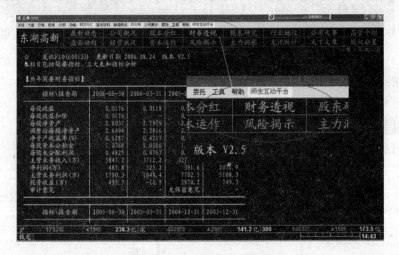

图 3 - 47　个股基本资料

3. 选择财务透视（见图 3 - 48）

图 3 - 48　个股信息披露

　　根据持续信息披露原则，上市公司在上市之前应公告招股说明书和财务会计报表；上市之后，应按时公布中期报告、年度报告，及时公布重大事项临时报告。上市公司年度报告是综合反映年度内经营业绩与财务状况的重要报告，是投资者据以判断证券价格变动趋势的主要依据。分析年报的基础是数据的真实、准确、完整。上市公司公开披露的信息如有虚假、严重误导性陈述或者重大遗漏，负责对文件验证的中介机构对此要承担相应的法律责任，公司的全体发起人或者董事也应承担连带责任。分析年报时，采用比较法很重要。其内容一般包括：①本期的实际指标与前期的实际指标相比较；②本期的实际指标与预期目标相比较；③本期的实际指标与同类公司同类指标相比较。

　　一般而言，分析年报时，我们会注意到净值的大小。净值越大，表明公司的经营状况也就越好。同时还要注意到净值与固定资产的比率，净值大于固定资产，表明公司的财务安全性高。

由于流动资产减去流动负债之后，余下的即为经营资金，这个数字越大，表明公司可支配的经营资金越多。还要注意负债与净值的关系，负债与净值之比在50%以下时，说明公司的经营状况尚好。

分析年报时，还要学会去伪存真，认清有些公司年报中存在的"陷阱"。一是注意销售利润率。如果公司经营上无重大变化，它的销售利润率应该是相对稳定的，如果报告期的销售利润率变动较大，则表明公司有可能少计或多计费用，从而导致账面利润增加或减少。二是应收款项目。如有些公司将给销售商的回扣费用计入应收款科目，使利润虚增。三是注意坏账准备。有些应收账款由于多种原因长期无法收回；账龄越长，风险越大。由于我国坏账准备金低，一旦收不回来的账款过多，对公司的利润影响非常大。四是折旧。这是上市公司大有文章可作的地方。有的在建工程完工以后不转固定资产，公司也就可以不提折旧，有的不按照重置后的固定资产提取折旧，有的甚至降低折旧率，这些都会虚增公司的利润。五是退税收入。有的不按规定计入资本公积金，而是计入盈利；有的将退税日期后推，使当期利润失实。

（一）资产负债表分析

资产负债表是反映公司某一特定日期（月末、年末）全部资产、负债和所有者权益情况的会计报表。它的基本结构是"资产＝负债＋所有者权益"。无论公司处于怎样的状态，这个会计平衡式永远是恒等的。左边反映的是公司所拥有的资源；右边反映的是公司的不同权利人对这些资源的要求。债权人可以对公司的全部资源有要求权，公司以全部资产对不同债权人承担偿付责任，偿付完全部的负债之后，余下的才是所有者权益，即公司的资产净额。

我们利用资产负债表可以看出公司资产的分布状态、负债和所有者权益的构成情况，据以评价公司资金营运、财务结构是否正常、合理；分析公司的流动性或变现能力，以及长、短期债务数量及偿债能力，评价公司承担风险的能力；利用该表提供的资料还有助于计算公司的获利能力，评价公司的经营绩效。

首先，要对资产要素进行分析。具体包括：①流动资产分析，分析公司的现金、各种存款、短期投资、各种应收应付款项、存货等。流动资产比往年提高，说明公司的支付能力与变现能力增强。②长期投资分析，分析年期以上的投资，如公司控股、实施多元化经营等。长期投资的增加，表明公司的成长前景看好。③固定资产分析，这是对实物形态资产进行的分析。资产负债表所列的各项固定资产数字，仅表示在持续经营的条件下，各固定资产尚未折旧、折耗的金额并预期于未来各期间陆续收回。因此，我们应该特别注意，折旧、折耗是否合理将直接影响到资产负债表、利润表和其他各种报表的准确性。很明显，少提折旧就会增加当期利润，而多提折旧则会减少当期利润。有些公司常常就此对股民埋下伏笔。④无形资产分析，主要分析商标权、著作权、土地使用权、非专利技术、商誉、专利权等。对商誉及其他无确指的无形资产一般不予列账，除非商誉是购入或合并时形成的。取得无形资产后，应登记入账并在规定期限内摊销完毕。

其次，要对负债要素进行分析。具体包括两个方面：①流动负债分析，各项流动负债应按实际发生额记账，分析的关键在于要避免遗漏，所有的负债均应在资产负债表中反映出来。②长期负债分析，包括长期借款、应付债券、长期应付款项等。由于长期负债的形态不同，因此，应注意分析、了解公司债权人的状况。

最后，要对股东权益进行分析。具体包括股本、资本公积、盈余公积和未分配利润四个方面。分析股东权益，主要是了解股东权益中投入资本的不同形态及股权结构，了解股东权益中各要素的优先清偿顺序等。

看资产负债表时，要与利润表结合起来，主要涉及资本金利润率和存货周转率。前者是反映盈利能力的指标，后者是反映营运能力的指标。

（二）利润表分析

利润表是依据"收入－费用＝利润"来编制的，它主要反映一定时期内公司的营业收入减去营业支出之后的净收益。通过利润表，我们一般可以对上市公司的经营业绩、管理的成功程度做出评估，从而评价投资者的投资价值和报酬。

利润表包括两个方面：一方面反映公司的收入及费用，说明公司在一定时期内的利润或亏损数额，据以分析公司的经济效益及盈利能力，评价公司的管理业绩；另一部分反映公司财务成果的来源，说明公司的各种利润来源在利润总额中的比例，以及这些来源之间的相互关系。

对利润表进行分析，主要从两方面入手：①收入项目分析。公司通过销售产品、提供劳务取得各项营业收入，也可以将资源提供给他人使用，获取租金与利息等营业外收入。收入的增加，则意味着公司资产的增加或负债的减少。记入收入账的包括当期收讫的现金收入、应收票据或应收账款，以实际收到的金额或账面价值入账。②费用项目分析。费用是收入的扣除，费用的确认、扣除正确与否直接关系到公司的盈利。所以，分析费用项目时，应首先注意费用包含的内容是否适当。确认费用应贯彻权责发生制原则、历史成本原则、划分收益性支出与资本性支出的原则等；其次要对成本费用的结果与变动趋势进行分析，分析各项费用占营业收入的百分比，分析费用结构是否合理，对不合理的费用要查明原因。同时，对费用的各个项目进行分析，看看各个项目的增减变动趋势，以此判定公司的管理水平和财务状况，预测公司的发展前景。

看利润表时要与上市公司的财务情况说明书联系起来。它主要说明公司的生产经营状况；利润实现和分配情况；应收账款和存货周转情况；各项财产物资变动情况；税金的缴纳情况；预计下一会计期间对公司财务状况变动有重大影响的事项。财务情况说明书为财务分析提供了了解、评价公司财务状况的详细资料。

（三）现金流量表分析

现金流量表是反映上市公司现金流入与流出信息的报表。这里的现金不仅指公司放在财会部门保险柜里的现钞，还包括银行存款、短期证券投资、其他货币资金。现金流量表可以告诉我们公司经营活动、投资活动和筹资活动所产生的现金收支活动，以及现金流量净增加额，从而有助于我们分析公司的变现能力和支付能力，进而把握公司的生存能力、发展能力和适应市场变化的能力。

上市公司的现金流量具体可以分为以下五个方面：①来自经营活动的现金流量。该流量反映公司为开展正常业务而引起的现金流入量、流出量和净流量，如商品销售收入、出口退税等增加现金流入量，购买原材料、支付税款和人员工资增加现金流出量。②来自投资活动的现金流量。该流量反映公司取得和处置证券投资、固定资产和无形资产等活动所引起的现金收支活动及结果，如变卖厂房取得现金收入，购入投票和债券等对外投资引起现金流出等。③来自筹资活动的现金流量。该流量是指公司在筹集资金过程中所引起的现金收支活动及结果，如吸收股本、分配股利、发行债券、取得借款和归还借款等。④非常项目产生的现金流量。该流量是指非正常经济活动所引起的现金流量，如接受捐赠或捐赠他人，罚款现金收支等。⑤不涉及现金收支的投资与筹资活动。这是一类对股民非常重要的信息，虽然这些活动并不会引起本期的现金收支，但对未来的现金流量会产生极为重大的影响。这类活动主要反映在补充资料一栏里，如以固定资产对外投资等。

对现金流量表主要从三个方面进行分析：①现金净流量与短期偿债能力的变化。如果本期现金净流量增加，表明公司短期偿债能力增强，财务状况得到改善；反之，则表明公司财务状况比较困难。当然，并不是现金净流量越大越好。如果公司的现金净流量过大，表明公司未能有效利用这部分资金，其实是一种资源浪费。②现金流入量的结构与公司的长期稳定。经营活动是公司的主营业务。这种活动提供的现金流量，可以不断用于投资，再生出新的现金来；来自主营业务的现金流量越多，表明公司发展的稳定性也就越强。公司的投资活动是为闲置资金寻找投资场所，筹资活动则是为经营活动筹集资金，这两种活动所发生的现金流量，都是辅助性的，服务于主营业务的。这部分的现金流量过大表明公司财务缺乏稳定。③投资活动与筹资活动产生的现金流量与公司的未来发展。股民在分析投资活动时，一定要注意分析是对内投资还是对外投资。对内投资的现金流出量增加，意味着固定资产、无形资产等的增加，说明公司正在扩张，这样的公司成长性较好；如果对内投资的现金流入量大幅增加，意味着公司正常的经营活动没有能够充分吸纳现有资金，资金的利用效率有待提高；对外投资的现金流入量大幅增加，意味着公司现有资金不能满足经营需要，从外部引入了资金；如果对外投资的现金流出量大幅增加，说明公司正在通过非主营业务活动来获取利润。

（四）掌握财务分析的内容、方法和相关比率（见表 3 - 14、表 3 - 15）

表 3 - 14

分析对象与方法	作用
偿债能力分析	分析企业权益结构，评估对债务资金的利用程度，制定企业筹资策略。
营运能力分析	分析企业利润目标的完成情况和周转使用情况，测算企业未来的资金需要量。

表3-14(续)

分析对象与方法	作用
盈利能力分析	分析企业利润目标的完成情况和不同年度盈利水平的变动情况，预测企业盈利前景。
财务状况综合分析	从总体上评价企业的资金、实力，分析各项财务活动的相互联系和协调情况，揭示企业财务活动方面的薄弱环节，找出改进理财工作的主要矛盾。
比率分析	利用会计报表及相关比率，揭示企业财务状况和经营成果的分析方法。
比较分析	通过某项财务指标与性质相同指标评价标准进行对比，揭示企业财务状况和经营成果的分析方法。
趋势分析	利用不同时期财务指标进行纵向对比，揭示企业财务状况和经营成果变动趋势的方法。

表3-15

比率	相关指标
反映偿债能力的比率	①流动比率；②速动比率；③现金比率；④资产负债率；⑤有形资产负债率；⑥净资产负债率；⑦已获利息倍数。
反映营运能力的比率	①应收账款周转率；②存货周转率。
反映盈利能力的比率	①销售净利率；②资产净利率；③净资产收益率；④每股股利；⑤市盈率；⑥市净率。

（五）掌握杜邦分析法对公司经营状况进行分析（见图3-49）

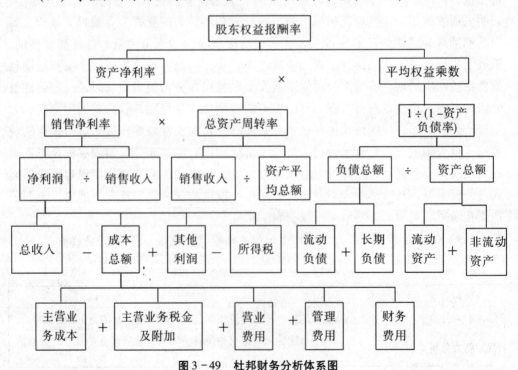

图3-49　杜邦财务分析体系图

实验项目二　证券投资技术分析

实验项目：证券投资技术分析

实验学时：3 学时

实验类别：综合性实验

实验目的与要求：

对证券投资的技术分析方法，包括图形分析和指标分析有一定的了解和把握，从而能够从技术分析的角度对证券的价格走势进行预测。

实验过程要点：

选择某一股票，分析该股票的 2 个或以上图形、2 个或以上指标因素进行观察和记录并进行分析、判断、自己的理解，最后得出结论。注意电脑的安全开启和退出；注意实验室防火安全。

实验设备、工具及材料：

钱龙证券投资分析资讯系统软件、计算机硬件系统、多媒体教学系统。

编写报告及实物制作：

按要求完成实验报告。报告内容包括证券名称、技术指标列示、相关数据记录、理论分析、预测结论、实践验证、对结论的分析与总结说明。

小提示：

证券投资技术分析就是利用股价形态，各种指标进行分析，来判断某种证券未来的走势的方法。主要有图形分析和指标分析法等。

一、图形分析

（一）反转形态

反转形态是指趋势存在发生重要反转的形态。如头肩型、双重顶（底 M）、圆弧顶（底）、V 型（倒置 V 型）等。见图 3-50 至图 3-59。

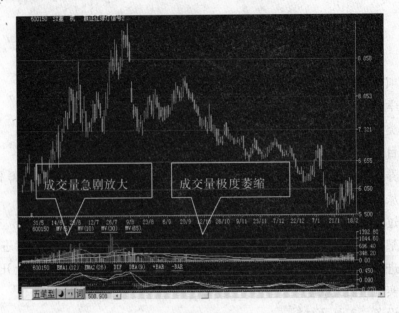

图 3 - 50

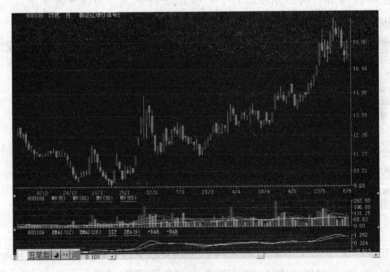

图 3 - 51

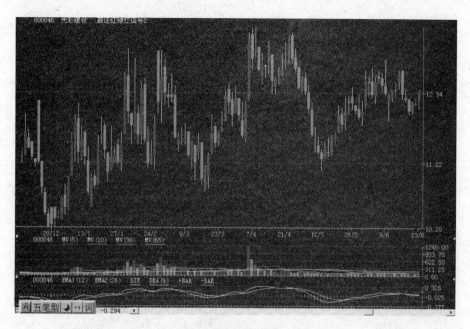

图 3－52

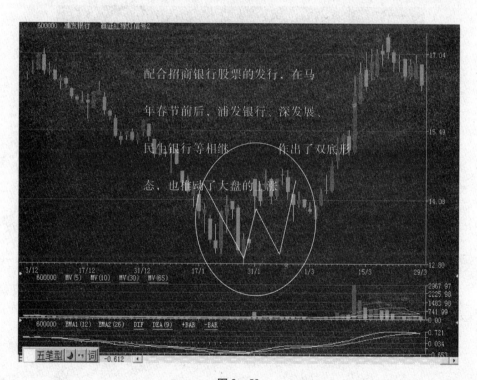

图 3－53

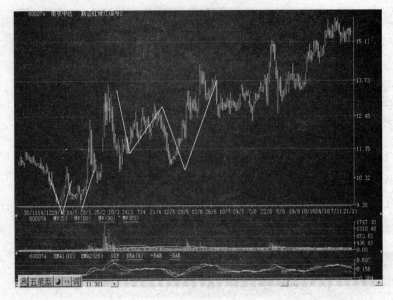

图 3－54

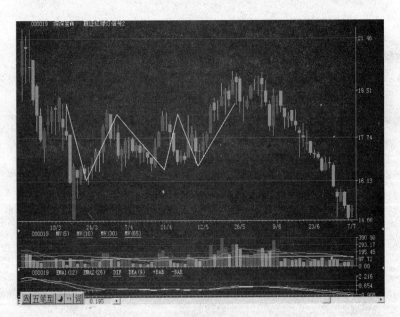

图 3－55

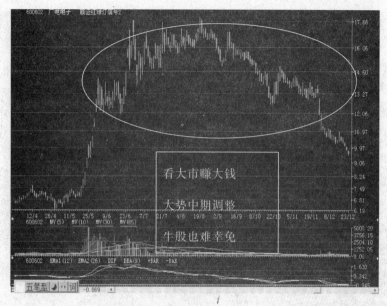

图 3－56

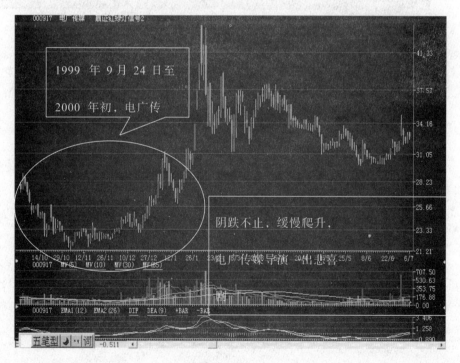

图 3－57

图 3-58

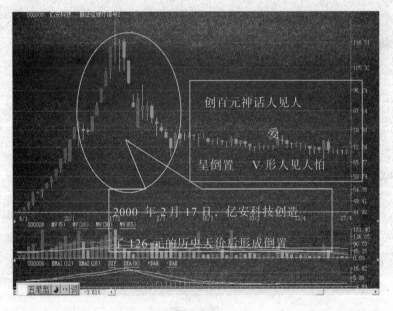

图 3-59

（二）持续形态（整理形态）

持续形态是指市场价格经过急升或急跌后，价格出现横向伸展所形成的各种形态。如三角形、旗形、楔形、矩形等。见图 3-60 至图 3-66。

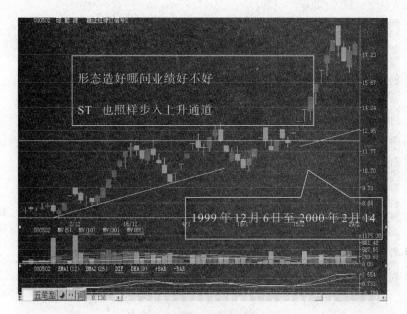

图 3 - 60

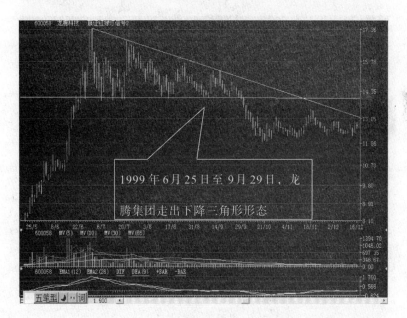

图 3 - 61

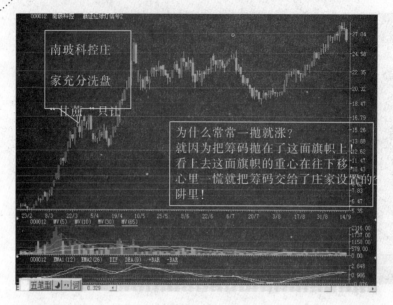

图 3－62

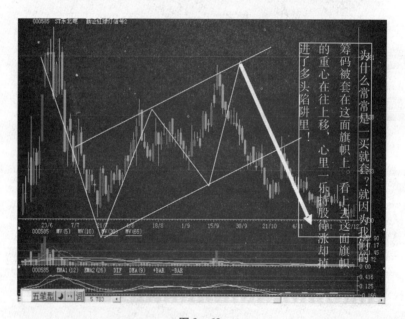

图 3－63

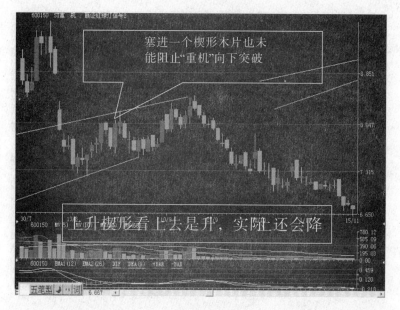

图 3 - 64

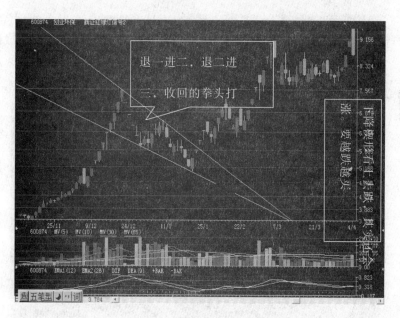

图 3 - 65

245

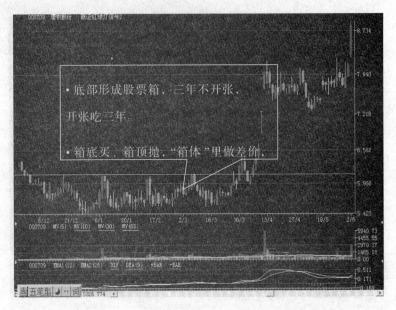

图 3-66

（三）缺口形态

缺口形态是指价格在快速大幅变动中有一段价格没有任何交易而形成的价格真空区域。它包括普通缺口、突破缺口、持续缺口和耗竭缺口四种。见图 3-67 至图 3-69。

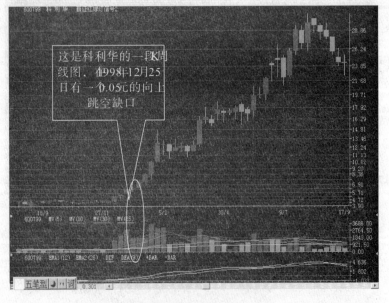

图 3-67

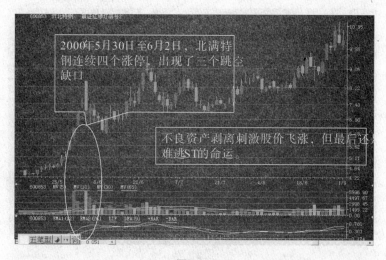

图 3 - 68

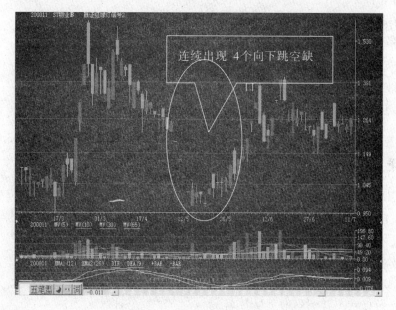

图 3 - 69

二、均价线与指标分析

（一）均价线分析

均价线包括5单位、10单位、20单位、30单位、60单位共计5条均线，可增加至8条均线（按鼠标右键、选择均线参数设定、设置均线计算单位、点击应用）。按F8键在5分钟线、15分钟线、30分钟线、60分钟线、120分钟线、日线、周线、月线、季度线、半年线、年线之间循环切换。

247

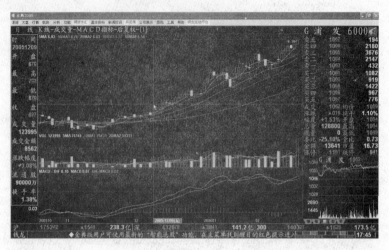

图 3-70

操作说明：

可用鼠标点选任一项。

↑将菜单当前选项上移一项。

↓将菜单当前选下移一项。

ENTER 进入所选菜单。

ESC 退出当前菜单或点鼠标右键退出当前菜单。

+右下角的分笔成交，个股走势，所属板块以及指数走势之间切换。

输入股票代码或股票拼音缩写可直接进入股票画面。

PAGE UP 切至上一个股票。

PAGE DOWN 切至下一个股票。

10+ENTER（F10）切到个股基本面资料。

↑技术分析中形放大。

↓技术分析中形放小。

HOME 游标状态移到当前页最左端。

END 游标状态移到当前页最右端。

03+Enter（F3）切至上证领先指标画面。

04+Enter（F4）切至深证领先指标画面。

09+Enter（F9）调出画线工具。

（二）指标分析

通过选取指标，如 KDJ，RSI，MACD 等，观察指标变化，分析市场与个股走势规律。

小提示：

证券投资三原则：①效益与风险最佳组合原则。在风险一定的前提下，尽可能使收益最大化；或在收益一定的前提下，风险最小化。②分散投资原则。证券的多样化，建立科学的有效证券组合。③理智投资原则。证券投资在分析、比较后审慎地投资。

实验项目三　沪深交易所市场证券交易业务流程

实验项目：沪深交易所市场证券交易业务流程

实验学时：2 学时

实验类别：综合性实验

实验目的与要求：

对我国两个交易所的证券交易业务过程有所了解，特别是开户、委托、成交、结算业务的熟悉和掌握，对相关的交易规则和细则有所了解，对证券公司的日常业务有所了解。本实验的内容完成了对券商柜台管理人员日常工作的初步培训。

实验过程要点：

学生视作一个证券交易所或券商的一般管理人员，完成证券交易业务的全过程。注意对交易原则、规则、细则的理解和把握。注意电脑的安全开启和退出；注意实验室防火安全。

实验设备、工具及材料：

证券投资信息系统业务软件、钱龙证券投资分析资讯系统软件、互联网系统、计算机硬件系统、多媒体教学系统。

编写报告及实物制作：

按要求完成实验报告。报告内容包括绘制交易流程图并加以解释，并说明各业务模块的内容与功能及相应的主要业务规则。

小知识：

证券商

证券商是由证券主管机关批准成立的证券市场上经营代理证券发行业务，代理证券买卖业务、自营证券买卖业务及代理证券还本付息和支付红利等业务的金融机构。它主要由法人机构组成。证券商可分为两大类：一类是证券发行市场上的证券商，属于证券承销商；另一类是证券流通市场上的证券商，属于证券经纪商。证券经纪商又可分为证券交易所的证券商和场外交易市场的证券商两类。

一、证券交易经纪业务流程（证券公司的前台经纪业务）

证券公司的业务包括证券经纪业务、证券发行与承销、证券自营业务（投资银行业务）、投资咨询业务（投资分析）等。证券经纪业务是指证券公司通过其设立的证券营业部，接受客户委托，按照客户的要求，代理客户买卖证券的业务。在证券经纪业务中，证券公司不垫付资金，不赚差价，只收取一定比例的佣金作为业务收入。在实际工作中，证券公司通常将证券经纪业务划分为前台业务和后台业务。

本次实验主要熟悉证券经纪的前台业务，包括代理证券登记公司的证券账户的开立、代理客户委托买卖的申报及撤销、代理申购、认购交款、领取红利股息、代理交纳交易费用等。

证券交易的流程可用下图表示：

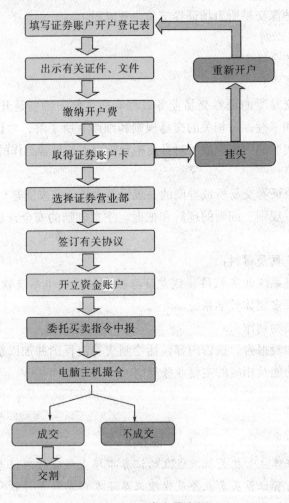

图 3-71　证券交易流程

二、证券账户的开立

（一）证券账户及其种类

证券账户是指证券登记结算机构为投资者设立的，用于准确记载投资者所持有的证券种类、名称、数量及相应权益和变动情况的账册。证券账户是认定股东身份的重要凭证，具有证明股东身份的法律效力，同时也是投资者进行证券交易的先决条件。根据我国法律法规对自然人与法人开立证券账户和买卖证券品种的限制，按目前上市证券品种和证券账户用途，证券账户主要分为三种：股票账户、债券账户、基金账户。沪深证券交易所的证券账户由交易所所属的登记结算机构集中统一管理。投资者需持有关资料、证件前往登记结算机构或由其指定的代理点，填写开户登记表，经审核后领取股票账户。此外，投资者还可以开立基金账户和债券账户。

股票账户是目前我国使用最早、用途最广、数量最多的一种通用型证券账户。它既可用于买卖股票，也可用于买卖债券和基金及其他上市证券。通常被认为是全能账户。

债券账户是只能用于买卖上市债券的一种专用型账户。目前我国使用的主要是国债账户，是为方便投资者买卖国债而专门设置的。

基金账户是只能用于买卖上市基金的一种专用型账户，是随着我国证券投资基金的发展，为方便投资者买卖证券投资基金而专门设置的。

（二）开立证券账户的基本原则

投资者要进行证券的买卖，必须事先到证券登记结算机构或其代理点开立证券账户。开立证券账户应坚持合法性和真实性的原则。

1. 合法性

合法性是指只有国家法律允许进行证券交易的自然人和法人才能到指定机构开立证券账户。对国家法律法规不准许开户的对象，证券登记结算机构及其代理机构不得予以开户。

根据有关规定，下列人员不得开户：

（1）证券管理机关工作人员（不得开立股票账户）；

（2）证券交易所管理人员（不得开立股票账户）；

（3）证券业从业人员（不得开立股票账户）；

（4）未成年人未经法定监护人的代理或允许者；

（5）未经授权代理法人开户者；

（6）因违反证券法规，经有权机关认定为市场禁入者且期限未满者；

（7）其他法规规定不得拥有证券或参加证券交易的自然人。

根据规定，自然人和法人在同一证券交易所只能开立一个证券账户，禁止多头开户。

2. 真实性

真实性是指投资者开立证券账户时所提供的资料必须真实有效，不得有虚假隐匿。

（三）自然人账户的开立

自然人开立的证券账户为个人账户（A 字账户）。

开户表设计如下：

附件1：

自然人证券账户注册申请表

申请人填写	账户持有人姓名			联系电话	
	联系地址			邮政编码	
	电子邮件地址			国籍或地区	
	有效身份证明文件类别	□身份证　　□护照　　□其他			
	有效身份证明文件号码				
	职业	□党政机关工作人员　　□企事业单位职工　　□农民 □个体工商户　　□学生　　□证券从业人员　　□无业　□其他			
	学位\学历	□博士　　□硕士　　□大本　　□大专　　□中专 □高中　　□初中及以下			
	账户类别	□A股账户　　□B股账户　　□基金账户　　□其他账户			
	代办人		代办人电话		
	代办人有效身份证明文件类别	□身份证　　□护照　　□其他			
	代办人有效身份证明文件号码				
	郑重声明	本人已经了解并愿意遵守国家有关证券市场管理的法律、法规、规章及相关业务规则，认真阅读了《证券账户注册说明书》并接受说明书内容，承诺以上填写的内容真实准确。 申请人或代办人签名：　　　　　　　　日期： 　　　　　　　　　　　　　　　　年　　月　　日			
开户代理机构填写	审核资料： □有效身份证明文件及复印件 □申请人是否已签名 □本表内容是否填写全面、正确 证券账户号： 经办人： 填表日期：			开户代理机构盖章：	
备注					

说明：填写内容必须真实、准确，字迹要清楚、整洁。

图3-72　开户申请表

　　开立个人账户时，投资者必须持有本人有效的身份证件（一般为居民身份证）去证券交易所指定的证券登记机构或会员证券公司处办理名册登记并开立证券账户。个人投资者在开立证券账户时，应载明登记日期和个人的姓名、性别、身份证号码、家庭地址、职业、学历、工作单位、联系电话等并签字或盖章。在允许代办的情况下，如果请人代办，代办人还须提供身份证。

　　（四）法人账户的开立

　　法人开立证券账户（B字账户）应提供有效的法人注册登记证明，营业执照复印件，单位介绍信，社团组织批准件，法定代表人的证明书及身份证复印件，法定代表人授权证券交易执行人的姓名、性别及其被授权人的有效身份证件，法定代表人授权证券交易执行人的书面授权书。此外，还应提供法人的地址、联系电话、邮政编码、机构性质等。

按有关规定，证券公司开展证券自营业务必须以本公司名义开立自营账户。开户的具体手续与一般的机构投资者相同。证券公司按自营业务的种类分别在交易所开立证券账户。证券账户可分为股票（基金）账户、债券回购账户。另外，还应开立资金专户以用于资金清算。

（五）境外投资者开户要求

投资者须在选择的证券公司处办理开设外汇资金账户，在上海为美元账户，在深圳为港币账户。

三、委托买卖业务

（一）委托买卖的前提条件

投资者在开立证券账户后，进行委托买卖之前，必须与营业部签订有关协议，如风险揭示协议书，开立资金账户，办理指定交易的前提下，才能进行委托操作。

根据我国目前证券营业部的发展现状和做法，证券经纪商在为投资者开户时一般都同时为其开通自助委托和电话委托功能。

办理资金存取的主要方式有：证券营业部自办资金存取、委托银行代理资金存取、银证联网转账存取。

上海证券交易所的指定交易制度、深圳证券交易所的托管证券公司制度。

（二）委托买卖的内容与形式

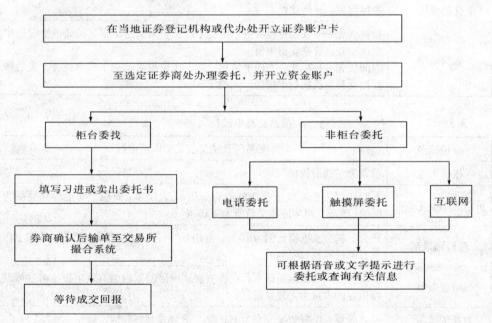

图 3 - 73　委托买卖柜台操作程序

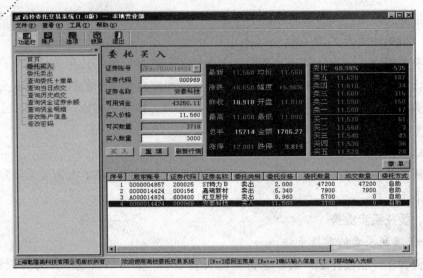

图 3-74　委托买卖自助操作平台

四、交易规则

表 3-16　　　　　　　　　　　股票基本交易规则

交易品种	普通股股票（A 股和 B 股）
交易时间	每周一至周五，每天上午 9：30—11：30，下午 1：00—3：00，法定假日除外。
交易规则	价格优先，时间优先
成交顺序	价格优先——较高价格买进申报优于较低价格买进申报；较低价格卖出申报优于较高价格卖出申报。 时间优先——买卖、方向价格相同的，先申报者优先于后申报者，先后顺序按交易主机接受申报的时间确定。

表 3-17　　　　　　　　　　　股票交易申报规则

申报范围	交易所只接受会员的限价申报
报价单位	股票为"每股价格"。
价格最小变化单位	A 股的申报价格最小变动单位为 0.01 元人民币；B 股上海证券交易所为 0.001 美元，深圳证券交易所为 0.01 港元。
涨跌幅限制	股票、基金涨跌幅比例为 10%，其中 ST 股票价格涨跌幅为 5%，股票上市首日不受涨跌幅限制。
申报限制	买卖有涨跌幅限制的证券，在价格涨跌幅限制以内为有效申报，超过涨跌幅限制的申报为无效申报。
委托买卖单位	买入股票，申报数量应当为 100 股（份）或其整数倍。
申报上限	股票单笔申报最大数量应当低于 10 万股（份），交易所可以根据需要调整不同品种或流通量的单笔申报最大数量。

表 3 - 18　　　　　　　　　　　　股票交易竞价规则

竞价方式	证券交易一般采用集合竞价和连续竞价。
竞价时间	集合竞价：上午 9：15 ~ 9：25，连续竞价：上午 9：30 ~ 11：30，下午 1：00 ~ 3：00。
开盘价	通过集合竞价产生，未成交的进入连续竞价。
收盘价	

表 3 - 19　　　　　　　　　　　　大宗交易规则

交易品种	包括在证券交易所上市的 A 股、B 股、基金、债券（债券回购除外）。
交易规则	大宗交易与普通交易在交易规则、申报规则、竞价规则上都不相同，也不在同一个交易系统内运行。
交易限制	①单笔申报买入或卖出深市 A 股、基金的数量不得低于 500 000 股（份），债券不得低于 5000 手；②买卖双方必须在相同证券公司的统一席位上开立资金账户，有买卖意愿且按要求确定好当日成交价。
交易时间	委托在交易日 14：55 分前输入。
价格决定	价格申报限制在当日成交价的最高与最低价之间，交易价由买卖双方商定，只能在某一券商的同一席位上申报，经交易系统确认后撮合成交。
信息披露	当日收盘后，证券交易所将其成交量和成交金额纳入每日证券当日成交量和总成家金额的统计，但不纳入实时行情及指数的计算，有关信息由证券交易所进行披露。

五、分红派息

表 3 - 20　　　　　　　　　　　　分红派息的领取

	深圳证交所	上海证交所
领取红股	自动划到投资者账户，R + 1 日到账（R：股权登记日）。	自动划到投资者账户，R + 1 日到账（R：股权登记日）。
领取股息	自动划到投资者账户，R + 1 日到账（R：股权登记日）。	办理指定交易后，自动划到投资者账户。

六、网上证券交易

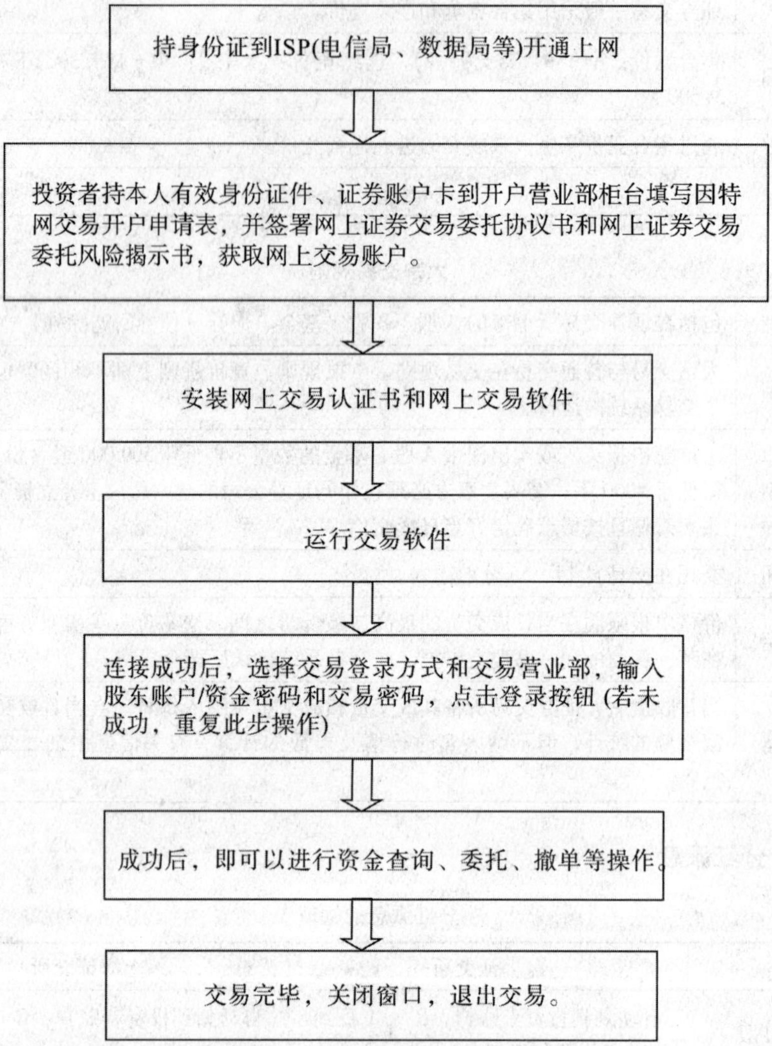

```
┌─────────────────────────────────────────────────────┐
│        持身份证到ISP(电信局、数据局等)开通上网              │
└─────────────────────────────────────────────────────┘
                          ↓
┌─────────────────────────────────────────────────────┐
│  投资者持本人有效身份证件、证券账户卡到开户营业部柜台填写因特   │
│  网交易开户申请表，并签署网上证券交易委托协议书和网上证券交易   │
│  委托风险揭示书，获取网上交易账户。                          │
└─────────────────────────────────────────────────────┘
                          ↓
┌─────────────────────────────────────────────────────┐
│          安装网上交易认证书和网上交易软件                    │
└─────────────────────────────────────────────────────┘
                          ↓
┌─────────────────────────────────────────────────────┐
│                  运行交易软件                            │
└─────────────────────────────────────────────────────┘
                          ↓
┌─────────────────────────────────────────────────────┐
│  连接成功后，选择交易登录方式和交易营业部，输入              │
│  股东账户/资金密码和交易密码，点击登录按钮 (若未              │
│  成功，重复此步操作)                                      │
└─────────────────────────────────────────────────────┘
                          ↓
┌─────────────────────────────────────────────────────┐
│      成功后，即可以进行资金查询、委托、撤单等操作。          │
└─────────────────────────────────────────────────────┘
                          ↓
┌─────────────────────────────────────────────────────┐
│          交易完毕，关闭窗口，退出交易。                     │
└─────────────────────────────────────────────────────┘
```

图 3－75　网上交易示意图

七、电话委托交易

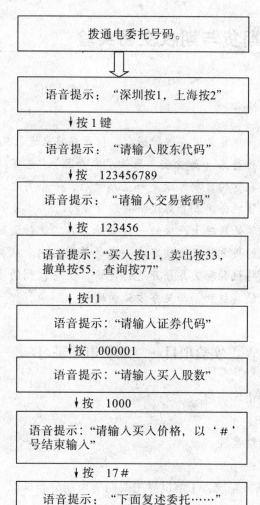

拨通电委托号码。

⬇

语音提示："深圳按1，上海按2"

↓ 按1键

语音提示："请输入股东代码"

↓ 按 123456789

语音提示："请输入交易密码"

↓ 按 123456

语音提示："买入按11，卖出按33，撤单按55，查询按77"

↓ 按11

语音提示："请输入证券代码"

↓ 按 000001

语音提示："请输入买入股数"

↓ 按 1000

语音提示："请输入买入价格，以'#'号结束输入"

↓ 按 17#

语音提示："下面复述委托……"

↓

语音提示："按03确认，58取消"

↓ 按 03

语音提示："您委托合同序号是100038"

↓

投资者记下合同序号，以备成交查询和撤单，整修电话委托操作完成

图3-76 电话委托交易示意图

第六节　期货与期权交易实验

小知识：

期货与现货相对。期货是现在进行买卖，但是在将来进行交收或交割的标的物，这个标的物可以是某种商品（如黄金、原油、农产品），也可以是金融工具，还可以是金融指标。交收期货的日期可以是一星期之后，一个月之后，三个月之后，甚至一年之后。买卖期货的合同或者协议叫做期货合约。

期权，它是在期货的基础上产生的一种金融工具。这种金融衍生工具的最大魅力在于，可以使期权的买方将风险锁定在一定的范围之内。从其本质上讲，期权实质上是在金融领域中将权利和义务分开进行定价，使得权利的受让人在规定时间内对于是否进行交易行使其权利，而义务方必须履行。

实验项目一　期货市场研习

实验项目：期货市场研习

实验学时：2 学时

实验类别：综合性实验

实验目的与要求：

通过"世华财讯"系统，了解世界主要期货市场分布情况，研判不同期货合约行情。

登录 CME、CBOT、SHFE 等期货交易所网站，了解各交易所期货合约品种、期货合约基本要素、保证金制度及风险机制。

实验过程要点：

通过"世华财讯"系统，了解世界主要期货市场分布情况，研判不同期货合约行情。主要以我国期货市场为主。了解期货品种，期货标准合约等。

实验设备、工具及材料：

证券期货投资分析资讯系统软件、计算机硬件系统、多媒体教学系统。

编写报告：

按要求完成实验报告。报告内容包括期货合约名称、分类经济指标列示、相关数据记录、理论分析、预测结论、实践验证、对结论的分析与总结说明。

小提示：

买卖期货的场所叫做期货市场。

一、客户端程序的安装

安装文件：模拟期货客户端.exe

安装过程：执行"模拟期货客户端.exe"程序，程序自动安装。出现如图3-77所示时，请根据提示输入用户名称和公司名称，并单击"下一步"。

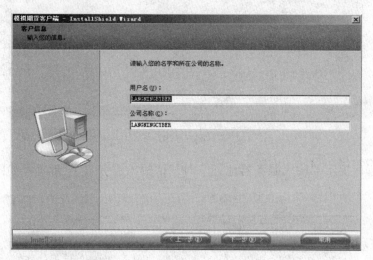

图3-77

进入"选择目的地位置"对话框，点击"更改"在弹出的"选择文件夹"对话框中根据需要选择安装路径（见图3-78所示）；或直接单击"下一步"将程序安装在默认路径。

图3-78

259

继续执行"下一步",系统自动安装,如图 3 - 79 所示。

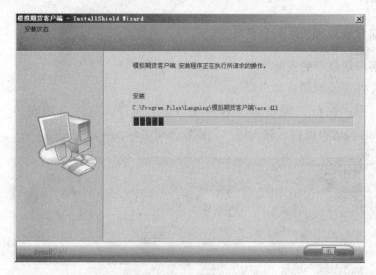

图 3 - 79

安装程序提示"输入服务器地址"时,请输入服务器 IP 地址,如图 3 - 80 所示。端口号不需修改。

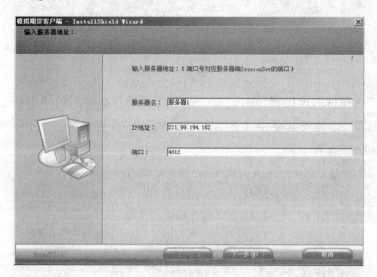

图 3 - 80

安装完成后,在桌面生成快捷图标。

二、登录与主界面

用户在 Windows 系统中,依次点击"开始→程序→模拟期货客户端→模拟期货

客户端",或直接双击桌面快捷图标,系统弹出"世华财讯模拟期货交易系

统（客户端）"窗口，如图 3 - 81 所示。

图 3 - 81

请输入登录名称及密码，单击确认。

注：一个用户名在同一时刻只允许一个登录。同一个用户名的第二个登录将被提示用户已在线。

登录成功后，系统进入"世华财讯模拟期货交易系统"（客户端）主界面，如图 3 - 82 所示，界面上方为功能模块区，系统设有交易、排行榜、排行榜、在线咨询共四个模块；界面下方为每个功能模块操作区，显示每个功能模块对应的详细内容。

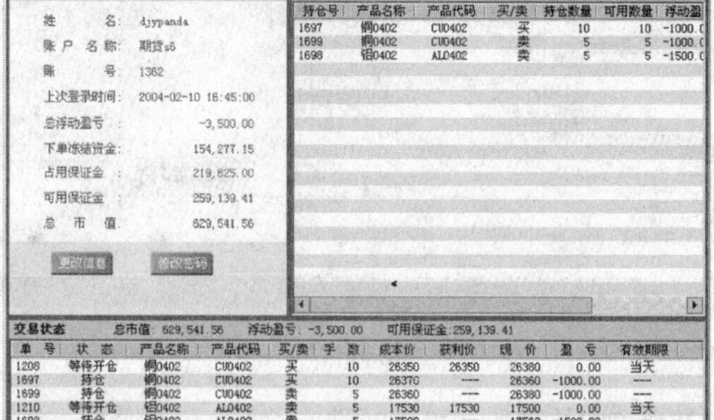

图 3 - 82

单击主界面右上角系统关闭的快捷按钮，系统退出。

三、功能介绍

行情显示：进入交易界面，左侧部分即是行情信息部分，显示期货产品的最新动态行情，如图3-83所示。用户可以根据自己需要选择要查看的产品。

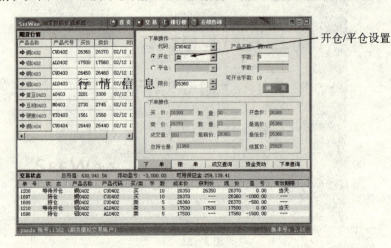

图3-83

在行情页面，点击鼠标右键，在弹出菜单里面选择自选产品，即可进入自选产品界面，如图3-84所示。

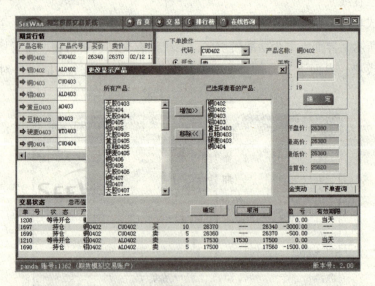

图3-84

选择左侧产品列表中的产品（可以复选），然后点击增加，右侧即显示自选产品列表，最多自选产品为20个，且自选产品列表产品不能重复。

点击确定，保存自选产品列表。

实验项目二　期货交易流程

实验项目：期货交易流程

实验学时：2 学时

实验类别：综合性实验

实验目的与要求：

利用"世华财讯期货模拟交易系统"中的"模拟期货客户端"，就期货交易的开户、建仓、平仓、盯市、保证金管理、浮动盈亏等交易活动中有关期货交易进行系统学习。在熟悉期货交易流程的基础上，结合所学期货知识，进一步进行期货行情研判，进行期货模拟交易，感受期货投资的魅力。

实验过程要点：

利用"世华财讯期货模拟交易系统"中的"模拟期货客户端"，就期货交易的开户、建仓、平仓、盯市、保证金管理、浮动盈亏等交易活动中有关期货交易进行系统学习。

实验设备、工具及材料：

证券期货投资分析资讯系统软件、计算机硬件系统、多媒体教学系统。

编写报告：

按要求完成实验报告。报告内容包括期货合约名称、分类经济指标列示、相关数据记录、理论分析、预测结论、实践验证、对结论的分析与总结说明。

小提示：

期货交易是投资者交纳 5%～10% 的保证金后，在期货交易所内买卖各种商品标准化合约的交易方式。一般的投资者可以通过低买高卖或高卖低买的方式获取盈利。现货企业也可以利用期货做套期保值，降低企业运营风险。期货交易者一般通过期货经纪公司代理进行期货合约的买卖。另外，买卖合约后所必须承担的义务，可在合约到期前通过反向的交易行为（对冲或平仓）来解除。

一、客户端程序的安装

安装文件：模拟期货客户端.exe。

安装过程：执行"模拟期货客户端.exe"程序，程序自动安装。出现如图 3-85 所示时，请根据提示输入用户名称和公司名称，并单击"下一步"。

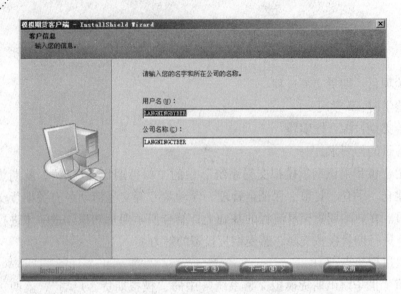

图 3 - 85

进入"选择目的地位置"对话框，点击"更改"在弹出的"选择文件夹"对话框中根据需要选择安装路径（如图 3 - 86 所示）；或直接单击"下一步"将程序安装在默认路径。

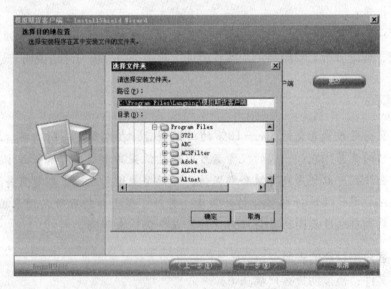

图 3 - 86

继续执行"下一步"，系统自动安装，如图 3 - 87 所示。

图 3 - 87

安装程序提示"输入服务器地址"时，请输入服务器 IP 地址，如图 3 - 88 所示。端口号不需修改。

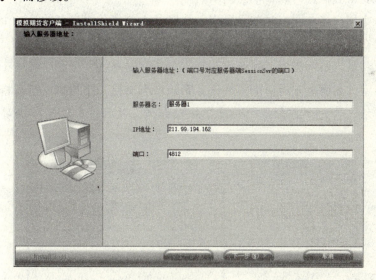

图 3 - 88

安装完成后，在桌面生成快捷图标　　　。

二、登录与主界面

用户在 Windows 系统中，依次点击"开始→程序→模拟期货客户端→模拟期货客户端"，或直接双击桌面快捷图标　　　，系统弹出"世华财讯模拟期货交易系统（客户端）"窗口，如图 3 - 89 所示。

图 3 - 89

请输入登录名称及密码，单击确认。

注：一个用户名在同一时刻只允许一个登录，同一个用户名的第二个登录将被提示用户已在线。

登录成功后，系统进入"世华财讯模拟期货交易系统"（客户端）主界面，如图 3 - 90 所示，界面上方为功能模块区，系统设有交易、排行榜、排行榜、在线咨询共四个模块；界面下方为每个功能模块操作区，显示每个功能模块对应的详细内容。

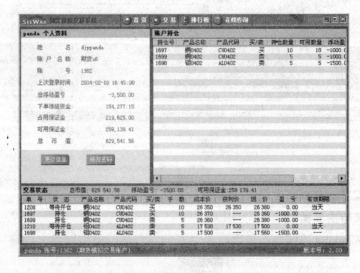

图 3 - 90

单击主界面右上角系统关闭的快捷按钮，系统退出。

三、功能介绍

进入交易界面，左侧部分即是行情信息部分，显示期货产品的最新动态行情，如图 3 - 91 所示。用户可以根据自己需要选择要查看的产品。

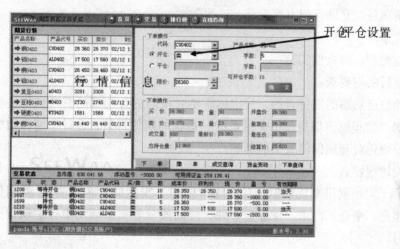

图 3 - 91

在行情页面，点击鼠标右键，在弹出菜单里面选择自选产品，即可进入自选产品界面，如图 3 - 92 所示。

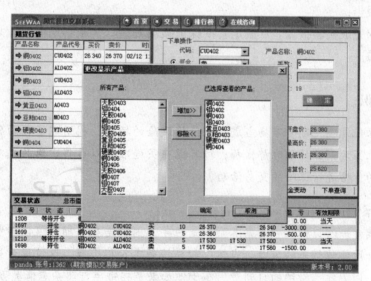

图 3 - 92

选择左侧的产品列表中的产品（可以复选），然后点击增加，右侧即显示自选产品列表，最多自选产品为 20 个，且自选产品列表产品不能重复。

点击确定，保存自选产品列表。

实验项目三　套期保值方案设计

实验项目：套期保值方案设计

实验学时：2 学时

实验类别：综合性实验

实验目的与要求：

选择自己熟悉的期货合约，假定你需要对该期货合约标的资产现货进行套期保值。依据"世华财讯期货模拟交易系统"提供的期货行情，设计套期保值方案，并分析基差变化对套期保值效果的影响。

实验过程要点：

利用"世华财讯期货模拟交易系统"中的"模拟期货客户端"，就期货交易的开户、建仓、平仓、盯市、保证金管理、浮动盈亏等交易活动中有关期货交易进行系统学习。

实验设备、工具及材料：

证券期货投资分析资讯系统软件、计算机硬件系统、多媒体教学系统，选择自己熟悉的期货合约，假定你需要对该期货合约标的资产现货进行套期保值。

编写报告：

按要求完成实验报告。从制定套期保值策略开始，实施套期保值计划，检验套期保值效果。

小知识：

套期保值是指把期货市场当成转移价格风险的场所，利用期货合约作为将来在现货市场上买卖商品的临时替代物，对其现在买进准备以后售出商品或对将来需要买进商品的价格进行保险的交易活动。

现实案例

一位读者一次订阅三年的杂志而不是两年，他就是在套期保值以转移杂志的价格可能上升所给他带来的风险。当然，如果该杂志价格下降，这位读者也放弃了潜在的收益，因为他已缴纳的订刊费用高于他如果是在每年订阅杂志情况下的费用。

一、客户端程序的安装

安装文件：模拟期货客户端.exe 安装过程。

执行"模拟期货客户端.exe"程序，程序自动安装。出现图 3 - 93 所示时，请根据提示输入用户名称和公司名称，并单击"下一步"。

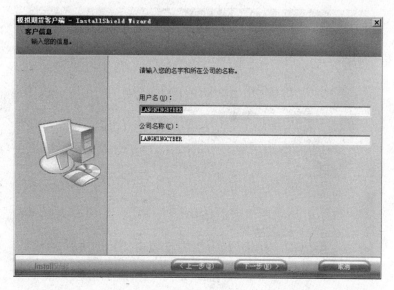

图 3 - 93

　　进入"选择目的地位置"对话框，点击"更改"在弹出的"选择文件夹"对话框中根据需要选择安装路径（如图 3 - 94 所示）；或直接单击"下一步"将程序安装在默认路径。

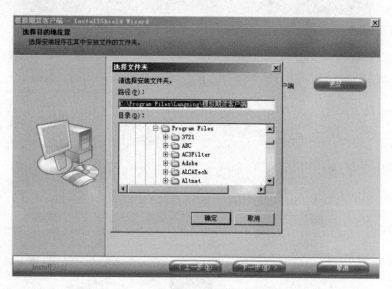

图 3 - 94

　　继续执行"下一步"，系统自动安装，如图 3 - 95 所示。

图 3 - 95

安装程序提示"输入服务器地址"时，请输入服务器 IP 地址，如图 3 - 96 所示。端口号不需修改。

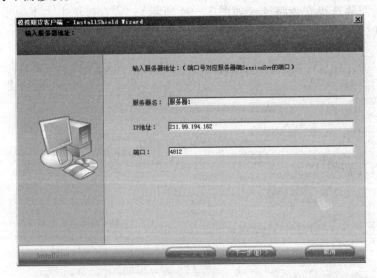

图 3 - 96

安装完成后，在桌面生成快捷图标 。

二、登录与主界面

用户在 Windows 系统中，依次点击"开始→程序→模拟期货客户端→模拟期货客户端"，或直接双击桌面快捷图标 ，系统弹出"世华财讯模拟期货交易系统（客户端）"窗口，如图 3 - 97 所示。

图 3 - 97

请输入登录名称及密码，单击确认。

注：一个用户名在同一时刻只允许一个登录，同一个用户名的第二个登录将被提示用户已在线。

登录成功后，系统进入"世华财讯模拟期货交易系统"（客户端）主界面，如图 3 - 98 所示，界面上方为功能模块区，系统设有交易、排行榜、排行榜、在线咨询共四个模块；界面下方为每个功能模块操作区，显示每个功能模块对应的详细内容。

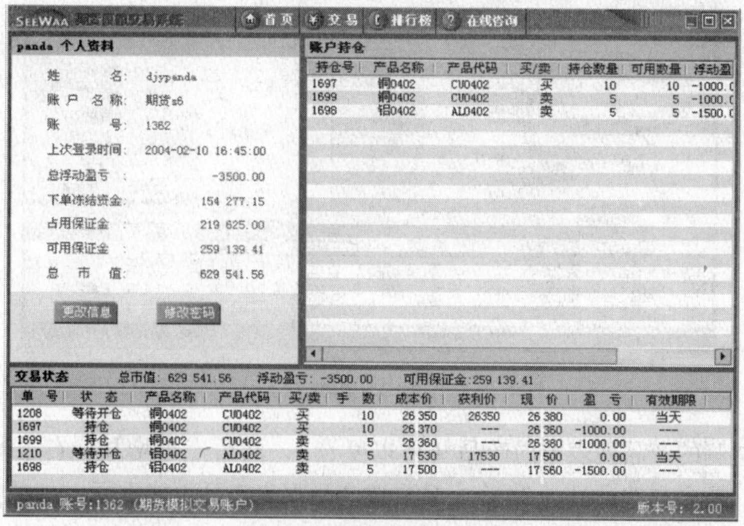

图 3 - 98

单击主界面右上角系统关闭的快捷按钮，系统退出。

三、功能介绍

1. 行情显示

进入交易界面，左侧部分即是行情信息部分，显示期货产品的最新动态行情，如图 3 - 99 所示。用户可以根据自己需要选择要查看的产品。

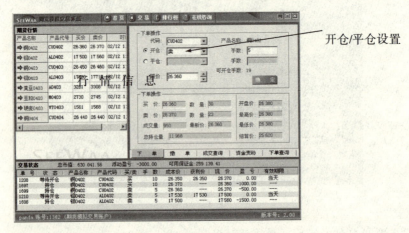

图 3 - 99

在行情页面，点击鼠标右键，在弹出菜单里面选择自选产品，即可进入自选产品界面，如图 3 - 100 所示。

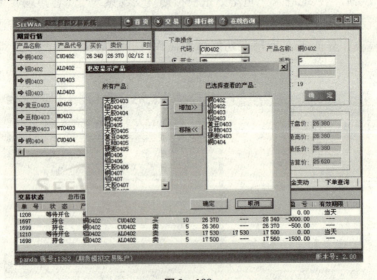

图 3 - 100

选择左侧的产品列表中的产品（可以复选），然后点击增加，右边即显示自选产品列表，最多自选产品为 20 个，且自选产品列表产品不能重复。

点击确定保存自选产品列表。

2. 委托交易

（1）开仓

进入交易界面，点击"买卖委托"，进入买卖委托操作区，在"下单操作"栏选择"开仓"单选按钮，同时选择开仓产品，该操作也可以通过双击行情信息窗口的产品实现快速开仓操作，如图 3 - 101 所示。

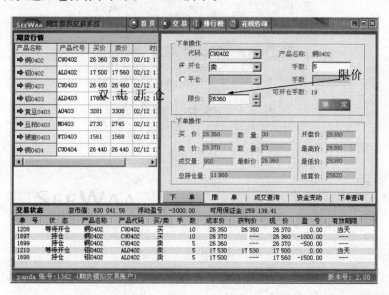

图 3 - 101

在限价输入框内输入合适的限价，然后填入适当的交易手数点击确定，弹出如图 3 - 102 所示的确认对话框。

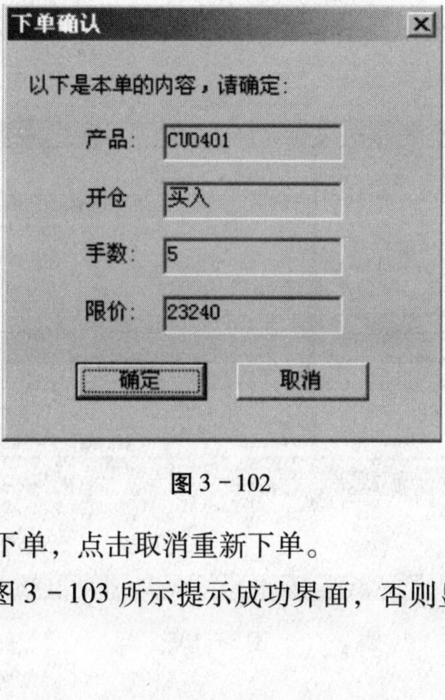

图 3 - 102

点击"确定"确认下单，点击取消重新下单。

下单成功则显示如图 3 - 103 所示提示成功界面，否则显示如图 3 - 104 所示的出错提示。

图 3 - 103

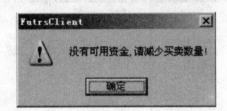

图 3 - 104

（2）平仓

进入交易界面，点击"买卖委托"，进入买卖委托操作区。

在"下单操作"栏选择"平仓"单选按钮，同时选择平仓产品，该操作也可以通过双击委托状态栏里的持仓列表实现快速平仓操作。

在限价输入框内输入合适的限价，然后填入适当的交易手数点击确定，再点击确认对话框的确定按钮进行下单。

下单成功则显示如图 3 - 103 所示提示成功界面，否则显示图 3 - 104 所示的出错提示。

（3）撤单

点击"撤单"，进入撤单操作区。系统显示等待成交的委托单明细，如图 3 - 105所示。

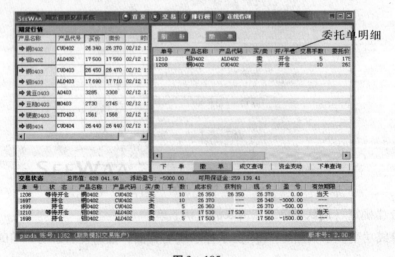

图 3 - 105

双击"委托单明细",出现如图 3 - 106 所示提示框,点击"确定"按钮完成撤单。

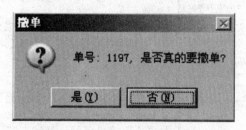

图 3 - 106

（4）委托查询

点击"下单查询",进入下单查询操作区,系统自动显示当天委托记录,如图 3 - 107 所示。

通过"开始日期"及"结束日期"选择查询委托的起始时间,如图 3 - 107 所示。单击"查询"键即可查看该起始范围内的所有委托记录。

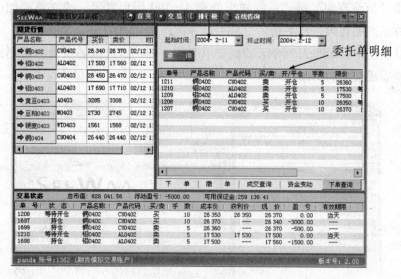

图 3 - 107

（5）资金变动查看

单击"资金变动",进入资金变动模块,系统自动显示如图 3 - 108 所示的账户明细。账户明细显示内容包括变动金额、资金余额、变动原因、时间等信息。

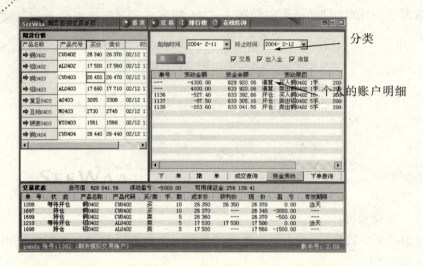

图 3 - 108

（6）成交查询

点击"成交查询"键，系统弹出如图 3 - 109 所示界面。成交单明细内容包括产品名称、产品代码、开平仓、交易手数等信息。

默认情况下显示昨天到今天的成交单明细。用户也可以通过选择起始时间和终止时间查看成交单的明细。

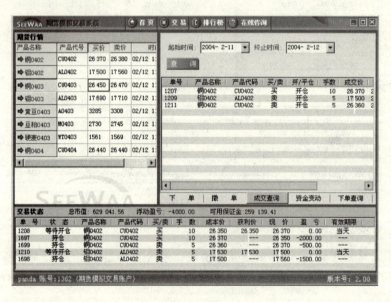

图 3 - 108

（7）委托状态查看

委托状态实时显示在操作界面上，以利于用户随时查看自己的持仓及委托情况。如图 3 - 110 所示。

委托状态明细内显示各种货币持仓的信息明细，内容包括状态、产品名称、产品代码、买卖、手数、成本价、获利价、盈亏等信息。

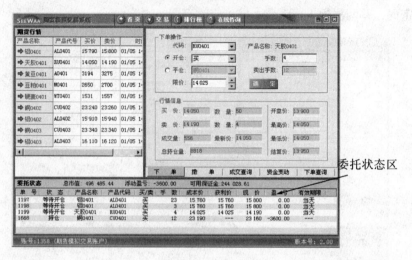

委托状态区

图 3 - 110

双击委托状态栏的"持仓"子项可以进行快速平仓操作，双击"等待开仓"或者"等待平仓"的子项可以进行快速撤单，其功能与撤单页面的相同。

3. 查看排行榜

点击"排行榜"，进入排行榜模块操作区，如图 3 - 111 所示。

点击总行期货中心，排行榜将显示总行或中心范围内的交易成绩前 10 名及本人的名次。点击排序方式对应的下拉框选择排序的标准，即可按所需进行排序显示。本系统可按市值、成交量、最大周（月）盈利、最大周（月）交易量进行排名。

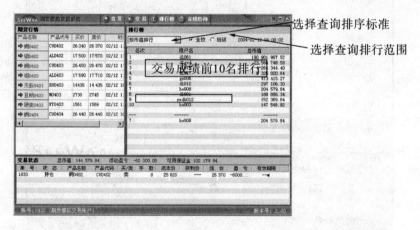

选择查询排序标准

选择查询排行范围

图 3 - 111

4. 修改登录密码和个人信息

进入首页，点击"密码修改"，进入密码修改模块操作区，如图3-112所示。输入旧密码，并两次输入新密码，即可修改密码。

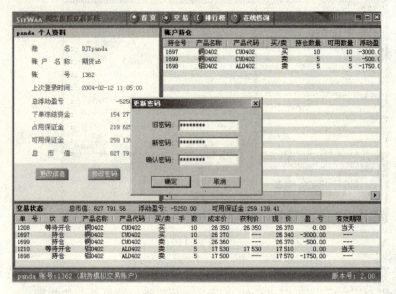

图 3 - 112

点击"更改信息"，进入更改信息模块操作区，如图3-113所示。输入昵称、姓、名即可修改个人信息，并在首页显示，如图3-114所示。

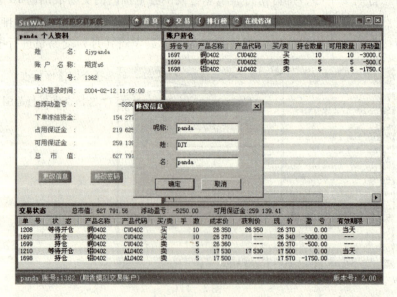

图 3 - 113

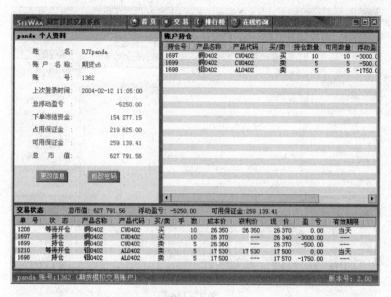

图 3 - 114

5. 在线咨询

点击"在线咨询",出现如图 3 - 115 所示界面。

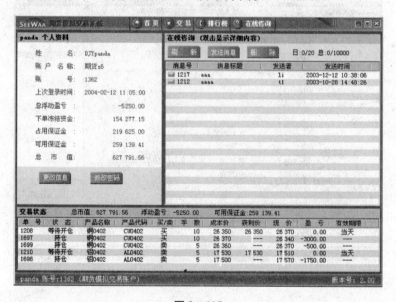

图 3 - 115

在线咨询通过交易员和管理员相互发送消息的方式给交易员提供在线帮助。点击"发送消息",出现如图 3 - 116 所示界面,然后填写消息内容,点击发送既可。

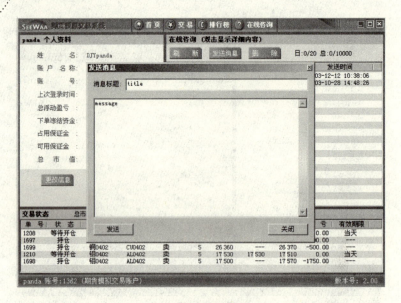

图 3 - 116

双击消息列表子项即显示消息的详细信息，如图 3 - 117 所示。

图 3 - 117

实验项目四　套利方案设计及模拟交易

实验项目：套利方案设计及模拟交易

实验学时：2 学时

实验类别：综合性实验

实验目的与要求：

利用"世华财讯期货模拟交易系统"，浏览各个期货交易所、期货合约，寻找套利机会。在跨期套利、跨市套利、跨商品套利三种套利策略种选择一种或多种策略，设计套利方案，并分析套利效果

实验过程要点：

寻找套利机会，在跨期套利、跨市套利、跨商品套利三种套利策略种选择一种或多种策略，设计套利方案，并分析套利效果。

实验设备、工具及材料：

证券期货投资分析资讯系统软件、计算机硬件系统、多媒体教学系统，选择自己熟悉的期货合约进行套利。

编写报告：

按要求完成实验报告。从制定套期保值策略开始，实施套期保值计划，检验套利效果。

小知识：

套利是指从纠正市场价格或收益率的异常状况中获利的行动。异常状况通常是指同一产品在不同市场的价格出现显著差异，套利即低买高卖，导致价格回归均衡水平的行为。

小提示：

期货交易中的套利是指同时买进和卖出两张不同种类的期货合约。试图利用不同市场或不同形式的同类或相似金融产品的价格差异牟利。交易者买进自认为是"便宜的"合约，同时卖出那些"高价的"合约，从两合约价格间的变动关系中获利。

一、客户端程序的安装

安装文件：模拟期货客户端.exe。

安装过程：执行"模拟期货客户端.exe"程序，程序自动安装。出现如图3-118所示时，请根据提示输入用户名称和公司名称，并单击"下一步"，如图3-118所示。

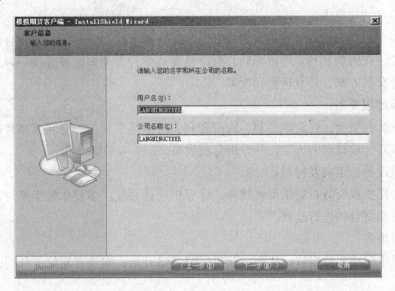

图 3－118

　　进入"选择目的地位置"对话框，点击"更改"在弹出的"选择文件夹"对话框中根据需要选择安装路径（如图 3－119 所示）；或直接单击"下一步"将程序安装在默认路径。

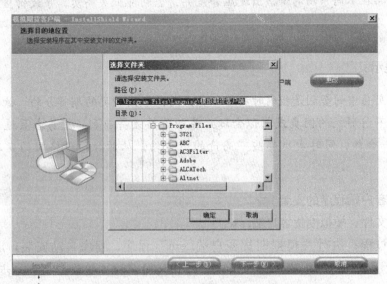

图 3－119

　　继续执行"下一步"，系统自动安装，如图 3－120 所示。

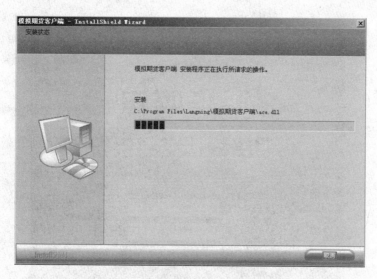

图 3 - 120

安装程序提示"输入服务器地址"时，请输入服务器 IP 地址，如图 3 - 121 所示。端口号不需修改。

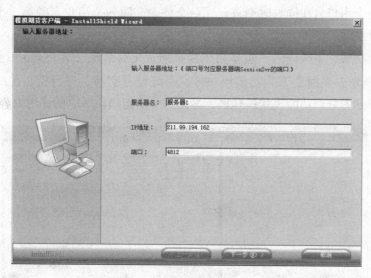

图 3 - 121

安装完成后，在桌面生成快捷图标。

二、登录与主界面

用户在 Windows 系统中，依次点击"开始→程序→模拟期货客户端→模拟期货客户端"，或直接双击桌面快捷图标，系统弹出"世华财讯模拟期货交易系统（客户端）"窗口，如图 3 - 122 所示。

图 3 - 122

请输入登录名称及密码，单击确认。

注：一个用户名在同一时刻只允许一个登录。同一个用户名的第二个登录将被提示用户已在线。

登录成功后，系统进入"世华财讯模拟期货交易系统（客户端）"主界面，如图 3 - 123 所示，界面上方为功能模块区，系统设有交易、排行榜、在线咨询等模块；界面下方为每个功能模块操作区，显示每个功能模块对应的详细内容。

图 3 - 123

单击主界面右上角系统关闭的快捷按钮，系统退出。

三、功能介绍

1. 行情显示

进入交易界面，左侧部分即是行情信息部分，显示期货产品的最新动态行情，如图 3 - 124 所示。用户可以根据自己需要选择要查看的产品。

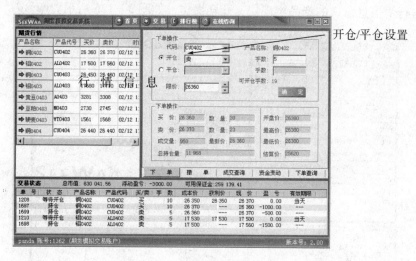

图 3 - 124

在行情页面，点击鼠标右键，在弹出菜单里面选择自选产品，即可进入自选产品界面，如图 3 - 125 所示。

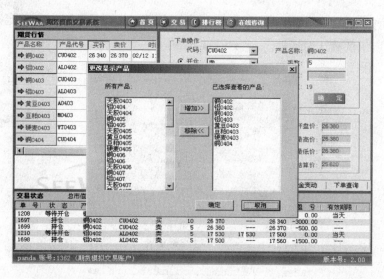

图 3 - 125

选择左侧的产品列表中的产品（可以复选），然后点击增加，右侧即显示自选产品列表，最多自选产品为 20 个，且自选产品列表产品不能重复。

点击确定保存自选产品列表。

2. 委托交易

3. 开仓

进入交易界面，点击"买卖委托"，进入买卖委托操作区。

在"下单操作"栏选择"开仓"单选按钮，同时选择开仓产品。该操作也可以通过双击行情信息窗口的产品实现快速开仓操作，如图 3－126 所示。

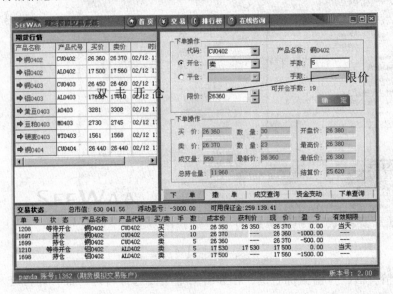

图 3－126

在限价输入框内输入合适的限价，然后填入适当的交易手数点击确定，弹出如图 3－127 所示的确认对话框。

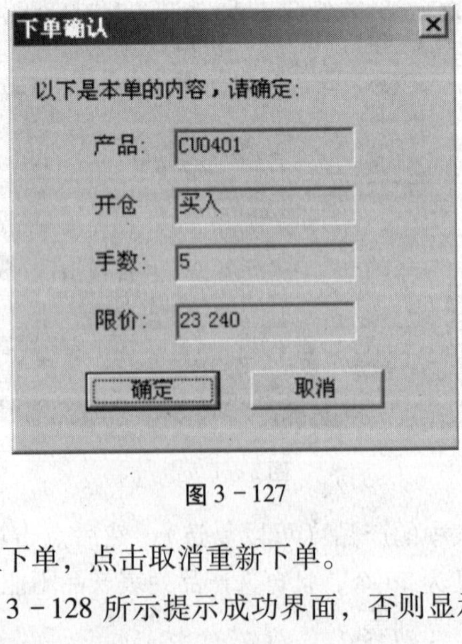

图 3－127

点击"确定"确认下单，点击取消重新下单。

下单成功则显示图 3－128 所示提示成功界面，否则显示如图 3－129 所示的出错提示。

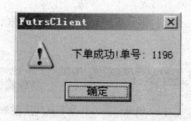

图 3 – 128

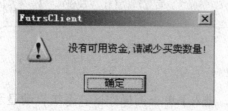

图 3 – 129

4. 平仓

进入交易界面，点击"买卖委托"，进入买卖委托操作区。

在"下单操作"栏选择"平仓"单选按钮，同时选择平仓产品，该操作也可以通过双击委托状态栏里的持仓列表实现快速平仓操作。

在限价输入框内输入合适的限价，然后填入适当的交易手数点击确定，再点击确认对话框的确定按钮进行下单。

下单成功则显示如图 3 – 128 所示的提示成功界面，否则显示如图 3 – 129 所示的出错提示。

5. 撤单

点击"撤单"，进入撤单操作区。系统显示等待成交的委托单明细，如图 3 – 130 所示。

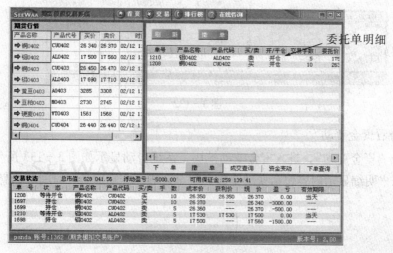

图 3 – 130

双击"委托单明细",出现如图 3 – 131 所示提示框,点击"确定"按钮完成撤单。

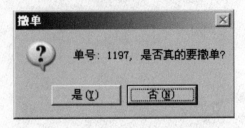

图 3 – 131

6. 委托查询

点击"下单查询",进入下单查询操作区,系统自动显示当天委托记录,如图 3 – 132 所示。

通过"开始日期"及"结束日期"选择查询委托的起始时间,如图 3 – 132 所示。单击"查询"键即可查看该起始范围内的所有委托记录。

起始时间设置 终止时间设置

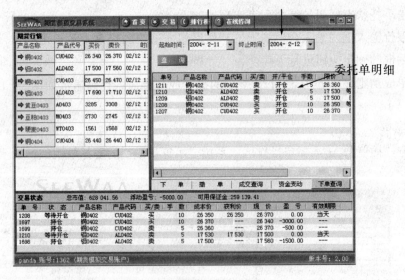

图 3 – 132

7. 查看资金变动

单击"资金变动",进入资金变动模块,系统自动显示如图 3 – 133 所示的账户明细。账户明细显示内容包括变动金额、资金余额、变动原因、时间等信息。

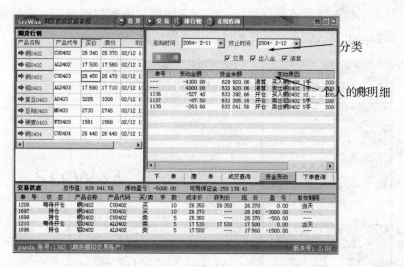

图 3 - 133

8. 成交查询

点击"成交查询"键，系统弹出如图 3 - 134 所示界面。成交单明细内容包括产品名称、产品代码、开平仓、交易手数等信息。

默认情况下显示昨天到今天的成交单明细。用户也以可通过选择起始时间和终止时间查看成交单的明细。

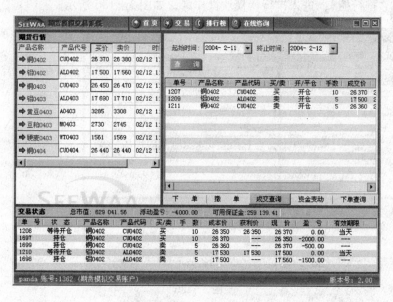

图 3 - 134

9. 委托状态

委托状态实时显示在操作界面上，以利于用户随时查看自己的持仓及委托情况。如图 3 - 135 所示。

委托状态明细内显示各种货币持仓的信息明细，内容包括状态、产品名称、产品代码、买卖、手数、成本价、获利价、盈亏等信息。

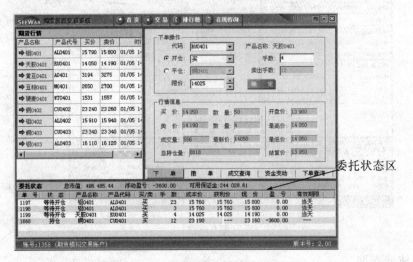

图 3-134

双击委托状态栏的"持仓"子项可以进行快速平仓操作，双击"等待开仓"或者"等待平仓"的子项可以进行快速撤单，其功能与撤单页面的相同。

10. 查看排行榜

点击"排行榜"，进入排行榜模块操作区，如图 3-136 所示。

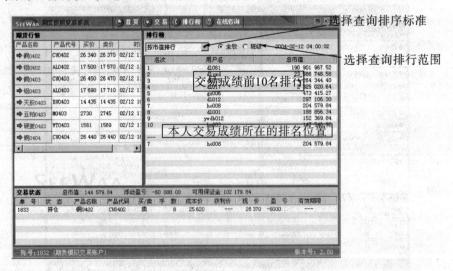

图 3-136

点击总行期货中心，排行榜将显示总行或中心范围内的交易成绩前 10 名及本人的名次。

点击排序方式对应的下拉框选择排序的标准，即可按所需进行排序显示。本系统可按市值、成交量、最大周（月）盈利、最大周（月）交易量进行排名。

11. 修改登录密码和个人信息

进入首页，点击"密码修改"，进入密码修改模块操作区，如图 3 - 137 所示。输入旧密码，并两次输入新密码，即可修改密码。

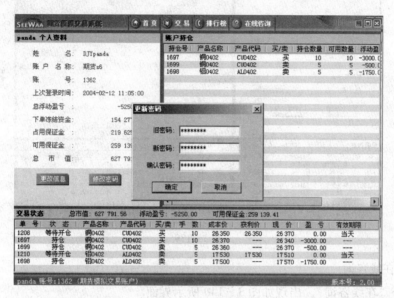

图 3 - 137

点击"更改信息"，进入更改信息模块操作区，如图 3 - 138 所示。输入昵称、姓名即可修改个人信息，并在首页显示，如图 3 - 139 所示。

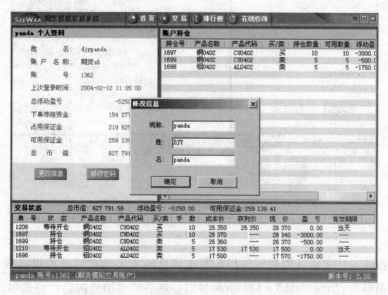

图 3 - 138

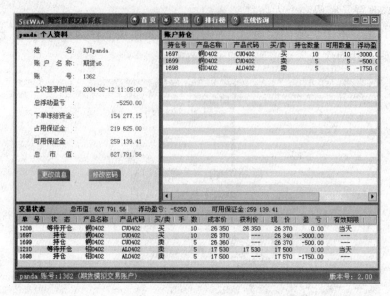

图 3－139

12. 在线咨询

点击"在线咨询"，出现如图 3－140 所示界面。

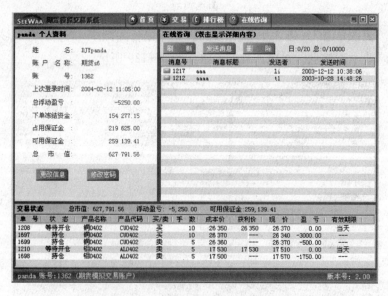

图 3－140

在线咨询通过交易员和管理员相互发送消息的方式给交易员提供在线帮助。点击"发送消息"，出现如图 3－141 所示界面，然后填写消息内容，点击发送既可。

图 3 – 141

双击消息列表子项即显示消息的详细信息，如图 3 – 142 所示。

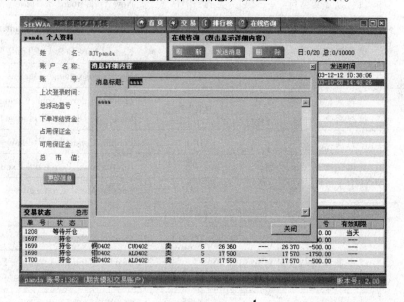

图 3 – 142

小提示:

表 3-21　　　　　　　　　全球主要期货交易所一览表

国家	交易所名称	代码	英文名称
中国	上海期货交易所	SHFE	Shanghai Futures Exchange
	大连商品交易所	DCE	Dalian Commodity Exchange
	郑州商品交易所	CZCE	Zhengzhou Commodity Exchange
	中国金融期货交易所	CFFE	China Financial Futures Exchange
美国	芝加哥期货交易所	CBOT	TheChicago Board of Trade
	芝加哥商品交易所	CME	Chicago Mercantile Exchange
	芝加哥商业交易所国际货币市场	IMM	-
	芝加哥期权交易所	CBOE	Chicago Board Options Exchange
	纽约商品交易所	NYMEX	New York Mercantile Exchange
	纽约期货交易所	NYBOT	New York Board of Trade
	美国(纽约)金属交易所	COMEX	New York Commodity Exchange
	堪萨斯商品交易所	KCBT	Kansas City Board of Trade
加拿大	加拿大蒙特利尔交易所	ME	Montreal Exchange Markets
英国	伦敦国际金融期货及选择权交易所	LIFFE	London International Financial Futures and Options Exchange
	伦敦商品交易所	LCE	London Commerce Exchange
	英国国际石油交易所	IPE	International Petroleum Exchange
	伦敦金属交易所	LME	London Metal Exchange
法国	法国期货交易所	MATIF	-
德国	德国期货交易所	DTB	Deutsche Boerse
瑞士	瑞士选择权与金融期货交易所	SOFFEX	Swiss Options and Financial Futures Exchange
	欧洲期权与期货交易所	Eurex	The Eurex Deutschland
瑞典	瑞典斯德哥尔摩选择权交易所	OM	OMStockholm
西班牙	西班牙固定利得金融期货交易所	MEFFRF	MEFF Renta Fija
	西班牙不定利得金融期货交易所	MEFFRV	MEFF Renta Variable

表3-21(续)

国家	交易所名称	代码	英文名称
日本	日本东京国际金融期货交易所	TIFFE	TheTokyo International Financial Futures Exchange
	日本东京工业品交易所	TOCOM	TheTokyo CommodityExchange
	日本东京谷物交易所	TGE	TheTokyo Grain Exchange
	日本大阪纤维交易所	OTE	-
	日本前桥干茧交易所	MDCE	-
新加坡	新加坡国际金融交易所	SIMEX	Singapore International Monetary Exchange
	新加坡商品交易所	SICOM	Singapore Commodity Exchange
澳洲	澳洲悉尼期货交易所	SFE	Sydney Futures Exchange
新西兰	新西兰期货与选择权交易所	NZFOE	New Zealand Futures & Options
中国香港	香港期货交易所	HKFE	Hong Kong Futures Exchange
中国台湾	台湾期货交易所	TAIFEX	Taiwan Futures Exchange
南非	南非期货交易所	SAFEX	SouthAfrican Futures Exchange
韩国	韩国期货交易所	KOFEX	-
韩国	韩国证券期货交易所	KRX	-

第四章　财务综合技能实训

 学习提示

　　财务管理同样也是综合性很强的工作，需要从业者具有更广阔的视野和综合性思维和技能。本章设置了高级财务管理、资本市场运作、证券投资信息系统、ERP沙盘实验等项目。通过实验实训，要求学生具备从事综合性财务管理工作的素质和能力。

● 第一节　高级财务管理实验

小提示：

　　高级财务管理是以资金管理为中心内容的一项管理活动，资金是现代企业经营和发展所需要的一种基本资源，实现企业的战略目标离不开资金的支持；同时，企业要想取得良好的资金运作效果，又要依赖发展战略的正确选择。但是，从企业发展的最终目标是实现企业价值和资本增值最大化的角度来看，高级财务管理应处于企业管理的中心地位。

实验项目一　企业集团投资决策分析

实验项目：企业集团投资决策分析

实验学时：2 学时

实验类别：综合性实验

实验目的与要求：

通过本实验，使学生能了解企业集团投资决策与单体企业投资决策的异同，掌握企业集团投资决策技术性指标的计算，熟悉掌握并能运用计算结果对集团投资决策进行评价。

实验过程要点：

（1）建立集团投资决策模型；

（2）运用模型对案例资料进行不同指标的计算；

（3）根据计算结果进行综合评述。

实验设备、工具及材料：电脑。

编写报告：按要求完成报告。报告内容包括企业集团的选择、设计的模块内容及综合分析情况。

小知识：

企业集团是一种以大企业为核心，以经济技术或经营联系为基础，实行集权与分权相结合的领导体制，规模巨大、多角化经营的企业联合组织或企业群体组织。按照总部经营方针和统一管理进行重大业务活动的经济实体，或者虽无产权控制与被控制关系，但在经济上有一定联系的企业群体。

一、集团投资决策案例

为了说明国际企业集团投资决策中的一些具体问题，我们以某跨国企业集团的一项投资决策为例进行分析。

案例：一家总部设在 A 国的跨国公司将在 B 国进行一项投资。项目分析小组已收集到如下资料。

（1）A 国一家跨国公司准备在 B 国建立一独资子公司，以便生产和销售 B 国市场上急需的电子设备。该项目的固定资产需投资 12 000 万 B 元，另需垫支营运资金 3000 万 B 元。采用直线折旧法计提折旧，项目使用寿命为 5 年，5 年后固定资产残值预计 2000 万 B 元。5 年中每年的销售收入为 8000 万 B 元，付现成本第 1 年为 3000 万 B 元，以后随着设备陈旧，逐年将增加修理费 400 万 B 元。

（2）B 国企业所得税税率为 30%，A 国企业所得税税率为 34%。如果 B 国子公司把税后利润汇回 A 国，则在 B 国交纳的所得税可以抵减 A 国的所得税。

（3）B 国投资项目产生的税后净利可全部汇回 A 国，但折旧不能汇回，只能留在 B 国补充有关的资金需求。但 A 国母公司每年可从 B 国子公司获得 1500 万 B 元的特许权使用费及原材料的销售利润。

（4）A 国母公司和 B 国子公司的资本成本均为 10%。

（5）投资项目在第 5 年年底时出售给当地投资者继续经营，估计售价为 9000 万 B 元。

（6）在投资项目开始时，汇率为 1A 元 = 800B 元。预计 B 元相对 A 元将以 3% 的速度贬值。因此，各年末的汇率预计详见表。

表 4 - 1　　　　　　　　　　　各年末的汇率预计　　　　　　　　　单位：万 B 元

年份	计算过程	汇率（B 元/A 元）
0	—	800.00
1	$800 \times (1 + 3\%)$	824.00
2	$800 \times (1 + 3\%)^2$	848.72
3	$800 \times (1 + 3\%)^3$	874.18
4	$800 \times (1 + 3\%)^4$	900.41
5	$800 \times (1 + 3\%)^5$	927.42

要求：根据以上资料以 B 国子公司为主体来评价投资方案是否可行。

二、集团投资决策案例分析

（一）计算该投资项目的营业现金流量

表 4 - 2　　　　　　　　　　该投资项目的营业现金流量表　　　　　　　单位：万 B 元

项　　目	1	2	3	4	5
销售收入(1)	8000	8000	8000	8000	8000
付现成本(2)	3000	3400	3800	4200	4600
折旧(3)	2000	2000	2000	2000	2000
税前利润(4) = (1) - (2) - (3)	3000	2600	2200	1800	1400
所得税(5) = (4)×30%	900	780	660	540	420
税后净利(6) = (4) - (5)	2100	1820	1540	1260	980
营业现金流量(7) = (1) - (2) - (5) = 3 + (6)	4100	3820	3540	3260	2980

第一步，打开 Microsoft Excel。

第二步，在 A1 单元格内输入标题（该投资项目的营业现金流量表），在 E3 单元格内输入计量单位（单位：万 B 元），在 3 列和 A 栏中分别输入横栏标题和纵栏标题。

第三步，编入公式。在各计算单元格内编入所要求的公式，见图 4 - 1。如何编公式，首先在单元格内输入等号 "="后面紧跟运算公式，如 B7 单元格内输入"=B4 - B5 - B6"然后按回车键。

注意：加减乘除符号分别为"＋、－、＊、／"，若需要其他函数公式，可在插入函数菜单中查找。

技巧：当一个单元格的公式录入完毕后，可选中该单元格。将光标向右下角移动，使光标符号变为黑的实体"十字星"符号，然后按住鼠标右键不放，推动鼠标向后单位格移动，这样就将公式复制到后面的单元格内。

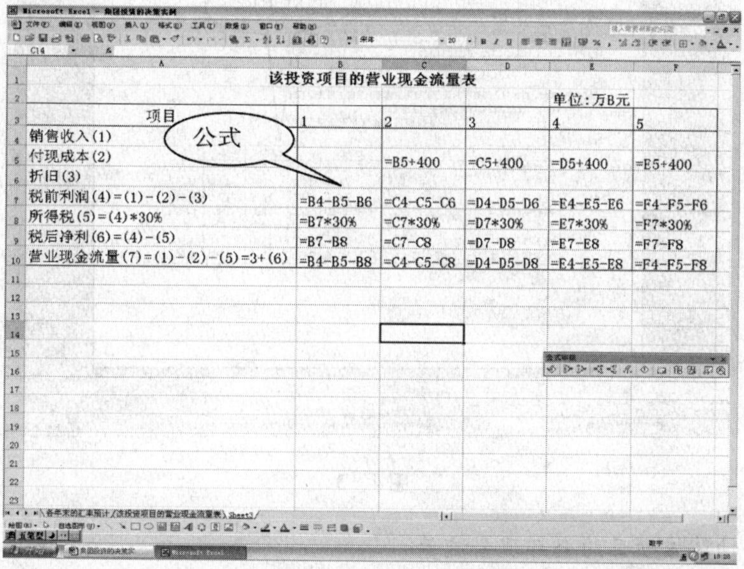

图 4－1

第四步，录入相关数据，即完成此表，见图 4－2。

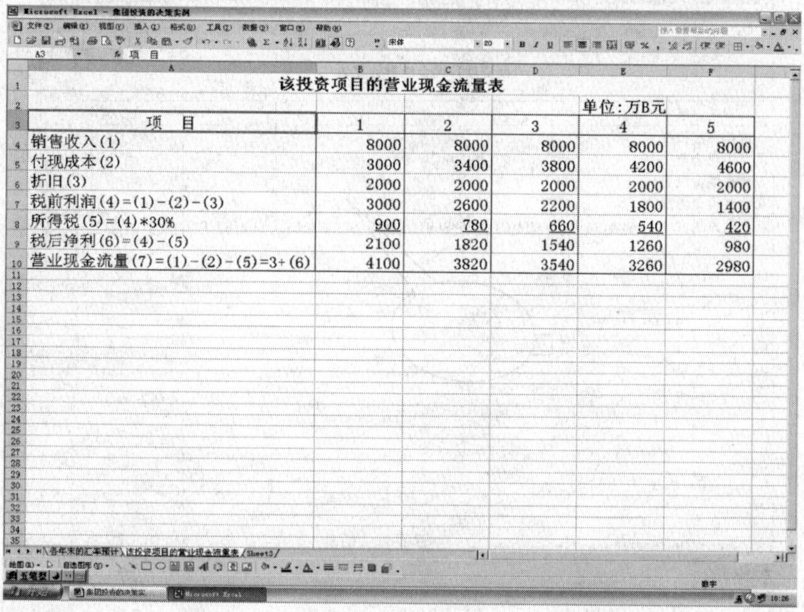

图 4－2

第五步，可将此表复制到 Microsoft Word 中，进行文字分析，见图 4-3。

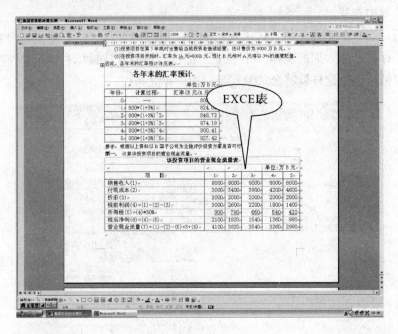

图 4-3

（二）计算该项目的全部现金流量

在 Excel 中制作，方法同上，公式见图 4-4。

注意：SUM（B4：B7）表示从 B4 连加到 B7。

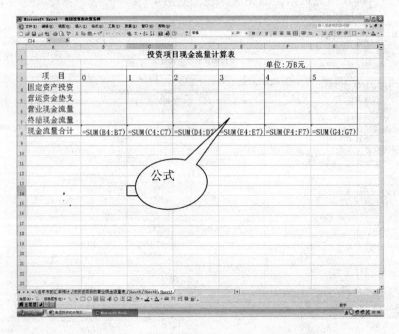

图 4-4

将此表复制到 Microsoft Word 中，见表 4-3。

表 4-3　　　　　　　　　投资项目现金流量计算表　　　　　单位：万 B 元

项　目	0	1	2	3	4	5
固定资产投资	-12 000					
营运资金垫支	-3000					
营业现金流量		4100	3820	3540	3260	2980
终结现金流量						9000
现金流量合计	-15 000	4100	3820	3540	3260	11 980

（三）计算该项目的净现值

在 Excel 中制作，方法同上，公式见图 4-5。

图 4-5

将此表复制到 Microsoft Word 中，见表 4-4。

表4-4 投资项目净现值计算表 单位：万 B 元

年份(t)	各年的 NCF(1)	现值系数(P/F,10%,n)(2)	现值(3) = (1) × (2)
1	4100	0.909	3727
2	3820	0.826	3155
3	3540	0.751	2659
4	3260	0.683	2227
5	11 980	0.621	7440
未来报酬的总现值			19 207
减：初始投资			15 000
净现值			4207

（四）以子公司为主体做出评价

该投资项目有净现值 4207 万 B 元，说明是一个比较好的投资项目，可以进行投资。

小提示：

投资项目评价是在项目可行性研究中，提供科学决策依据的最关键、最重要的部分，它是一个技术经济分析、论证的过程。它对于充分发挥投资效益、降低投资风险、优化资源配置和投资结构，具有重要作用。

实验项目二 企业并购估价模型运用

实验项目：企业并购估价模型运用

实验学时：2 学时

实验类别：综合性实验

实验目的与要求：

通过本实验，使学生能了解企业并购目标公司的选择；掌握企业并购中各种估价方法并能熟练地应用这些方法对购并企业价值进行计算并评价。

实验过程要点：

（1）建立换股合并估价法的模型；

（2）运用模型对案例资料进行不同指标的计算；

（3）根据计算结果进行分析。

实验设备、工具及材料：电脑。

编写报告：按要求完成计算并写出实验报告。报告内容包括模型的建立情况、各项业务指标计算情况及综合分析情况。

小知识：

企业并购（Mergers and Acquisitions，M&A）包括兼并和收购两层含义、两种方式。国际上习惯将兼并和收购合在一起使用，统称为 M&A，在我国称为并购。即企业之间的兼并与收购行为，是企业法人在平等自愿、等价有偿的基础上，以一定的经济方式取得其他法人产权的行为，是企业进行资本运作和经营的一种主要形式。企业并购主要包括公司合并、资产收购、股权收购三种形式。

【例】假设 A 公司要并购 B 公司，两公司的有关资料如下：设 $\beta=20$，$YA=800$ 万元 $YB=400$ 万元，$\triangle Y=200$ 万元，$SA=1000$ 万股，$SB=800$ 万股，$PA=16$ 元，$PB=10$ 元，则：

$$ERA = [\beta(YA+YB+\triangle Y) - PA \times SA]/(PA \times SB)$$
$$= [20 \times (800+400+200) - 16 \times 1000]/(16 \times 800)$$
$$= 0.9375$$
$$PAB = \beta(YA+YB+\triangle Y)/(SA+ER \times SB)$$
$$= 20 \times (800+400+200)/(1000+0.9375 \times 800)$$
$$= 16(万元)$$
$$ERB = PB \times SA/[\beta(YA+YB+\triangle Y) - PB \times SB]$$
$$= 10 \times 1000/[20 \times (800+400+200) - 10 \times 800]$$
$$= 0.5$$
$$PAB = \beta(YA+YB+\triangle Y)/(SA+ER \times SB)$$
$$= 20 \times (800+400+200)/(1000+0.5 \times 800)$$
$$= 20(万元)$$

即换股比例应在 0.5~0.9735 之间。如果换股比例低于 0.5，则 B 公司的股东财富受损，如果换股比例高于 0.9735，则 A 公司的股东财富受损。

表 4-5　　　　　　　　　　换股合并估价法计算公司并购情况表

项目	YA	YB	△Y	YA+YB+△Y	β	SA	SB	PA	PB	ER	PAB
A	800	400	200	1400	20	1000	800	16	10	0.9375	16
B	800	400	200	1400	20	1000	800	16	10	0.5	20

表 4-5 是在 Microsoft Excel 中制作的。其步骤如下：

第一步，打开 Microsoft Excel。

第二步，在 A1 单元格内输入标题（换股合并估价法计算公司并购情况表），在 3 列和 A 栏中分别输入横栏标题和纵栏标题。

第三步，编入公式，在各计算单元格内编入所要求的公式，见图 4-6。如何编公式，首先在单元格内输入等号"="后面紧跟运算公式，如 E4 单元格内输入

"=B4 + C4 + D4"然后按回车键。编制各相关公式，见图4-6。

第四步，录入相应的数字，即可制作出上面表格。见图4-7。

注意：加减乘除符号分别为"+、-、*、/"，若需要其他函数公式，可在插入函数菜单中查找。

技巧：当一个单元格的公式录入完毕后，可选中该单元格。将光标向右下角移动，使光标符号变为黑的实体"十字星"符号，然后按住鼠标右键不放，推动鼠标向后单位格移动，这样就将公式复制到后面的单元格内。

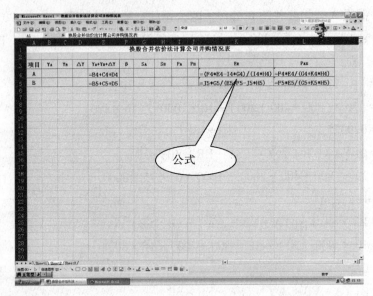

图4-6

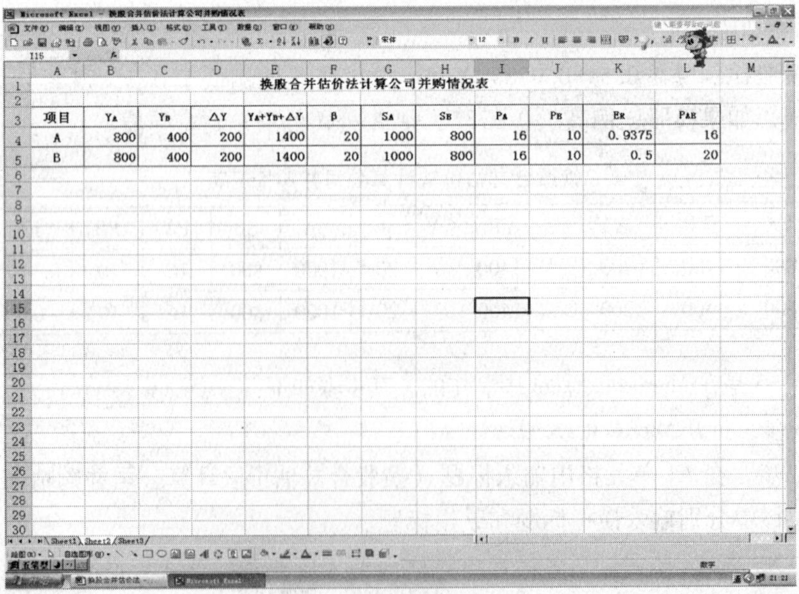

图4-7

🪕 **小提示：**

换股吸收合并是公司合并的一种形式。根据《关于整顿场外非法股票交易方案的通知》的精神，鼓励上市公司与行业相同或相近的、资产质量好、有发展前景的、在非法设立的证券交易所挂牌交易的企业实施吸收合并，以达到优势互补和共同发展的目的。这种政策上的鼓励也为上市公司吸收合并这类企业提供了有利的条件，当然，这也赋予了一些上市公司低成本扩张的历史机遇。

实验项目三　破产企业财务管理

实验项目：破产企业财务管理

实验学时：2 学时

实验类别：验证性实验

实验目的与要求：

通过本实验，使学生了解破产企业财务管理的主要内容；掌握破产危机的征兆并对企业实行破产预警管理。

实验过程要点：

（1）以小组为单位选择某一将要破产企业；

（2）以小组为单位对该企业破产资料分析；

（3）找出企业破产危机的征兆；

（4）进行破产预警管理方案设置。

实验设备、工具及材料：电脑、互联网。

编写报告：

按要求完成报告。报告内容包括对将要破产企业资料的分析情况、进行破产预警管理的方案的设置

🪕 **小提示：**

企业破产是指企业在生产经营中由于经营管理不善，其负债达到或超过所占有的全部资产，不能清偿到期债务，资不抵债的企业行为。

一、确定通过互联网查询的目的

主要通过互联网对案例中所给定企业的基本财务状况进行资料收集，掌握企业破产危机的征兆，掌握破产预警分析方法并对企业实行破产预警管理。

二、确定查询对象

查询对象：案例中所出现的公司。

三、制定查寻项目

查询项目：企业基本状况；企业财务状况；企业资本结构状况；企业投资状况；

企业资本市场运作状况；企业利润或股利分配政策等。

四、查询方式

以小组为单位进行资料查询、收集企业相关信息资料。

五、具体查询步骤

第一步，打开 http：//baidu. com 或 http：//google. com 等相关搜索网站。

第二步，在网站上输入关键字如股票代码（600240），进行搜索。见图 4 - 8、图 4 - 9。

图 4 - 8

图 4 - 9

第三步，在网站上查找有关网站。见图 4 - 10。

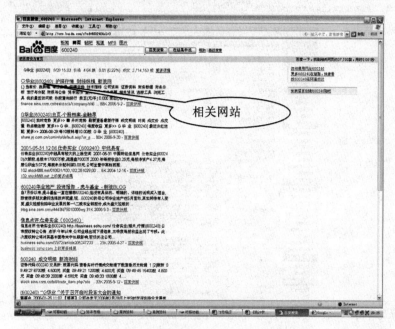

图 4 - 10

第四步，在网站上查询该企业相关资料。见图 4 - 11、图 4 - 12。

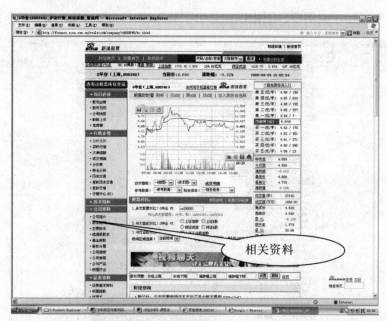

图 4 - 11

图 4 - 12

第五步，下载并保存相关资料。

（1）按鼠标左键不放，下拖以便选中下载区域，如图 4 - 13 中的黑色部分；

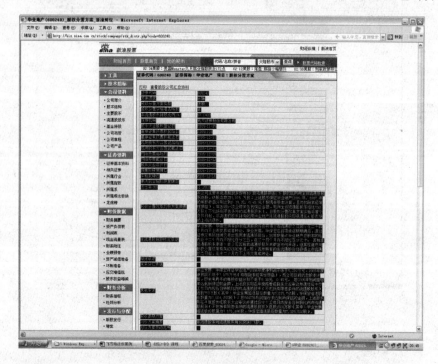

图 4 - 13

（2）按 Ctrl + C 键（或按鼠标右键选复制）；

（3）打开"Microft Word"应用程序，按 Ctrl + V 键（或按鼠标右键选粘贴），见图 4 - 14；

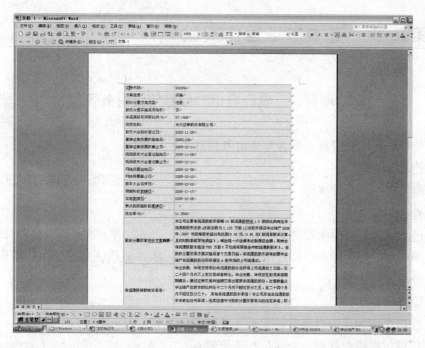

图 4 - 14

（4）在文件（F）菜单中保存该资料文件，见图 4 - 15。

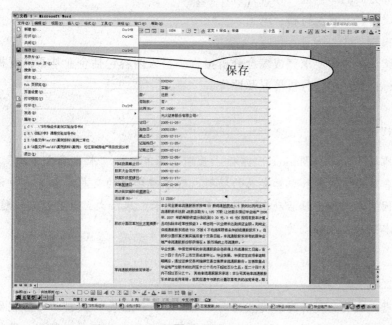

图 4 - 15

第六步，将所下载的资料结合给定的案例进行整理、归类后找出企业出现财务危机的征兆，通过综合分析并对企业破产进行预警管理。

● 第二节　资本市场运作实验

实验项目一　发行股票、债券筹资财务管理

实验项目：发行股票、债券筹资财务管理

实验学时：3 学时

实验类别：综合性实验

实验目的与要求：

通过本实验，使学生能熟悉企业筹资的渠道、方式，掌握筹资渠道、方式，选择中必须考虑的资金成本、杠杆原理及资本结构问题并能熟练掌握、运用筹资的理论综合分析实际案例。

实验过程要点：

（1）以小组为单位选择某一典型企业筹资实例；

（2）通过网络查找给定企业的相关资料；

（3）针对企业采取的筹资方式对其生产经营状况、财务状况、现金流量状况、组织管理等方面的影响进行综合分析评价。

实验设备、工具及材料：电脑、互联网。

编写报告：

以小组为单位按要求完成综合分析报告。报告内容包括企业基本情况概述、筹资方案指标计算、综合分析情况及评价、

小知识：

资本市场（Capital Market）亦称"长期金融市场"、"长期资金市场"。期限在一年以上各种资金借贷和证券交易的场所。资本市场上的交易对象是一年以上的长期证券。因为在长期金融活动中，涉及资金期限长、风险大，具有长期较稳定收入，类似于资本投入，故称之为资本市场。

示例

服装就是文化，是一定历史文化的凝聚。"××服装"从创业之初就确立打民族品牌的意识，力争在服装生产上体现更多的民族文化。同时，"××服装"又紧

紧抓住一切有利机遇，把眼光放远，采取走出去的战略，面向整个国际市场。现在，中央提出西部大开发战略，这又给予其一个发展的机遇。

1998 年，"××服装"在引进 445 万美元的基础上组建起×××制衣有限公司的时候，就瞄准了当时世界制衣先进水平，通过深入考察，认识到，单纯做毛料纺织品价值太低，只有延伸到毛料纺织品的下游产品，将面料进行深加工，才能获得高附加值。于是，他们在继承民族特色的同时，加快了引进、吸收、消化的步伐，并组织一批科研人员进行技术攻关，使公司在很短的时间内创出了自己的服装名牌，使"××服装"成为我国的著名商标，"××服装"也被评为全国十大名牌服装，公司建成投产当年，就实现外销 50 万套服装的设计能力。到 2003 年，他们不满足于现状，又把眼睛放在国内市场。2005 年"××服装"在全国已发展 260 个由专营店、连锁店为网络的销售框架，全面打开了国内市场。

"××服装"总裁、全国十大优秀企业家葛×这样说：服装生产到一定阶段，就必须要全面体现自己的个性，才能有生命力，个性也是企业文化的反映。因此，2006 年，"××服装"在继续扩大生产的同时，全面转向精品服务，从制作到营销，充分细化，不仅要反映出公司产品的高科技含量、高质量服务，还要反映出其文化品位，这样才能在越来越激烈的市场竞争中站稳脚跟。

随着企业越做越大，"××服装"又把眼光瞄向了资本经营和运作上。2007 年，集团公司兼并了破产的多家国有中小型相关企业，使集团公司拥有了从羊毛加工到精纺面料、服装辅料、再到服装成衣的一条龙产业链条，通过一系列资产重组和技术改造，大大提高了服装毛衬布、袖顶棉、垫肩等的质量与档次，并降低了产品生产成本，为企业的大发展和实施良性互动奠定了基础。

2008 年后，集团公司又以青松制衣为核心，通过募集方式正式组成了××股份有限公司，并进行包装上市。他们利用股份公司融资 1.38 亿元人民币，引进英国、意大利先进技术和设备进行技术改造，充分发挥集团的资源与品牌优势，使公司最终实现年产高档西服 70 万套 100 万平方米面料，还为国内及国外市场提供 80 万套配套产品。届时，集团公司的销售收入将由目前的 2.64 亿元提高到 12 亿元，利润由 4329 万元提高到 2 亿元，使得集团公司成为本省纺织行业的支柱产业。

在实现规模生产的同时，"××服装"还注重企业文化与生态的建设，先后投资 1.5 亿元建起了一座占地 137 万平方米的集文化教育和生态保护于一体的现货城，并投入巨额资金用于牧草原及羊的改良，以培育出自己的优质毛，减少对外国毛的依赖。到目前，"××服装"已成为拥有集服装生产、精纺面料加工、服装辅料开发、高新产业开发、新型建材、贸易与房地产于一身的跨行业集团公司。2009 年，公司实现销售收入 26 400 万元，实现利润 3522 万元，上缴税金 807 万元，真正成了本省外向型支柱企业。

2010 年，为进一步扩大公司经营规模，提高市场占有率，不断进行设备的技术改造，加强营销网络建设，使公司的生产、经营保持良好的发展势头。为此，公司于 2010 年 6 月决定拟通过发行股票方式募集所需资金。

公司拟发行股票的有关情况如下：

股票名称：内蒙古仕奇实业股份有限公司，简称为"仕奇实业"。

股票种类：人民币普通股（A）股。

发行价格：8.00 元/股。

发行时间：2010 年 6 月 28 日。

发行范围及对象：向法人、个人投资者发行普通股 4000 万股；

向公司原股东配售普通股 2000 万股；

向证券投资基金配售普通股 750 万股。

发行人近三年财务情况，见表 4-6。

表 4-6　　　　　　××服装实业股份有限公司近三年财务情况表　　　单位：人民币千元

财务指标	2010 年中期	2009 年年末	2008 年年末
总资产	989 280.63	394 011.14	373 863.29
流动资产	8 857 587.25	286 368.46	273 998.63
长期投资	4323.08	0	0
固定资产	98 867.94	107 323.67	99 703.54
无形递延资产	302.36	319.02	161.11
流动负债	198 040.02	215 775.5	205 722.14
长期负债	17 918.38	9196.25	5874.63
股东权益	745 122.97	139 725.09	130 439.37
资本公积金	537 840.62	30 048.85	30 048.85
主营业务收入	110 464.72	201 900.14	201 868.93
主营业务利润	40 881.25	75 285.32	73 949.17
利润总额	30 975.94	47 330.03	36 175.77
净利润	22 606.11	34 946.41	29 989.9
未分配利润	23 875.91	1269.8	-1158.78

发行地区：与上海证券交易所交易系统联网的各地区

主承销商：海通证券有限公司

发行人：××服装实业股份有限公司

法人代表：于××

公司总股本为 17 500 万股。其中：国有法人股为 10 000 万股；法人配售 2725 万股；本次公开上网发行普通股 A 股 4750 万股（含基金配售额的 50%，750 万股）。

本公司所持股份为 9846.2116 万股，持股比例为 56.2611%。

问题讨论：

1. 根据所给资料，计算出 xx 服装实业股份有限公司筹资决策有关的相关指标。

2. 根据上述情况，判断 xx 服装实业股份有限公司筹资决策是否可行，请根据所给资料进行详细说明。

3. 根据上述情况，指出 xx 服装实业股份有限公司发展的"硬"道理。

4."名牌"在企业发展中的作用？

5. 怎样看待"企业文化"在企业的生产经营中的作用？

6."横向联合"与"纵向联合"比较，哪个对企业发展更有利？

一、确定通过互联网查询的目的

主要通过互联网对案例中所给定企业的基本财务状况进行资料收集，了解企业进行资本运作所处的宏观背景以及其他相关情况。

二、确定查询对象

查询对象：示例中所出现的公司。

三、制定查寻项目

查询项目：企业基本状况；企业财务状况；企业资本结构状况；企业投资状况；企业资本市场运作状况；企业利润或股利分配政策等。

四、查询方式

以小组为单位进行资料查询、收集。

五、具体查询步骤

第一步，打开 http：//baidu．com 或 http：//google．com 等相关搜索网站。

第二步，在网站上输入关键字如股票代码（600240），进行搜索。见图 4－16、图 4－17。

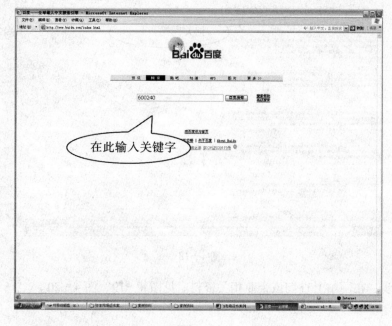

图 4－16

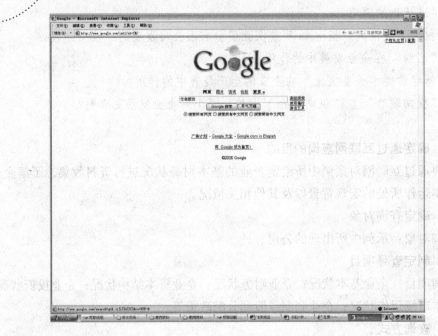

图 4 - 17

第三步，在网站上查找有关网站。见图 4 - 18。

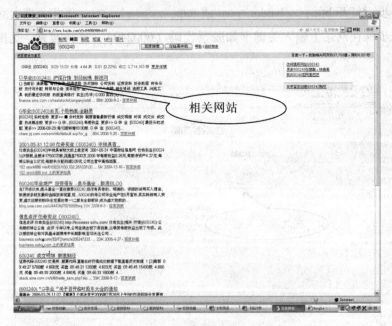

相关网站

图 4 - 18

第四步，在网站上查询该企业相关资料。见图 4 - 19、图 4 - 20。

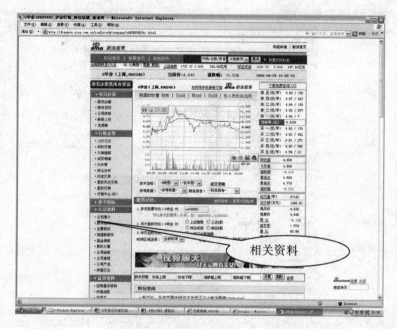

相关资料

图 4 – 19

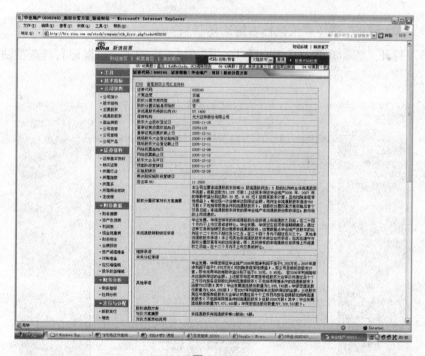

图 4 – 20

第六步，下载并保存相关资料。

（1）按鼠标左键不放，下拖以便选中下载区域，如图 4 – 21 中的黑色部分；

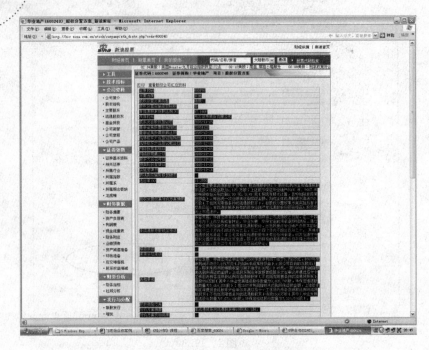

图 4－21

（2）按 Ctrl＋C 键（或按鼠标右键选复制）；

（3）打开"Microft Word"应用程序，按 Ctrl＋V 键（或按鼠标右键选粘贴），见图 4－22；

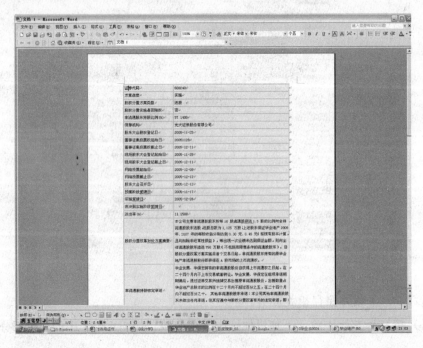

图 4－22

（4）在文件（F）菜单中保存该资料文件，见图4-23。

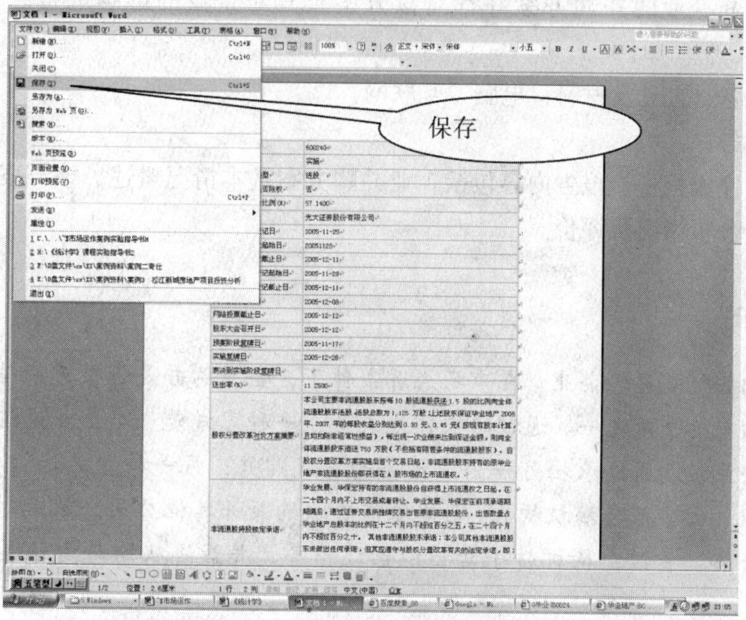

图4-23

第七步，将所下载的资料结合给定的案例进行整理、归类后进行综合分析，为课堂的案例讨论做好准备。

小提示：

本质上，资本就是财富，通常形式是金钱或者实物财产。资本市场上主要有两类人：寻找资本的人和提供资本的人。寻找资本的人通常是工商企业和政府；提供资本的人则是希望通过借出或者购买资产进而牟利的人。

实验项目二　企业购并财务管理

实验项目：企业购并财务管理

实验学时：2学时

实验类别：综合性实验

实验目的与要求：

通过本实验，使学生能熟悉企业并购的常见形式和类型、并购的动因和效应及并购的步骤；熟练掌握、运用并购的理论综合分析并购企业的成败得失。

实验过程要点：

（1）以小组为单位选择某一典型企并购实例；

（2）通过网络查找给定企业的相关资料；

（3）分析企业的并购方案并针对该方案及其对企业的影响进行综合的分析评价。

实验设备、工具及材料：电脑、互联网。

编写报告：

按要求完成报告。报告内容包括企业并购方案基本情况概述、该方案相关指标计算、综合分析情况及评价。

小提示：

企业购并就是买卖企业。在市场经济条件下，企业购并是调整产业结构、优化资源配置的重要手段之一。通常的操作方式是：一种方式是一个企业通过直接入资购买另一企业，或通过承担另一企业债务而完成购并；另一种方式是杠杆式购并，即一些企业（大多是金融机构），靠举债借贷收购兼并其他公司，然后对被收购的公司进行分解、重组，待机转手卖出以偿还债务，并最终从购与卖的差价中得到利润。

示例

股份公司的上市地位是一种无形资产。获得上市地位后，除了能为持有限公司股份的股东提供一个流通性好、溢价高的资本市场，使公司价值得以市场化外，最为重要的是能为公司提供直接融资的便利，为公司的长远发展提供较为稳固的"输血"管道。这一点从初步发育的中国资本市场来看尤为突出。然而，在中国的资本市场实施严格的额度控制，上市额度的分配成为市场的融资权极为困难，上市地位成为一种稀缺资源。如此一来，通过收购已上市公司的控制权，再注入优质资产的买壳上市模式就成为一种规避政策控制的有效运作方式。地方政府充分利用本地"壳资源"的目标与欲借壳上市的公司的目标相吻合，使得买壳上市成为当前资本市场上一道亮丽的风景线。

这里特别需要指出的是，买壳上市的各方热衷于这一方式的一个不言自明的动机是借上市公司的重组从二级市场上获利。

四川托普科技发展有限公司收购四川长征机床股份有限公司便是本资本市场上买壳上市的案例中一个较为引人瞩目的典型案例。对其进行深入分析，有助于为今后同类案例的操作提供参考。

一、本示例有相关各方

1. 四川长征机床股份有限公司（以下简称川长征）

川长征的前身是在 20 世纪 60 年代的三线建设期内迁的一家国有企业——国营长征机床厂。该厂成立于 1966 年，1987 年 3 月开始进行股份制造，并更名为四川长征机床股份有限公司。

1987 年 5 月至当年 12 月 31 日，川长征分三次向社会发行面额为 100 元的个人股 25 万股（后拆细为 2500 万股），募集资金 2500 万元，并以部分经营性资产折合为国家股 3694.59 万股。1992 年 11 月，国家股股东自贡市财政局以每股 3.5 元的价格转让 650 万股国家股给 12 家法人单位。至此，川长征的股份结构变为：国家股 3044.59 万股。

川长征属于从事机械加工设备的研制、开发、制造和销售的工业类公司，主要产品为机床、铣床及相关附件。

1995 年 11 月 1 日，川长征的流通股在深圳证券交易所挂牌交易，属历史遗留问题上市的公司。川长征的 A 股证券简称"川长征 A"，证券代码为 0583。

上市后，川长征 1995 年的分配方案为每 10 股送 4 股派 1 元，股权登记日为 1996 年 6 月 20 日。

截至 1997 年 11 月，川长征的总股本为 8812.43 万股，基中流通股 3495.65 万股，国有股 4262.43 万股，法人股 1050 万股，职工股 4.35 万股。公司最大的股东为自贡市国有资产管理局，共持有该公司国有股 4262.42 万股，占总股本的 48.37%。

由于受行业不景气的影响，加上公司自身在管理机制、体制方面存在的问题，川长征自上市以来业绩逐年下滑，1997 年已跌落到亏损的边缘，每股收益仅为 0.011 元，净资产收益率为 0.54%，已经丧失了配股权。

2. 四川托普科技发展有限公司（以下简称四川托普发展）

四川托普发展是一家成立于 1992 年的民营企业，主要从事计算机软件开发、计算机硬件、网络产品、应用电子技术产品开发、生产和销售。公司自创立以来发展迅速，在省内和业内均拥有一定的知名度，公司下属的西部软件园是国家科委授牌的全国四大软件园之一。

3. 成都托普科技股份有限公司（以下简称成都托普科技）

成都托普科技为 1950 万股。其中，四川托普发展拥有 1200 万股，占 61.54%，拥有绝对的控股权。成都托普科技主要从事电子显示屏的开发与制造，并兼营商业软件及邮电、办公软件的开发。1997 年，公司的销售收入为 3 亿元。

4. 自贡市国有资产管理局

自贡市国有资产管理局是川长征的国有股持有人。川长征 1987 年进行股份制改造时，曾以部分经营性资产折合为国家股 3694.59 万股，其持有人即为自贡市国有资产管理局。1992 年 11 月，自贡市国家有资产管理局以每股 3.5 元的价格转让 650 万股国家股给 12 家法人单位，共获得转让收益 2275 万元（650 × 3.5）。余下的 3044.59 万股国家股在 1995 年川长征 10 送 4 分配方案公布后变成了 4262.426 万股（3044.59 × 1.4）。

二、重组动因分析

川长征的经营业绩自 1995 年上市以来一路下滑，到 1997 年年底，净资产收益率降至 0.54%，利润降至 100.8 万元。近几年来，投资收益逐渐成为川长征利润总额的主要构成部分。川长征 1996 年度的主营业务利润为 3.38 万元，在利润总额中所占比重由 1995 年度的 61% 锐减至 0.6%。1997 年度的主营业务亏损 475.521 万元，成为利润总额中的减项。公司的主营业务发展已步履维艰，如果不及时采取有效措施来改变这种状况，1998 年度出现亏损将是不可避免的。到时，川长征不仅将丧失配股权而且会影响到其上市地位。我们可以从川长征 1997 年度的年报摘要中可以看出其端倪。见表 4-7。

表 4-7	川长征 1997 年度年报摘要	单位：千元
流动资产		207 294.19
固定资产		180 580.23
无形资产		14 314.69
长期资产		9 445.51
总资产		411 634.62
流动负债		141 877.54
长期负债		75 015.10
资本公积		62 914.24
股东权益		185 159.29
主营业务收入		66 434.37
主营业务利润		-4755.21
其他业务利润		475.89
营业利润		-4279.31
营业外收支净额		7.86
利润总额		1093.38
税后利润		959.91
净利润		1008.09
未分配利润		6893.05
每份未分配利润（元）		0.07822
每股收益（元）		0.011
每股净资产（元）		2.101
调整后每股净资产（元）		1.936
股东权益比率		44.98%
净资产收益率		0.54%

通过对川长征 1997 年度经营状况和财务状况的分析，可以得出如下结论：公司的经营状况和财务状况实在不容乐观。1997 年度，该公司的销售收入大幅下滑，净利润急剧萎缩，主营业务出现亏损。在偿债能力方面，形势更为严峻。其中，速动比率（Acid Test Ratio）仅为 0.68 倍；速动资产（Quick Assets）中的应收账款（Receivables）存在严重的账龄"瑕疵"，高达 55.27% 的应收账款的账龄超过一年，而且其中有 755 万元按理应列入待处理流动资产损失，用于冲减当期净利润。对这

一科目迟迟不做处理，最终会对公司今后的发展构成隐患。

由于公司所处行业不景气，仅仅依靠改变现有的主营业务来提高业绩，希望十分渺茫。调整主营业务，进行较大规模的资产重组是唯一可行的办法。

对自贡市政府而言，与其拥有一家已丧失融资能力的公司，不如通过资产重组，为公司引入新的利润增长点，盘活原有的存量资产，从而改善公司的经营状况，恢复公司的融资能力，继续发挥资本市场的"招商引资"功能。因此，着眼于长远利益的地方政府的支持成了此次重组得以成功的关键因素。

四川托普发展经过几年的快速发展，已完成了资本的原始积累。但是，由于其所处行业竞争激烈，原有的利润增长点显示屏业务和系统集成业务的市场竞争极为激烈，新近涉足的计算机硬件业与国内各大厂商相比毫无优势可言，整个公司处于发展的瓶颈阶段。取得上市地位，获得资本市场上的融资权，让资本市场来为集团的进一步发展提供资金支持，是突破这一瓶颈的有效手段。然而，由于受目前上市额度向大型国有企业倾斜的政策的限制，作为民营企业的四川托普发展企图从正常的渠道取得上市地位十分困难。在这种背景下，借壳上市便成为唯一可行的办法，并且在重组过程中还可以借助二级市场上的炒作获取丰厚的利润。

三、资产重组的运作过程

资产重组的运作思路为：采取先向上市公司注入资产，再收购上市公司控股权的方式。具体要点有两个：

（1）川长征向原控股股东自贡市国有资产管理局借入资金7791万元，用于收购四川托普发展旗下的成都托普科技53.85%的股权共计1050万股，每股7.42元，共计7791万元（1050×7.42），使成都托普科技成为川长征控股的子公司。

（2）四川托普发展以场外协议转让的方式受让自贡市国有资产管理局持有的川长征4262.43万股国有股，每股转让价格以川长征1997年中报披露的每股净资产2.08元为基础，另外按每股0.5元收取无形资产补偿费。此次转让的股份占川长征总股本的48.37%。转让后四川托普发展将成为川长征的第一大股东。此次转让共涉及现金10 997.0694万元（4262.43×2.58）。

川长征的重组进程可以从四个月内先后发布的四则公告中看出。现摘录如下：

1998年1月12日，川长征董事会发布告称，1997年12月29日经股东大会审议通过，本公司与四川托普科技发展有限公司签订了股权转让协议。本公司以现金方式购买四川托普科技发展有限公司持有的成都托普科技股份有限公司1200万股股权中的1050万股，购买价为每股7.42元，共计支付人民币7791万元。至此，本公司拥有成都托普科技股份有限公司53.85%的股权，对成都托普科技股份有限公司拥有绝对控股权。经四川省人民政府同意，本公司的主营业务由机床研制、生产和销售调整为计算机软件开发、计算机硬件、网络产品、应有电子技术产品、机床产品的研制、开发、生产和销售。

公告强调，本次收购完成之后，将大大改善本公司的献血状况，提高本公司产品的整体盈利水平。今后，计算机业务将成为本公司的主要利润来源，软件业务将成为本公司今后发展的主要方向。由于机床业务和软件业务具有较强的互补性，将为本公司产品结构的调整、资产质量的提高以及本公司的未来发展开辟广阔的前景。这些都将给广大股东带来丰厚的回报。

两天之后，即 1998 年 1 月 14 日，川长征董事会发布提示性公告称，近一段时间以来，本公司股票价格的涨幅较大，市盈率非常高。有关本公司购买成都托普科技股份有限公司部分股权的有关事项已刊登在 1998 年 1 月 12 日的《证券时报》上，除此之外，本公司没有任何应予披露而未披露的信息。请投资者仔细阅读，理性投资。

1998 年 4 月 1 日，川长征董事会发布公告称，本公司股票价格的涨幅较大，市场传闻较多。为此，本公司郑重声明：本公司没有任何应予披露而未披露的信息。同时，本公司就公司股权转让的问题做如下说明：就本公司国家股股权转让事宜，本公司第一大股东自贡市国有资产管理局与四川托普科技发展股份有限公司尚在商议之中，目前本公司尚未收到任何具有法律效力的资料和文件。在此，特提醒广大投资者注意投资风险。

在上述公告发布之后一周，即 1998 年 4 月 8 日，川长征董事会发布公告称，自贡市国有资产管理局已与四川托普科技发展股份有限公司签订了国家股转让协议，自贡市国有资产管理局将其持有的本公司的国家股全部转给四川托普科技发展股份有限公司。此次转让，转让价为每股人民币 2.08 元。同时，自贡市国有资产管理局按每股人民币 0.5 元向四川托普科技发展有限公司收取无形资产补偿费。此次共转让股份 4642.43 万股，占本公司总股本的 48.37%。

1998 年 5 月 31 日，川长征召开临时股东大会，会议审议通过了以下事项：①选举产生新一局董事会及监事会；②将公司名称更改为四川托普长征软件股份有限公司；③同日召开的第五届董事会选举宋如华为公司董事会董事长，监时会选举张海昌为公司监事会主席。

由川长征申请，经深交所审定，川长征 A 股证券简称"川长征 A"更改为"托普软件"，证券代码不变。证券简称从 1998 年 6 月 8 日起正式启用。

至此，川长征的重组工作已经全部完成。

对川长征重组过程的分析、研究表明，通过长达四个月的涉及川长征的两次受让活动，使投资者终于看到了一套借壳上市的标准程序，也明白了川长征在其中扮演着什么样的角色。

早在 1997 年 12 月 29 日，川长征就与四川托普发展签订了受让其持有的成都托普科技股份有限公司 53.85% 的股权的协议，收购资金 7791 万元由自贡市国有资产管理局以借款的方式提供。当时，市场上的理解和不解主要集中在以下几个方面：

（1）川长征拥有高科技属性的优质资产，公司 1998 年的业务将以计算机软件的开发和销售为主。以此为概念，投资者可以对其进行炒作。

（2）川长征当时的偿债能力面临极为严峻的考验：速动比率仅为 0.68 倍，远远低于国际通行标准 1 倍；应收账款中存在很大的隐患，有 755 万元的应收账款按理应列入待处理流动资产损失，用于冲减当期净负债方面新增了上述 7791 万元的借款。其压力之大，可想而知。

（3）为什么要在 1998 年 1 月 12 日发布公告，两天之后再发一个提示性公告？前一个公告称"将给广大股东带来丰厚的回报"，后一个公告则要"投资人仔细阅读，理性投资"，这说明了什么呢？是二级市场上的主力已经控盘，准备拉升，还是为了洗盘？从事后二级市场上的该股的股价和成交量来看，显然是后者。1998 年 1 月 12 日川长征正式公告成功收购成都托普科技股份有限公司 1050 万股股权时，川长征的股价为每股 11.99 元。两天之后，即提示性公告发布之日达到了 13.99 元，创出了新高。在随后的若干天内，川长征的股价大幅下跌，市场主力进一步建仓，为以后的拉升出货创造条件。

四、本次重组中的几点情况

1. 政府在川长征的利益

可以把 1987 年川长证进行股份制改造时，将经营性资产折合同为国家股 3694.59 万股视为政府部门对川长征的原始投入。按当时 1∶1 的比例计算，共计 3694.59 万元。1992 年 11 月，自贡市国有资产管理局以每股 3.5 元的价格转让 650 万股国有股给 12 家法人单位，共获得转让收益 2275 万元（650×3.5）。余下的 3044.59 万股国家股在 1995 年川长征 10 送 4 分配方案公布后变为约 4262.43 万股在（3044.59×1.4）。此次川长征将这部分国家股转让给四川托普发展，转让价为每股人民币 2.08 元。同时，自贡市国资局按每股 0.5 元共获得现金约 10 997.069 万元（4262.43×2.58）。由此可以计算出自贡市国有资产管理局持有川长征 3694.59 万股原始国家股，前后共获得现金 13 272.0694 万元。

2. 四川托普发展在本次重组中的资产、收益情况

事实上，四川托普发展实际上仅以约 3206.069 万元的代价就获得了川长征的控股权。购买川长征 48.37% 的股份及补偿相应的无形资产费共计支付现金约 10 997.069 万元，出售成都托普科技 53.85% 的股权共获得现金 7791 万元，二者之间的买卖差价约为 3206.069 万元。

据 1998 年 1 月 12 日川长征董事会发布的公告，川长征对成都托普科技股权的收购价是"依据成都托普科技的每股净资产、净资产收益率等因素确定"的，但成都托普科技的每股净资产和净资产收益率空间为多少，公告并未披露。

根据笔者的调查，初步估计，成都托普科技拥有净资产 8032.5 万元，总股本为 1950 万股，则每股净资产应为 4.12 元。如果按照川长征达到配股所要求的 10% 的净资产收益率反向推算，川长征的每股收益不得低于 0.21 元。这就要求川长征每年都要从成都托普科技并入 1860 万元的合并利润。按川长征所拥有的成都托普科技人 53.85% 的股权计算，托普科技每年须获得 3454 万元的税后利润，即每股收益为

1.77 元。由此可以推算出成都托普科技的净资产收益率为 43%，而市场上同类企业如东大阿派（四大软件园的"排头兵"）的净资产收益率仅为 25%。很显然，按 43% 的净资产收益率来计算，肯定会高估资产价值。从成交价可以看出，川长征购买成都托普科技 1050 万股股权，每股价格为 7.42 元，较成都托普科技采用的资产评估方法不是重置成本法，而是收益实现法（或称收益贴现法），即将成都托普科技未来的预期收入通过贴现的方式转换为资产价值。

反观四川托普发展收购川长征的资产定价，是按 1907 年中报披露的每股净资产 2.08 元加上每股 0.5 元的无形资产补偿费，共 2.58 元成交的。这中间有多大的水分，不言自明。其中最主要是川长征应收账款和存货占流动资产的 81%，占资产总额的 41%，财务风险较大。并且在应收账款中，账龄超过一年以上的占 55.27%，而且有 755 万元按理应列入待处理流动资产，用于冲减当期净利润。

这次重组完成之后，川长征大股东（前五名）的排序如下：

(1) 四川托普科发展公司　　　　　　42 624 313 股 占 48.37%
(2) 四川省信托投资公司　　　　　　　3 780 000 股 占 4.29%
(3) 长征置业总公司　　　　　　　　　2 884 000 股 占 3.27%
(4) 自贡市银建房地产综合开发公司　　　840 000 股 占 0.95%
(5) 自贡市自通房地产综合开发公司　　　840 000 股 占 0.95%

3. 在重组过程中，有关信息披露对二级市场的影响

1997 年 12 月 1 日，川长征以临时股东大会的名义发布公告，首次披露准备收购成都托普科技。二级市场上川长征的股价和成交量随之发生了变化，股价从几天前的 5.35 元涨至 5.48 元，成交量也开始放大。1998 年 1 月 12 日，川长征正式公告已成功地收购了成都托普科技。此时，川长征的股价已达到每股 11.99 元。两天之后，川长征的股价创历史新高，达到 13.99 元。此后，川长征又发布公告，称"除已披露的信息外无其他应披露而未披露的信息"。其后，市场主力三次震仓、洗盘，股价开始上升。4 月 1 日，川长征的股价再创历史新高，达到了 19.09 元。而此时，川长征与四川托普发展又分别发布公告，称"双方正在洽谈的川长征的国有股权转让问题尚未得到有关方面的批准，成功与否尚未得知"，市场一片茫然。然而，仅仅一周之后，即 4 月 8 日双方就发布公告，声称收购已成功。当天川长征的股价再创新高，达到了 20.19 元。其后数天，川长征的股价飙升到 24.58 元。

这几次公告发布的时间跨度为 5 个月。其间，川长征的股价从 5.48 元涨到 24.58 元，涨幅近 400%。可见，信息公告对股价上涨的刺激功不可没。本身被市场寄予厚望的四川托普发展的实力的确不凡，公司拥有国家四大软件园之一的西部软件次转到川长征名下的成都托普科技从事商业软件及邮电、办公软件的开发和销售，1997 年的销售收入为 3 亿元。公司总裁还曾在相关媒体上表示，到 2000 年，公司的产值将达到 50 亿元，2010 年将达到 500 亿元，2050 年将达到 500 亿美元。如此大胆的预测，实在令人敬畏！但是，事实上，四川托普发展的核心资产和此次重组

的卖点"西部软件园"并未纳入重组范围,看来,其目的还是在于为市场提供足够的炒作题材,迎合市场的偏好。

4. 重组之后川长征业绩的提高有待关注

1998 年的中期报告是川长征重组之后第一次公开披露财务经营状况,引起了市场人士的极大关注。表 4-8 是川长征 1998 年的主要财务指标摘要。

表 4-8　　　　　　　　　川长征 1998 年中报摘要　　　　　　　单位:千元

总资产	620 911.36
流动资产	293 432.36
固定资产	185 247.94
无形资产	45 765.90
长期投资	96 465.97
流动负债	210 895.11
长期负债	165 749.24
资本公积	62 914.24
股东权益	199 417.23
主营业务收入	84 510
营业利润	20 345.84
投资收益	517.89
营业外收支净额	-40.05
利润总额	20 836.68
税后利润	17 700.13
净利润	14 257.94
未分配利润	21 150.99
每股未分配利润(元)	0.240 01
每股收益(元)	0.162 00
每股净资产(元)	2.260
调整后每股净资产(元)	2.20
股东权益比率	32.12%
净资产收益率	7.15%

对川长征 1998 年中报的分析表明,1998 年 1~6 月,川长征共完成主营业务收入 8451 万元,同比增长 173.07%;实现利润 2082.37 万元,同比增长 168.6%;每股收益为 0.162 元,比 1997 年同期增加 0.154。

这是四川托普发展入主川长征以来川征第一次披露其经济效益。为此,笔者采访了托普软件集团的有关负责人。

这位负责人说,值得注意的是以上 2000 多万元的利润是在 2 个月(5、6)内完成的,这充分表明了托普软件的盈利能力比较强。据介绍,托普软件 1998 年 1~4 月一直在进行重组后的改组、改制工作,新的机制尚未运行,因而经济指标完成得不大理想,出现了少量亏损。在 1998 年 5 月川长征重组后的临时股东大会召开之后，公司紧紧抓住主营业务改变的契机，在成都成立了以计算机软件开发、销售为主的子公司，大力在软件开发和销售上做文章。上半年，公司承揽了一系列软件开发、系统集成、网络研制等大宗工程订单，并推出了家用多媒体电脑及相关软件，在成都和西南地区的销售非常看好，在四川省第一品牌的地位已经得到了巩固。同时，工商、税务、银行、邮政等方面的软件销售也取得了较大的进展。与此同时，托普软件对川长征原有的机床业务，一方面压缩生产规模，一方面将重点放在数控机床的开发、研制上，提高了机床的性能和档次，签订了液压信形铣床和批量调整铣床合同，巩固了其在同等业中的优势。上半年，软件业务收入已占公司总收入的2/3以上。

总之，托普软件在两个月内就获得了巨大的经济效益。究其原因，一是重组带来的主营业务变化带来的；二是重组后新的以市场为导向的机制发展了作用。

事实上，川长征原有的业务已无多少盈利能力，资产质量低下，应收账款和存货占流动资产的81%，占总资产的41%，财务风险极大。成都托普科技与川长征的业务关联度较低。二者的产品与市场有极大的不同。寄希望于通过业务整合提高原有业务业绩的可能性较低，业绩的提高只能寄希望于成都托普科技利润的并入。但是，成都托普科技自身的盈利能力尚是一个未知数，在川长征原有业务的业绩不变和无劣质资产被剥离出去的情况下，要使川长征达到配股所要求10%的净资产收益率，必须每年从成都托普科技并入1860万元的合并利润。这就要求成都托普科技每年必须达到3454万元的税后利润，而这意味着成都托普科技必须以每股净资产4.12元获得1.77元的收益，净资产收益率必须达到43%。如果按市场同类企业东大阿派的净资产收益率25%来计算，成都托普科技的每股税后收益仅为1.03元（4.12×25%），每年能够并入川长征的税后利润只有1081.5万元，川长征的净资产收益率只能达到5.84%。因此，要恢复川长征的配股资格，难度较大。

此外，在收购成都托普科技的过程中，川长征向自贡市国有资产管理局借款7791万元，而有关公告中并未提及这部分借款是否计息。如计息，又要从利润中分走一部分。如果按年利率8%计算，川长征每年应向自贡市国家有资产管理局支付623.28万元的利息，这对成都托普科技实现利润的要求更高。

如果实现收益有困难，另一条路就是剥离劣资产。如果能用剥离出去的劣质资产去抵充债务，倒也是一个很好的办法，但这又会违背政府甩"包袱"的初衷。1998年7月28日，川长征召开董事会，审议通过了关于出售部分资产的议案。公告称："公司将利用率不高的部分设备和空闲厂房等，按1997年11月3日经评估的净资产值7854.49万元，以现金方式出售给四川托普集团自贡市高新技术有限公司，收入用于加大科技投入……"

5. 四川托普发展收购川长征和川长征反向收购成都托普科技

在这次收购中，四川托普发展共支付了3706.069万元。同时，四川托普接受川长征劣质资产的代价为7854.49万元。这两项目支出合计11 560.559万元。

而要使川长征达到 10% 的净资产收益率，每年必须从成都托普科技并入 1860 万元的合并利润。而在这 1860 万元的利润中，四川托普发展只占 48.37%，即 900 万元。也就是说，重组前四川托普发展可以凭借其拥有的成都托普科技 53.85% 的股权获得的 1860 万元利润被川长征的其他股东分享了。

6. 先注资再收购这一模式的风险

尽管我国上市公司借壳的模式有许多种，但类似四川托普发展收购川长征这种先注资再收购的模式却是在众多借壳题材中首次出现的。这种模式只有在存在市场分割的中国资本市场上才有实现的可能。因为在成熟的市场上，股权的场外协议转让在定价时要考虑二级市场上的价格因素，一旦先行注入优质资产，必然会引起"壳"公司的股票价格在二级市场上的上涨，致使收购成本提高。而在中国，由于存在市场分割（国有股、法人股与流通股），场外协议的交易价格与二级市场上的股票价格完全割裂，造成法人股、国有股与流通股同股不同价的局面，交易者完全不必考虑目标公司的股票价格在二级市场上的上涨，因而不存在收购成本提高的因素。此外，先注资再收购的模式存在收购失败、但优质资产已转让的风险。企业培育优质资产量要投入相当的资源，是自己在市场竞争中得以取胜的核心能力，真可谓是一只"会下金蛋的鸡"，岂会轻易地让渡给他人？四川托普发展收购川长征的议案如果未得到监管当局的批准，岂不是将自己的优质资产供手送人，岂不是"赔了夫人又折兵"！

五、问题

1. 对政府在重组中的作用和利益的分析；
2. 对托普集团在本次重组中的得失分析；
3. 在重组过程中，有关信息披露公告的"艺术性"对二级市场的影响分析；
4. 对重组之后川长征业绩提高的分析；
5. 对四川托普发展收购川长征代价的分析；
6. 对先注资再收购这一模式的评价；
7. 怎样看待企业的重组？
8. 重组可能会有哪些风险。

小提示：

企业购并，能重新配置资产，使资产从小规模或无规模到大规模，从低效益或无效益进入高效益，从低质量变为高质量，从而提高购买公司的盈利能力。但是，不成功的并购，也可能带来企业危机。

实验项目三 破产清算财务管理综合分析

实验项目：破产清算财务管理综合分析

实验学时：2 学时

实验类别：综合性实验

实验目的与要求：

通过本实验，使学生能熟悉我国现行破产法中有关财务问题的规定；掌握破产预警和破产清算财务管理的主要内容，熟练掌握、运用破产预警、破产清算理论综合分析实际案例。

实验过程要点：

（1）以小组为单位选择某一典型企业示例；

（2）通过网络查找给定企业的相关资料；

（3）分析企业的破产方案并针对该方案及其清算情况进行综合的分析评价。

实验设备、工具及材料：电脑。

编写报告：

按要求完成报告。报告内容包括企业破产方案基本情况概述、该方案相关指标计算、综合分析情况及评价。

小提示：

破产清算是指宣告股份有限公司破产以后，由清算组接管公司，对破产财产进行清算、评估和处理、分配。清算组由人民法院依据有关法律的规定，组织股东、有关机关及有关专业人士组成。所谓有关机关一般包括国有资产管理部门、政府主管部门、证券管理部门等，专业人员一般包括会计师、律师、评估师等

一、案例

常言道，大有大的难处，小有小的难处。世界级的亿万富翁，也有被"一文钱逼死英雄汉"的时候。有个财务危机的惊险故事就出在全球第一号新闻出版商卢帕特·麦道克身上。

麦道克控制着世界上最大的新闻出版集团，在报业出版界，他的资格比英国出版业大王麦克斯韦尔老得多。罗伯特·麦克斯韦尔驾着豪华游艇在西班牙大加那利岛海面神秘地落水而死，享年 68 岁。死后爆出他非法挪用 7 亿多英镑以弥补债务亏空的丑闻。

麦道克出生于澳洲。加入美国国籍后，他的公司总部仍设在澳大利亚，而所属企业遍于全球。麦克斯韦尔生前主要控制镜报报业集团和美国的《纽约每日新闻》。麦道克的触角比麦克斯韦尔伸得更广，在全世界有 100 多个新闻媒体，包括闻名于世的英国《泰晤士报》。

麦道克是拥资 25 亿美元的大富豪。但不像麦克斯韦尔是个白手起家的暴发户，他从事的新闻出版业庇荫于父亲。老麦道克在墨尔本创办了导报公司，取得成功。在儿子继承父业时，年收入已达 400 万美元了。麦道克经营导报公司以后，筹划经营，多有建树，最终建成了一个每年营业收入达 60 亿美元的报业王国，控制了澳大利亚 70% 的新闻业、45% 的英国报业，又把美国相当一部分电视网络置于他的王国统治之下。

1988 年，他施展铁腕，一举集资 20 多亿美元，把美国极有影响的一座电视网买到了手。麦道克和他的家族对他们的报业王国有绝对控制权，掌握了全部股份的 45%。

西方的商界大亨无不举债立业，向资金市场融资。像滚雪球一样，债务越滚越大，事业也越滚越大。

麦道克报业背了多少债呢？24 亿美元。他的债务遍于全世界，美国、英国、瑞士、荷兰，连印度和我国香港的钱他都借去花了。那些大大小小的银行也乐于给他贷款，他的报业王国的财务架构里共有 146 家债主。

正因为债务大，债主多，麦道克对付起来也实在不容易，牵一发而动全身，投资风险特别高。若是碰到一个财务管理上的失误，或是一种始料未及的灾难，就可能像多米诺骨牌一样，把整个事业搞垮。但多年来麦道克经营得法，一路顺风。

殊不知，1990 年西方经济衰退刚露苗头，麦道克报业王国就像中了邪似的，几乎在阴沟里翻船，而且令人不能置信的是仅仅为了一笔 1000 万美元的小债务。

对麦道克来说，年收入达 60 亿美元的报业王国，区区 1000 万美元算不了什么，对付它应该是轻而易举。谁知这该死的 1000 万美元，弄得他焦头烂额，应了"一文钱逼死英雄汉"的这句古话。

事情是这样的：

美国匹兹堡有家小银行，前些时候贷款给麦道克 1000 万美元。原以为这笔短期贷款，到期可以付息转期，延长贷款期限。也不知哪里听来的风言风语，这家银行认为麦道克的支付能力不佳，通知麦道克这笔贷款到期必须收回，而且规定必须全额偿付现金。

麦道克毫不在意，筹集 1000 万美元现款轻而易举。他在澳洲资金市场上享有短期融资的特权，期限一周到一个月，金额可以高到上亿美元。他派代表去融资，大出意外，说麦道克的特权已冻结了。为什么？对方说日本大银行在澳大利亚资金市场上投入的资金抽了回去，头寸紧了。

东边不亮西边亮，黑了北方有南方。麦道克得知被拒绝融资后很不愉快，他亲自带了财务顾问飞往美国去贷款。到了美国，却始料未及，那些跟他打过半辈子交道的银行家，这回像是联手存心跟他过不去，都婉言推辞，一个子儿都不给。麦道克又是气恼又是焦急，悔不当初也去当上个大银行家，不受这份罪。他和财务顾问在美洲大陆兜来兜去，弄到了求爷爷告奶奶的程度，还是没有借到 1000 万美元。而还贷期一天近似一天，商业信誉可开不得玩笑。若是还不了这笔债，就会起连锁反应，不只匹兹堡一家闹到法庭，还有 145 家银行都会像狼群一般，成群结队地来索还贷款，具有最佳支付能力的大企业都经受不了债权人联手要钱。这样一来，麦道克的报业王国就得清盘，被 24 亿美元债券压垮，而麦道克也就完了。

麦道克有点手足无措，一筹莫展。但他毕竟是个大企业家，经过多少风风雨雨。他强自镇定下来思考，豁然开朗，一条主意出来了，决定回头去找花旗银行。花旗银行是麦道克报业集团的最大债主，投入资金最多，如果麦道克完蛋，花旗银行的损失最高。债主与债户原本同乘一条船，只可相帮不能拆台。花旗银行权衡利弊，同意对他的报业进行一番财务调查，将资产负债状况做出全面评估，取得结论后采取对策行动。花旗派了一位女副经理、加利福尼亚大学柏克莱分校出身的女专家带了一个班子前往着手调查。

花旗银行的调查工作班子每天工作 20 小时，通宵达旦，把一百多家麦道克企业一个个拿来评估，一家也不放松，最后完成了一份调查研究报告，这份报告的篇幅竟有电话簿那么厚。

报告递交给花旗银行总部，女副经理写下这样一个结论：支持麦道克！

原来这位女银行专家观察麦道克报业王国的全盘状况后，对麦道克的雄才大略，对他发展事业的企业家精神由衷敬佩，决心要帮助他渡过难关。

她向总部提出一个解救方案：由花旗银行牵头，所有贷款银行都必须待在原地不动，谁也不许退出贷款团。以免一家银行退出，采取收回贷款的行动，引起连锁反应，匹兹堡那家小银行，由花旗出面，对它施加影响和压力，要它到期续贷，不得收回贷款。

已经到了关键时刻，报告提交到花旗总部时距离还贷最后时限只剩下 10 个小时。麦道克带着助手飞到伦敦，花旗银行的女副经理也在伦敦等候纽约总部进一步的指示。真是千钧一发，麦道克报业王国的安危命运此时取决于花旗银行的一项裁决了。

女副经理所承受的压力也很大，她所做出的结论关系到一个报业王国的存亡，关系到 14 亿贷款的安全，也关系到她自身的命运。她所提出的对策，要对花旗银行总部直接承担责任。如果 146 家银行中任何一家或几家不接受原地不动这项对策的约束，那么花旗银行在财务与信誉上都会蒙受严重损失，而她个人的前程也要受到重大挫折。

她虽然感到风险很大，内心不安，可她保持镇静，谈笑自若，她的模样使屋子里的所有人都能够放松一些。

时间在一小时一小时地过去，最后的 10 小时已所剩无几倒了读秒的关头了！

花旗银行纽约总部的电话终于在最后时刻以前来了：同意女副经理的建议，已经与匹兹堡银行谈过了，现在应由麦道克自己与对方经理直接接触。

麦道克松了一口气，迫不及待地拨通越洋电话到匹兹堡，不料对方经理避而不接电话，空气一下又紧张起来。麦道克再挂电话，电话在银行里转来转去，最终落到贷款部主任那里。

麦道克听到匹堡银行贷款部主任的话音，他发觉这位先生一变先前拒人于千里之外的冷淡口气，忽然和悦客气起来："你是麦道克先生啊，我很高兴听到你的声音呀，我们已决定向你继续贷款……"

一屋子的人都变得轻松，气氛顿时活跃起来。只有麦道克搁下电话后像是要瘫了，他招了一下手，说道：我已经筋疲力尽了！侍者递给他一杯香槟，他一饮而尽。

麦道克渡过了这一关，但他在支付能力上的弱点已暴露在资金市场上。此后半年，他仍然处在生死攸关的困境之申。由于得到了花旗银行牵头146家银行的保证，他有了充分时间调整与改善报业集团的支付能力，半年后，他终于摆了财务的困境。

亿万富豪和一文不名的穷人，同样都有穷困和危难的时候，但其产生的原因与解的途径截然不同。

渡过难关以后，麦道克又恢复最佳状态，进一步开拓他的报业王国的领地。这位成功的企业家最了解开拓是保护事业特别有效的手段。

二、问题讨论

1. 麦道克在这次财务危机中为什么会有惊无险，他凭借的是什么？面对变幻莫测理财环境，财务人员如何应对？

2. "从这次事件可以看出，麦道克可支付能力很差"这个观点正确吗？如果正确，为什么很多银行还愿意贷款给他？

3. 谈谈麦道克财务危机对你的启示。

4. 分析高负债经营的优缺点。

小提示：

《破产规定》第23条规定，连带债务人之一或者数人破产的，债权人可就全部债权向该债务人或者各债务人行使权利，申报债权。债权人未申报债权的，其他连带债务人可就将来可能承担的债务申报债权。根据该规定，破产企业如果在宣告破产之前对外提供担保，债权人可以向清算组申报债权。

实验项目四 企业财务综合分析

实验项目：企业财务报表综合分析
实验学时：2学时
实验类别：综合性实验
实验目的与要求：

通过本实验，使学生能利用Excel进行财务报表综合分析的同时，了解熟悉三张报表之间的内在关系，掌握杜邦综合分析方法和沃尔评分法并运用此方法对企业财务状况、经营状况进行总体分析和评价。

实验过程要点：

（1）通过网络查找给定企业的相关资料；

（2）利用 Excel 进行财务报表相关指标的计算；

（3）根据计算结果运用杜邦综合分析方法和沃尔评分法对企业财务状况、经营状况进行总体分析和评价。

实验设备、工具及材料：电脑、互联网。

编写报告：

按要求完成计算并写出实验报告。报告内容包括企业基本情况概述、各项业务指标计算结果、综合分析情况及评价。

小知识：

财务综合分析，就是将企业营运能力、偿债能力和盈利能力等方面的分析纳入到一个有机的分析系统之中，全面地对企业财务状况、经营状况进行解剖和分析，从而对企业经济效益做出较为准确的评价与判断。

一、案例

以下是××通讯上市公司资料，请根据该公司的财务报表和提供的该公司所在通讯行业的指标，结合前文所讲述的财务分析理论知识，对其 2009 年、2010 年、2011 年的表现进行财务分析。

（1）公司基本资料：

公司法定中文名称：深圳市××通讯股份有限公司

公司法定英文名称：XXXZTECORPORATION

公司法定代表人：张××

公司注册地址：××市高新技术产业园科技南路 xx 大厦

公司办公地址：××市高新技术产业园科技南路 xx 大厦

邮政编码：××××××

公司国际互联网网址：http://WWW. xxx. com. cn

公司股票上市地：深圳证券交易所

股票简称：××通讯

股票代码：0000××

主营业务：数字程控交换系统、移动通讯系统、数据通讯系统、多媒体通讯系统等

（2）公司的财务报表，见表 4-9、表 4-10、表 4-11、表 4-12。

表 4-9 　　　　　　　　　　　　资产负债表　　　　　　　　　　单位：元

年　　份	2011 年年报	2010 年年报	2009 年年报
货币资金	1 733 591 552. 00	872 905 344. 00	567 940 864. 00
短期投资	185 680. 00	367 740. 00	0

表4-9(续)

年　份	2011 年年报	2010 年年报	2009 年年报
短期投资跌价准备	0	0	0
短期投资净额	185 680.00	367 740.00	0
应收票据	111 033 992.00	10 500 000.00	11 327 752.00
应收股利	0	0	0
应收利息	0	0	0
应收账款	1 411 364 352.00	692 484 352.00	685 923 776.00
其他应收款	543 662 912.00	219 384 672.00	127 251 592.00
坏账准备	67 426 384.00	11 440 961.00	7 594 600.50
应收账款净额	1 887 600 896.00	900 428 096.00	805 580 800.00
预付账款	201 809 024.00	162 258 016.00	147 087 104.00
应收补贴款	0	0	0
存货	3 970 503 424.00	3 595 142 912.00	1 365 729 408.00
存货跌价准备	132 888 552.00	36 450 648.00	24 657 144.00
存货变现损失	0	0	0
存货净额	3 837 614 848.00	3 558 692 096.00	1 341 072 256.00
待摊费用	653 209.06	2 342 973.75	2 040 585.75
一年内到期的长期债权投资	0	0	0
待处理流动资产损失	0	0	0
其他流动资产	0	0	0
流动资产合计	7 772 489 216.00	5 507 494 400.00	2 875 049 472.00
长期股权投资	85 602 360.00	30 370 534.00	11 794 631.00
长期债权投资	0	0	0
长期投资合计	85 602 360.00	30 370 534.00	11 794 631.00
长期投资减值准备	9 500 000.00	0	0
合并价差	0	0	2 875 000.00
长期投资净额	76 102 360.00	30 370 534.00	11 794 631.00
固定资产原值	1 232 618 624.00	782 920 576.00	409 981 280.00
累计折旧	191 310 224.00	101 985 232.00	57 773 580.00
固定资产净值	1 041 308 352.00	680 935 360.00	352 207 712.00
固定资产清理	1 054 244.00	4 478 961.00	148 919.09
工程物资	0	0	0
在建工程	112 223 840.00	12 830 663.00	94 521 072.00
待处理固定资产损失	0	0	0
固定资产合计	1 117 384 576.00	698 244 992.00	446 877 696.00
无形资产	70 189 392.00	72 007 760.00	37 897 016.00
开办费	0	2 584 499.50	7 542 515.50

表4-9(续)

年　份	2011 年年报	2010 年年报	2009 年年报
长期待摊费用	18 383 996.00	10 304 691.00	5 654 500.50
递延资产	0	0	0
无形资产及其他资产合计	88 573 384.00	84 896 952.00	51 094 032.00
其他长期资产	0	0	0
递延税款借项	0	0	0
资产总计	-9 054 548 992.00	6 321 006 592.00	3 384 815 616.00
短期借款	44 885 732.00	613 614 016.00	235 000 000.00
应付票据	525 371 712.00	437 097 312.00	166 227 728.00
应付账款	1 281 479 040.00	1 611 731 072.00	607 623 360.00
预收账款	1 205 982 592.00	519 192 448.00	79 583 216.00
代销商品款	0	0	0
应付工资	145 892.77	972 753.94	3 482 490.75
应付福利费	221 637 872.00	102 707 824.00	62 662 512.00
应交税费	141 911 856.00	-171 515 440.00	13 335 222.00
其他应交款	1 208 700.13	940 534.31	840 142.06
其他应付款	80 244 040.00	152 202 320.00	131 692 680.00
预提费用	127 838 080.00	39 761 756.00	26 158 288.00
一年内到期的流动负债	0	0	69 468 512.00
其他流动负债	0	0	490 680.97
流动负债合计	3 716 396 032.00	3 308 839 424.00	1 399 458 304.00
长期借款	1 130 000 000.00	876 000 000.00	406 000 000.00
应付债券	0	0	0
长期应付款	245 702 496.00	186 320 000.00	0
其他长期负债	0	0	0
住房周转金	0	0	0
长期负债合计	1 375 702 528.00	1 062 320 000.00	406 000 000.00
递延税款贷项	0	0	0
负债合计	5 092 098 560.00	4 371 159 552.00	1 805 458 304.00
股本	556 080 000.00	413 400 000.00	344 500 000.00
资本公积	2 192 308 224.00	647 768 320.00	714 888 320.00
盈余公积	278 092 480.00	186 105 344.00	118 668 128.00
公益金	98 695 864.00	68 100 016.00	45 641 164.00
任意公积金	0	0	0
未分配利润	837 001 344.00	638 488 320.00	351 773 120.00
外币报表折算差额	-137 253.27	53 712.47	0
股东权益合计	3 863 344 640.00	1 885 815 680.00	1 529 829 504.00
负债及股东权益总计	9 054 548 992.00	6 321 006 592.00	3 384 815 616.00

表 4-10   利 润 表   单位：元

年份	2011 年年报	2010 年年报	2009 年年报
主营业务收入	9 332 021 248.00	4 523 425 792.00	2 538 907 136.00
折扣与折让	0	0	0
主营业务收入净额	9 332 021 248.00	4 523 425 792.00	2 538 907 136.00
主营业务成本	5 742 717 952.00	2 761 011 968.00	1 284 295 552.00
主营业务税金及附加	9 009 103.00	3 942 647.50	4 360 425.50
主营业务利润	3 580 293 632.00	1 758 471 168.00	1 250 251 136.00
其他业务利润	5 242 519.00	1 257 330.88	1 656 306.75
存货跌价准备	0	11 793 506.00	15 019 505.00
营业费用（销售费用）	969 998 592.00	571 144 640.00	434 769 152.00
管理费用	1 730 624 000.00	733 085 632.00	567 826 880.00
财务费用	202 393 008.00	112 065 232.00	53 591 552.00
进货费用	0	0	0
营业利润	682 520 512.00	331 639 456.00	180 700 384.00
投资收益	−6 809 508.00	33 776 892.00	−118 982.96
汇兑损益	0	0	0
补贴收入	27 527 180.00	10 505 144.00	33 757 164.00
营业外收入	365 090 240.00	261 452 960.00	171 946 416.00
营业外支出	387 447 296.00	212 193 552.00	139 123 312.00
以前年度损益调整	0	0	0
利润总额	680 881 152.00	425 180 896.00	247 161 664.00
所得税	75 795 800.00	49 667 276.00	22 828 440.00
少数股东损益	34 816 400.00	21 361 180.00	12 861 260.00
所得税返还	0	0	0
分给外单位利润	0	0	0
净利润	570 268 928.00	354 152 448.00	211 471 968.00
盈余公积转入数	0	0	0
可供分配的利润	1 179 715 584.00	705 925 568.00	401 079 808.00
提取法定盈余公积金	64 807 984.00	44 958 136.00	32 822 292.00
提取法定公益金	32 304 182.00	22 479 070.00	16 484 394.00
提取职工奖励福利基金	0	0	0
可供股东分配的利润	1 082 603 392.00	638 488 320.00	351 773 120.00
提取任意盈余公积	0	0	0
转作股本的普通股股利	0	0	0
未分配利润	837 001 344.00	638 488 320.00	351 773 120.00

表 4-11 现金流量表 单位：元

年份	2011 年年报	2010 年年报	2009 年年报
销售商品提供劳务收到的现金	10 683 808 768.00	5 976 098 304.00	2 389 252 608.00
收取的租金	0	3 438.00	33 190.00
收到的增值税销项税额和退回的增值税款	29 303 838.00	9 487 984.00	0
收到的除增值税以外的其他税费返还	0	2 382 589.00	33 757 164.00
收到的其他与经营活动有关的现金	30 043 438.00	223 396 064.00	12 412 663.00
（经营活动）现金流入小计	10 743 155 712.00	6 211 368 448.00	2 435 455 488.00
购买商品接收劳务支付的现金	7 582 743 552.00	4 892 112 896.00	1 863 701 760.00
经营租赁所支付的现金	0	62 536 252.00	85 670 992.00
支付给职工以及为职工支付的现金	1 360 556 672.00	666 371 968.00	438 944 192.00
支付的所得税款	0	29 974 882.00	20 817 762.00
支付的除增值税，所得税以外的其他税费	271 039 328.00	6 309 847.00	26 669 998.00
支付的其他与经营活动有关的现金	1 201 120 640.00	524 322 144.00	447 007 360.00
（经营活动）现金流出小计	10 415 465 472.00	6 282 080 256.00	2 959 587 072.00
经营活动产生的现金流量净额	327 689 696.00	−70 711 696.00	−524 131 584.00
收回投资所收到的现金	0	66 973 492.00	0
分得股利或利润所收到的现金	1 929 628.88	114 998.05	0
取得债券利息收入所收到的现金	0	0	6017.04
处置固定资产，无形资产和其他长期资产收回的现金净额	0	967 417.13	13 552 188.00
收到的其他与投资活动有关的现金	13 844 642.00	0	0
（投资活动）现金流入小计	16 618 340.00	68 055 912.00	13 558 205.00
构建固定资产，无形资产和其他长期资产所支付的现金	567 111 616.00	368 318 272.00	239 689 056.00
权益性投资所支付的现金	57 616 672.00	17 565 902.00	8 919 631.00
债权性投资所支付的现金	0	0	0
支付的其他与投资活动有关的现金	291 056.69	0	0
（投资活动）现金流出小计	625 019 328.00	385 884 160.00	248 608 688.00
投资活动产生的现金流量净额	−608 400 960.00	−317 828 256.00	−235 050 480.00
吸收权益性投资所收到的现金	1 600 474 240.00	23 170 000.00	391 250 112.00
发行债券所收到的现金	0	0	0
借款所收到的现金	3 129 750 016.00	1 321 037 952.00	814 477 376.00
收到的其他与筹资活动有关的现金	86 897 896.00	191 311.73	4 482 166.00
（筹资活动）现金流入小计	4 817 121 792.00	1 344 399 360.00	1 210 209 664.00
偿还债务所支付的现金	3 445 713 408.00	536 300 000.00	286 477 408.00
发生筹资费用所支付的现金	0	872 982.94	0

表4-11(续)

年份	2011年年报	2010年年报	2009年年报
分配股利或利润所支付的现金	226 065 344.00	18 544 000.00	59 156 500.00
偿付利息所支付的现金	0	83 612 224.00	52 731 716.00
融资租赁所支付的现金	0	0	0
减少注册资本所支付的现金	0	0	0
支付的其他与筹资活动有关的现金	3 676 570.00	28 000.00	4 453 402.50
(筹资活动)现金流出小计	3 675 455 232.00	639 357 184.00	402 819 008.00
筹资活动产生的现金流量净额	1 141 666 688.00	705 042 112.00	807 390 656.00
汇率变动对现金的影响	-269 171.00	1 836 566.13	-1 550 355.00
现金及现金等价物净增加值	860 686 208.00	318 338 720.0n	46 658 216.00
以固定资产偿还债务	0	0	0
以投资偿还债务	0	0	0
以固定资产进行长期投资	0	0	0
以存货偿还债务	0	0	0
融资租赁固定资产	0	0	0
净利润	570 268 928.00	354 152 448.00	211 471 968.00
加:少数股东损益	34 816 400.00	21 361 180.00	12 861 260.00
加:计提的坏账准备或转销的坏账	0	3 904 142.00	5 285 917.00
存货跌价损失	0	11 793 506.00	11 362 933.00
固定资产折旧	93 904 576.00	53 421 428.00	31 555 440.00
无形资产及其他资产摊销	7 575 435.50	4 001 271.25	9 407 064.00
待摊费用的摊销	1 689 764.63	0	-358 838.13
处置固定资产无形资产和其他长期资产的损失(减收益)	849 727.69	122 923.10	1 830 619.00
固定资产盘亏报废损失	6 739 818.50	1 562 706.88	0
财务费用	128 988 032.00	73 585 904.00	53 591 552.00
投资损失(减收益)	-2 903 241.00	-35 356 676.00	118 982.96
递延税款贷项(减借项)	0	0	0
存货的减少(减增加)	-876 811 200.00	-2 225 138 176.00	-256 174 656.00
经营性应收项目的减少(减增加)	-928 021 248.00	-123 398 088.00	-576 588 736.00
经营性应付项目的增加(减减少)	1 024 702 912.00	1 971 488 896.00	-28 495 072.00
增值税增加净额(减减少)	0	-186 591 760.00	0
其他	0	0	0
经营活动产生现金流量净额	327 689 696.00	-70 711 696.00	-524 131 584.00
减:货币资金的期初余额	872 905 344.00	561 934 400.00	521 282 656.00
现金等物的期末余额	0	7 367 740.00	

表4-11(续)

年份	2011 年年报	2010 年年报	2009 年年报
减：现金等价物的期初余额	0	0	0
现金及现金等价物净增加额	860 686 208.00	318 338 720.00	46 658 216.00

表4-12   **2011 年综合财务指标**

指　　标	行业平均值	行业平均值	行业平均值	行业最高值	行业最高值	行业最高值	行业最低值	行业最低值	行业最低值
流动比率	1.627	1.705	1.639	5.028	4.427	3.613	0.316	0.539	0.812
速动比率	0.994	0.857	0.640	4.649	4.019	2.039	0.003	0.071	0.051
现金比率	0.709	0.626	0.441	4.622	4.019	2.039	0.001	0.002	0.009
资产负债率	51.940	50.565	51.768	87.330	74.100	95.590	12.140	10.620	15.220
负债权益比率	177.984	124.858	267.039	702.320	294.080	2168.080	13.810	11.950	18.100
股东权益比率	44.121	47.633	46.112	87.890	88.940	84.070	12.430	25.200	4.410
有形资产债务率	54.144	53.029	53.612	97.260	77.390	97.350	12.230	10.730	15.630
债务与有形净值比率	323.790	134.733	280.578	3700.520	294.080	2168.080	13.830	11.960	18.480
利息保障倍数	0.000	5.902	3.033	0.000	39.624	21.855	0.000	-23.244	-44.605
应收账款周转率	8.868	6.510	5.041	36.660	38.281	27.200	0.245	0.061	0.537
应收账款周转天数	163.302	428.994	191.395	1491.013	5944.625	679.702	9.956	9.535	13.419
存货周转率	5.080	3.713	2.594	21.067	14.435	8.195	0.183	0.041	0.137
存货周转天数	202.411	610.157	368.671	1995.626	8795.181	2672.035	17.325	25.286	44.538
营业周期	365.713	1039.150	560.066	3486.639	14 739.806	3351.737	40.021	34.821	125.106
流动资产周转率	1.102	0.997	0.832	2.276	3.069	1.809	0.073	0.014	0.072
总资产周转率	0.754	0.673	0.563	1.8744	1.356	1.378	0.033	0.009	0.039
固定资产周转率	6.367	5.305	4.864	13.082	14.071	26.169	0.090	0.042	0.126
主营业务毛利率	23.259	18.596	25.382	61.120	45.510	49.420	-53.640	-81.170	6.290
主营业务利润率	-23.897	-11.358	20.538	51.220	32.060	191.800	-730.030	-437.620	-53.780
成本费用利润率	7.049	8.891	26.530	49.820	39.490	238.550	-79.920	-79.890	-34.610
净资产收益率	7.542	12.430	20.431	58.410	23.960	169.390	-91.400	-23.090	-33.790
每股收益	0.286	0.301	0.230	1.210	0.860	0.641	-0.589	-0.270	-0.956
总资产利润率	5.061	6.756	5.626	30.370	14.540	13.580	-31.980	-4.130	-23.460
主营业务比率	342.789	295.992	279.930	1361.770	1566.800	1672.340	-5.610	-17.910	14.650
主营业务收入增长率	49.039	73.340	29.549	197.030	325.370	273.770	-31.450	-97.670	-51.270
应收账款增长率	19.804	29.129	35.407	121.220	155.580	287.550	-69.57	-80.110	-69.390
净利润增长率	-2.287	48.022	-307.634	122.010	322.760	334.900	-162.450	-284.550	-6014.170
总资产扩张率	23.837	47.701	17.329	114.690	147.540	139.920	-26.85	-74.150	-21.700
每股收益增长率	-6.451	32.373	-321.712	119.780	300.000	335.250	-148.030	-280.000	-6001.230
每股营业现金流量	0.323	0.088	-0.072	2.228	2.030	0.700	-1.753	-0.956	-1.521
经营活动产生的现金净流量增长率	387.906	72.818	-13.616	4169.070	1686.840	542.990	-254.200	-539.010	-431.330
股本扩张比例	104.937	113.692	128.656	150.000	180.000	330.000	69.860	100.000	100.000

二、案例分析

1. 综合企业的生产经营活动，你认为该企业现金流量是否合理？是否存在有待优化的地方？

2. 根据上述有关报表资料计算相关财务指标，并对××通讯公司进行财务总体评价与分析。

3. 与行业平均财务比率比较，说明该公司经营管理可能存在的问题。

4. 运用杜邦分析原理，定性分析××通讯公司权益净利率年度变化情况及其原因。

　小知识：

杜邦财务分析体系法

财务综合分析最常用的是杜邦财务分析法，这种分析方法首先由美国杜邦公司的经理创立并首先在杜邦公司成功运用，称之为杜邦系统（The Du Pont System）。它是利用财务指标间的内在联系，对企业综合经营财能力及经济效益进行系统的分析评价的方法。其基本思想是将企业净资产收益率逐级分解为多项财务比率乘积，这样有助于深入分析比较企业经营业绩。

● 第三节　证券投资信息系统实验

　小提示：

证券投资信息系统主要用于证券投资活动中的投资组合分析及管理、证券交易与证券持仓的风险计值和控制，以及对有价值的证券信息的整理分析和数据挖掘；其用户对象为证券公司、开展证券经纪业务或代理业务的信托投资公司、银行等单位。

实验项目一　上市公司与证券市场的经济运行分析

实验项目：上市公司与证券市场的经济运行分析

实验学时：3 学时

实验类别：综合性实验

实验目的与要求：

学生能够区别经济信息对证券市场（大势）与目标上市公司产生的不同影响，

通过证券市场从公司外部与内部两个方面对该公司的经营状况进行分析。外部分析主要从国家宏观的经济政策、经济信息、行业发展与市场竞争对上市公司的影响进行发展趋势的预测、内部分析从上市公司的财务状况入手以及盘面的技术图形的走势上预测公司的前景，评价公司所处行业的位置及自身发展的潜质，确定该公司的盈利能力，判断公司质量的优劣，并且采取什么措施来提高公司的声誉和价值，规划公司发展的战略目标。

实验过程要点：

选择某一上市公司，从相关经济政策、经济信息、经济形式等方面分析，得出对目标公司和证券市场大势产生的影响程度描述，从公司财务指标分析经营状况、盘面分析公司股价的走势。重点阐明各影响因素的影响结果。对公司经营状况、投资价值做出评定。注意电脑的安全开启和退出；注意实验室防火安全。

实验设备、工具及材料：

钱龙证券投资分析资讯系统软件、互联网系统、计算机硬件系统、多媒体教学系统。

编写报告及实物制作：

按要求完成实验报告。报告内容包括上市公司名称、经济影响因素列示、相关数据记录、理论分析、市场表现，对公司评价结果，提出公司发展的战略目标，提高公司声誉和价值的建议。

一、利用互联网采集经济信息

证券市场同时也是一个信息市场，大至国家的大政方针、宏观经济政策，小至个别上市公司经营业绩的急剧变化，均对证券市场产生不同的影响。及时捕捉各种与证券市场相关的各种信息，并对之加以客观理性的分析，判断其对证券市场会产生何种影响。

经济信息的发布有多种方式，本实验着重通过互联网来采集。现主要分为以下几类：

（1）金融财经类专业证券资讯网站。如和讯、证券之星、中国证券在线、东方财富网、中国证券网、中国国债网、中国基金网等。

（2）三大证券新闻媒体开设的网站，包括证券时报、上海证券报、中国证券报的网站。

（3）证券监督、管理机构网站。如中国证监会、中国证券业协会等。

（4）证券公司开设的证券资讯网站。

（5）著名综合性网站的财经栏目。如"新浪"和"搜狐"作为我国两大著名综合性网站，其财经信息非常及时全面。

有关网站首页见图 4－24～图 4－28。

图4-24　和讯网站首页（http://www.hexun.com）

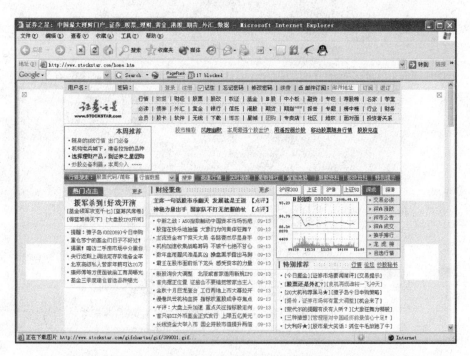

图4-25　证券之星网站首页（http://www.stockstar.com/home.htm）

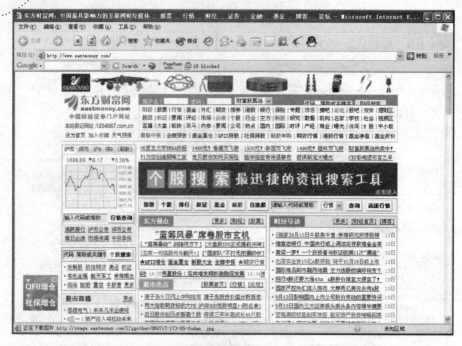

图 4-26　东方财富网首页（http://www.eastmoney.com）

图 4-27　中国证券在线首页（http://stock.cmaya.com）

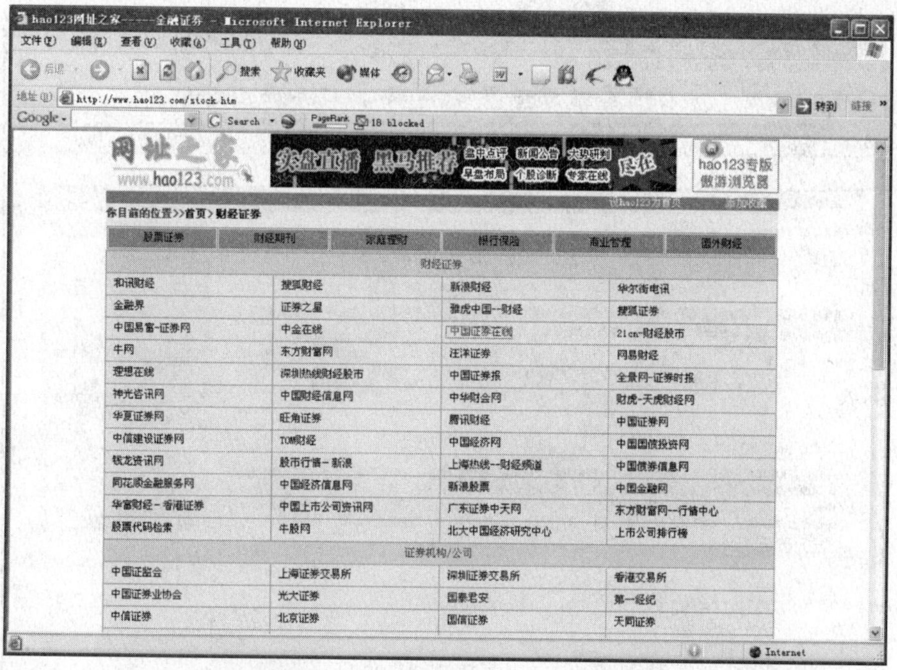

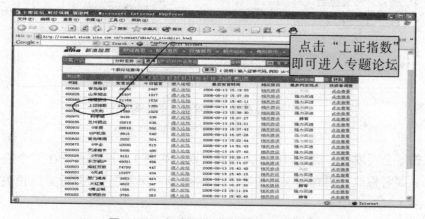

图4-28　《网址之家》提供的财经证券链接专版（http://www.hao123.com/stock.htm）

　　由于各类网站面向不同类别的证券投资者，各网站对各种证券信息的刊载种类也不完全一致，各网站的栏目板块和特色各不相同。

　　除了在互联网上获得的各种信息外，各种非正式的与证券市场相关的信息以及市场传闻，对市场的走势起着推波助澜的作用。有利的传闻有时能够推动大盘或个股强劲上涨，而对市场不利的市场传闻有时则会带动大盘或个股出现猛烈的下跌行情。市场传闻一般在各种股市论坛上传播，投资者可以通过浏览某一股市论坛获得。图4-29为新浪网—财经纵横一个股论坛的界面。点击其中的股票即可进入相关的论坛。如点击"上证指数"即可进入相应的论坛，如图4-30所示。

图4-29　新浪网—财经纵横—个股论坛

（http://comment.stock.sina.com.cn/comment/skin/cj_stocklist.html）

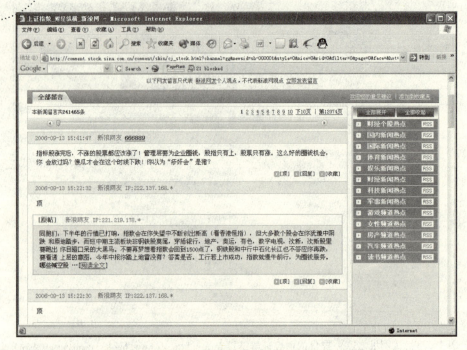

图4-30　新浪网—财经纵横—个股论坛—上证指数

投资者如果希望查询某一类项目的专门信息，除了在一般财经网站查找浏览外，还可以登陆该项目的专业网站。如投资者欲专门查询关于上市公司的信息，可以专门登陆中国上市公司咨询网即可。在 IE 浏览器地址栏中输入 http://www.cnlist.com，按回车键，即可登陆中国上市公司资讯网浏览信息。如图4-31所示。

图4-31　中国上市公司资讯网首页

（http://www.cnlist.com/gsfb/Default.aspx）

点击"公司发布"后，即可进入相关界面，如图4-32所示。在"个股查询"中输入股票名称或代码查询，如按股票名称查询"深发展"，即可得到相关资讯。如图4-33所示。

图 4-32　中国上市公司资讯网首页——公司发布

（http：//www.cnlist.com/gsfb/Default.aspx）

图 4-33　深发展（000001）基本资料

如果投资者想专门查询与债券相关的信息，我们可以登录中国债券信息网，在 IE 浏览器地址栏中输入 http：//www.chinabond.com.cn/chinabond/index.jsp，按回车键，即可登陆中国债券信息网浏览信息，如图 4-34。

图 4-34　中国债券信息网（http：//www.chinabond.com.cn/chinabond/index.jsp）

进入中国债券信息网后，我们可以看到，该网站囊括了与债券相关的各项内容。栏目包括财经信息、公告通知、发行上市、债市分析、行情统计、柜台交易、市场成员、法律法规、结算代理、债券知识、研究参考、培训教室、资产组合。投资者可以根据自身需要，点击相应的栏目进入下一级子目录后，查找所需信息。

投资者如欲查询与基金相关的各项信息，可以登录中国基金网或其他基金管理公司网站。例如，我们在 IE 浏览器地址栏中输入 http://www.chinafund.cn，按回车键，即可登陆中国基金网浏览信息，如图 4 – 35 所示。

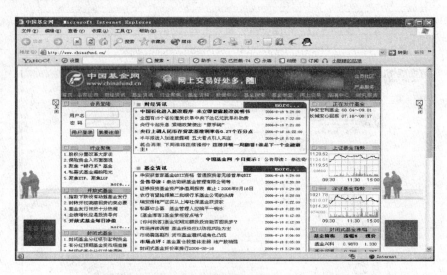

图 4 – 35　中国基金网

二、任选一个较为重要的经济信息，如国有股减持的方案、股指期货的即将推出、建行的上市等，看看对金融市场的影响

步骤如下：

（1）选定某一经济信息，记录发布时间；

（2）对应发布时间，查看两交易所市场的大盘指数的变化，并记录指数；

（3）分析指数变化的原因。

三、选择一个上市公司，收集相关的经济信息（国家的经济政策、行业的动态、市场需求、竞争对手的现状等），信息出台后，观察该上市公司的股价表现及公司经营决策是否有变化，证券市场走势与公司股票走势的异同性

步骤如下：

（1）确定一个上市公司，如深发展。

（2）选择几个当前重大的经济信息或者以前的几个信息，如四大国有商业银行的改制、陆续上市、外资银行的进入或参股进入、金融体制的改革政策、存款准备金的调整、金融市场的开放的实质性进程等，看看深发展的股价表现及内部举措的实施。

（3）在银行体系中，如浦发银行、招商银行、民生银行等竞争对手及上市的原国有商业银行的股价表现及内部措施，行业的新格局有何改变，是否有迎合市场要求的举措。

（4）比较大盘走势与各银行股价走势，看看深发展处于什么位置，在行业中的地位如何，为什么。

（5）记录每个观察的数据。

四、该上市公司的内部经营状况分析

查看公司的财务报表（以上已介绍的是一种方法），也可通过钱龙资讯系统软件进行。方法如下：选择个股，进入个股画面，按 F10 键，进入如图 4-36 所示界面，选择财务透视，可显示财务数据。

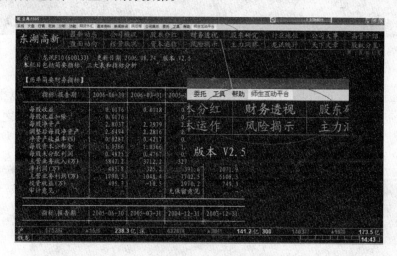

图 4-36　个股界面

通过流动比率、速动比率、资产负债比率、净资产收益率、资产、负债、股东权益、营业收入、主营业务收入、应收账款、存货、存货周转率、市盈率、每股净资产、市净率等财务指标，分别对财务数据进行分析，看看该公司的经营状况。

五、从证券市场盘面预测公司股价的变动趋势

用趋势线和轨道线的技术方法预测股价的未来走势。方法如下：选择个股，进入个股画面，按 F5 键进入 K 线图画面，按 F9 键调出画线工具。

从盘面画出一条趋势线，看看该上市公司的股价走势。初步对股价进行预测。方法如下：将相继出现的调整低点连接而成一条直线，即构成上升趋势线，它位于相应的价格曲线的下部，将相继出现的明显波峰连接而成一条直线，就是市场的下降趋势线，它一般位于相应的价格曲线的上侧。

趋势线的重要程度由以下两点决定：①趋势线受到的试探次数越多，则越重要；②趋势线持续的时间越长，那么其重要性就越高。

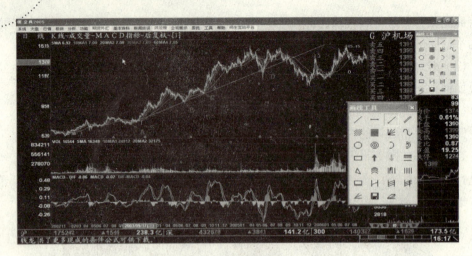

图 4-37　趋势线

利用通道线来发现市场趋势的力度，通道线对价格目标的预测具有以下意义：①预测市场波动的大概区间；②预测一旦市场运动打破了原有的走势通道之后能走多远。

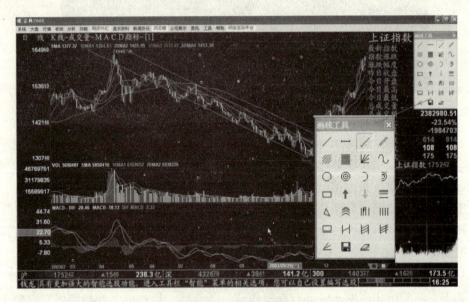

图 4-38　趋势线通道

如果进行短线投资，可考虑其他的技术指标和图形。读者有兴趣的话，可以用技术分析中的其他的图形法和指标法来判断该股票是否可以进行当前短线的投资。

六、对上市公司在金融市场运行中的综合评价

经过以上分析，从以下方面进行评价：该公司的经营状况，现有的盈利能力，是否有核心竞争力，主营业务是否有发展潜力，是否需要开发新的项目，战略目标是否适合，在行业中处于何种地位（领先、居中、劣势），是否值得投资。如果以上方面中存在问题，应分析原因，并提出改进的措施和建议。

实验项目二 证券市场业务实验

实验项目：证券市场业务实验

实验学时：3 学时

实验类别：综合性实验

实验目的与要求：

对股票、债券、基金的发行与承销业务、上市、交易、结算、分析、监管业务有所了解，理解和掌握交易、发行、承销的主要规则。理解股票价格指数的构成。

实验过程要点：

通过上市公司的网上路演程序了解证券的发行，对我国证券的一级市场和二级市场的主要业务规则及特点有感性的认识。掌握股价指数内涵、种类、股票、债券、基金、权证的交易所内交易操作过程与规则。

实验设备、工具及材料：钱龙证券投资分析资讯系统软件、互联网系统、计算机硬件系统、多媒体教学系统。

编写报告及实物制作：按要求完成实验报告。报告内容包括证券名称、具备发行资格的条件列示、主承销商及资格的确认条件、发行、上市的技术准备，相关数据记录、理论分析。当天各股价指数的记录，主要交易业务的程序、规则说明。

一、网上路演

近年来，网上路演成为上市公司进行新股发行、增发等业务推介活动采取的重要形式。所谓网上路演是指上市公司等业务主体充分利用因特网的特点，在网站上采取网上互动交流的方式而进行的业务推介活动。

网上路演、网上直播是证券时报全景网络中国网上路演中心首创的网上互动和新闻发布模式，近年来中国证券网等均推出了网上路演。网上路演刚推出时主要是配合拟公开发行股票的上市公司进行新股推介活动。现在网上路演已由最初的新股推介演绎为上市公司的业绩推介、产品推介、上市抽签、上市仪式直播、重大事件实时报道等多种形式。图 4 - 39 系中国网上路演中心首页界面。

图4-39　中国网上路演中心首页(http://rsc.p5w.net)

　　例如，登录中国网上路演中心，点击其中的"黑猫股份首次公开发行股票网上路演"，即可进入该公司网上路演界面，如图4-40所示。

图4-40　黑猫股份首次公开发行股票网上路演
(http://roadshow.p5w.net/rs2006/hmgf06/)

　　网上路演活动一般由上市公司高管人员和承销商及其他中介机构代表参加，向投资者做全方位介绍，同时通过网上交流，对投资者提问给予答复。网上路演一般包括视频直播、嘉宾介绍、公司风采、发行信息、网上交流等栏目。投资者不仅可以通过各栏目了解公司的基本情况，还可以通过网上交流栏目对公司某方面的问题进行提问，公司高管人员或中介机构相关人员将给予答复。例如，点击其中的"网上交流"，就可以对我们关心的问题进行网上交流，如图4-41所示。

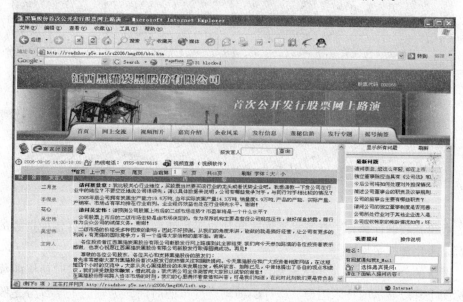

图4-41 黑猫股份首次公开发行股票网上路演——网上交流界面

学生通过网上路演活动了解证券的发行业务。

步骤如下：

（1）确定某证券；

（2）进入中国网上路演中心首页（http://rsc.p5w.net）；

（3）选择确定的（要发行的）证券首次公开发行股票网上路演；

（4）选择发行信息，记录相关内容（证券名称、证券达到的发行、承销的规则、条件、主承销商、招股说明书的目录、主要内容及说明等）。

二、证券交易相关规则

（一）指数

1. 大盘指数（股票价格指数）

大盘指数由反映股市价格变动和走势的各种指数所组成。各种指数可以分为反映整个市场走势的综合性指数和反映某一行业或某一类股票价格走势的分类指数。可供进行大盘分析的指数如图4-42所示。

图 4-42　大盘分析

股价指数的计算方法有算术平均法和加权平均法两种。我国现有各种指数的计算都是采用加权平均法。

股价的分时走势图（即时走势图），是把股票市场的交易信息实时地用曲线在坐标图上加以显示的技术图形。坐标的横轴是开市的时间，纵轴的上半部分是股价或指数，下半部分显示的是成交量。分时走势图是股市现场交易的即时资料。分时走势图分为指数分时走势图和个股分时走势图两种。指数分时走势图见图 4-43。

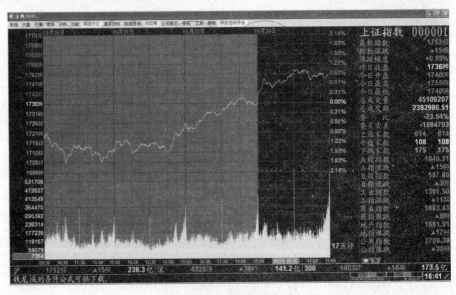

图 4-43　大盘分时走势图

2. 综合指数和成分股指数

按照编制股价指数时纳入指数计算范围的股票样本数量，可以将股价指数划分为全部上市股票价格指数（即综合指数）和成分股指数。综合指数是指将指数所反映出的价格走势涉及的全部股票都纳入指数计算范围。如深交所发布的深证综合指数，就是把全部上市股票的价格变化都纳入计算范围。深交所行业分类指数中的农林牧渔指数、采掘业指数、制造业指数、信息技术指数等则分别把全部的所属行业类上市股票纳入各自的指数计算范围。成分股指数是指从指数所涵盖的全部股票中选取一部分较有代表性的股票作为指数样本，称为指数的成分股，计算时只把所选取的成分股纳入指数计算范围。例如，深交所成分股指数，就是从深交所全部上市股票中选取 40 种，计算得出的一个综合性成分股指数。通过这个指数，可以近似地反映出全部上市股票的价格走势。

3．上证 50 指数

上证 50 指数是根据科学客观的方法，挑选上海证券市场规模大、流动性好的最具有代表性的 50 只股票组成样本股，以便综合反映上海证券市场最具有市场影响力的一批龙头企业的整体状况。上证 50 指数自 2004 年 1 月 2 日起正式发布。其目标是建立一个成交活跃、规模较大、主要作为衍生金融工具基础的投资指数。

上证 50 指数采用派许加权方法，按照样本股的调整股本数为权数进行加权计算。其计算公式为：

$$报告期指数 = \frac{报告期成分股的调整市值}{基期} \times 1000$$

式中：报告期成分股的调整市值 = $\sum$（市价×调整股数）

上证 50 指数依据样本稳定性和动态跟踪相结合的原则，每半年调整一次成分股，调整时间与上证 180 指数一致。特殊情况时也可能对样本进行临时调整。每次调整的比例一般情况不超过 10%。样本调整设置缓冲区，排名在 40 名之前的新样本优先进入，排名在 60 名之前的老样本优先保留。

4．上证 180 指数

上证 180 指数是上证指数系列之一，是在所有已上市 A 股股票中抽取最具有市场代表性的 180 种作为样本股编制发布的股份指数。上证 180 指数以 2002 年 6 月 28 日上证 30 指数的收盘点数为基点，从 2002 年 7 月 1 日起正式发布。上证 180 指数的样本股根据市场情况，由专家委员会按照样本稳定与动态跟踪相结合的原则适时调整。

上证 180 指数的编制方案是由国际著名指数公司的专家、著名指数产品投资专家以及国内专家学者组成的专家委员会审核论证后确定的。与上证 30 指数相比，上证 180 指数在扩大样本股范围和规模的同时，将指数加权方式由原来的流通股加权调整为国际通用的自由流通量加权方式，更加客观地综合反映上市公司的经济规模和流通规模，降低国有股等非流通股上市对指数的影响。

上证成分指数采用派许加权综合价格指数公式计算，以样本股的调整股本数为权数。其计算公式为：

$$报告期指数 = \frac{报告期成分股的调整市值}{基日成分股的调整市值} \times 1000$$

式中：报告期成分股的调整市值 $= \sum \dfrac{市价}{调整股本数}$

基日成分股的调整市值亦称为除数，调整股本数采用分级靠档的方法对成分股股本进行调整。

上证成分指数依据样本稳定性和动态跟踪相结合的原则，每半年调整一次成分股，每次调整比例一般不超过 10 %。特殊情况时也可能对样本进行临时调整。

上证 180 样本股选择的标准是行业内有代表性、有足够的规模、有较好的流动性。首次公布的 180 个样本股中，比例最高的为金属、非金属类股票，约占总样本的 10 . 26%，其后依次为综合类、机械设备仪表类、信息技术业类等。宝钢股份、上海汽车、四川长虹等国企大盘股，用友软件、复旦复华、清华同方等优质民营高科技上市企业榜上有名。

5．上证指数

上证指数全称为"上海证券交易所综合股价指数"，是国内外普遍采用的反映上海股市总体走势的统计指标。该指数以 1990 年 12 月 19 日为基日，以该日所有股票的市价总值为基期，基期指数定为 100 点。1991 年 7 月 15 日起正式发布。综合指数是以全部股票报告期的股本数作为权数加权计算的。其计算公式为：

$$报告期指数 = \frac{报告期全部股票的总市值}{基期全部股票的总市值} \times 基期指数$$

当指数股名单发生变化或指数股的股本结构发生变化或指数股的总市值出现非交易因素的变动时，采用"除数修正法"修正总市值，以保证指数的连续性。修正公式如下：

$$\frac{修正前采样股的市价总值}{原除数} = \frac{修正后采样股的市价总值}{修正后的除数}$$

6．深证 100 指数

深证 100 指数成分股由在深交所上市的 100 只 A 股组成，其指数的编制借鉴了国际惯例，吸取了深证成分指数的编制经验。成分股选取主要考察 A 股上市公司流通市值和成交金额份额两项指标。深证 100 指数以 2002 年 12 月 31 日为基准日，基日指数定为 1000 点，从 2003 年第一个交易日开始编制和发布。根据市场动态跟踪和成分股稳定性的原则，深证 100 指数将每半年调整一次成分股。

7．深证成分综指

深证成分股指数是深交所编制的一种成分股指数，是从上市的所有股票中抽取具有市场代表性的 40 家上市公司的股票作为计算对象，并以流通股为权数计算得出的加权股价指数，综合反映深交所上市 A 、B 股的股价走势。

8．中小企业板走势

深交所于 2004 年 6 月 23 日公布了《 中小企业板块交易特别规定 》、《 中小企

业板块上市公司特别规定 》和《 中小企业板块证券上市协议 》。这三个文件是针对
中小企业的特点而制定的，目的是为了改进和加强市场监管，有效防范市场风险。
根据《 中小企业板块交易特别规定 》，中小企业板块股票的开盘集合竞价方式和收
盘价的确定方式均与主板有别。开盘集合竞价以开放式集合竞价的方式进行，收盘
价通过收盘前最后 3 分钟集合竞价的方式产生。每个交易日 9:15 ~ 9:25 为中小企业
板块开盘集合竞价时间，9:30 至 11:30、13:00、14:57 为连续竞价时间，14:57 ~ 15:00
为收盘集合竞价时间，15:00 ~ 15:30 为大宗交易时间。开盘集合竞价期间，深交所
主机即时揭示中小企业股票的开盘参考价、匹配量和未匹配量。

（二）股票及代码

在上海证券交易所上市交易的 A 股股票交易代码由 "600×××" 的 6 位数组成。

在深圳证券交易所上市交易的 A 股股票，其交易代码由 "00××××" 打头的
6 位数组成。其中 "00" 表示 A 股证券，第 3 位到第 6 位为顺序编码区，取值范围
为 0001 ~ 9999。

B 股股票、证券投资基金、国债现货证券、企业债券、金融债券、可转换公司
债、国债回购、债券回购、证券投资基金、权证等，都有相应的代码。这些代码都
可以通过网上进行查询。

（三）股票的盘面和交易

1. 委托买卖（见图 4 - 44）

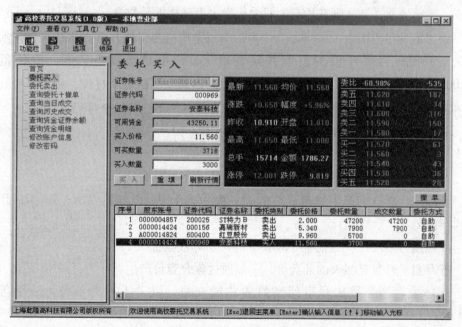

图 4 - 44　自主委托买卖

2. 个股分析（见图4-45）

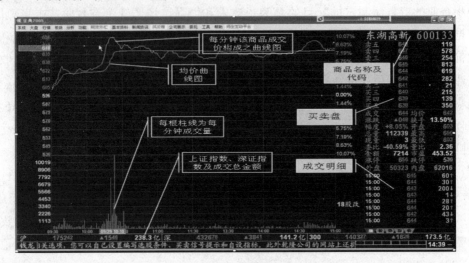

图4-45 盘面分析

（1）委比

委比是用以衡量一段时间内买卖盘相对强度的指标。其计算公式为：

委比＝[（委买手数－委卖手数）÷（委买手数＋委卖手数）]×100%

式中：委买手数＝现在所有个股委托买入下三挡的总数量；

委卖手数＝现在所有个股委托卖出上三挡的总数量。

委比值变化范围为＋100%～－100%。当委比值为正值并且委比数大，说明市场买盘强劲；当委比值为负值并且负值大，说明市场抛盘较强。委比值从－100%～＋100%，说明买盘逐渐增强，卖盘逐渐减弱的一个过程；相反，委比值从＋100%～－100%，说明买盘逐渐减弱，卖盘逐渐增强的一个过程。

（2）成交价格与成交量

①成交。成交是指当前的成交价格。

②均价。均价是指从开始到当前全部交易的平均成交价。

③涨跌。涨跌为当前价减去昨收盘。如果大于0，以红色表示；如果小于0，则以绿色表示。

④幅度。幅度＝（当前价－昨收盘价）÷昨收盘价

⑤开盘。开盘是当天的开盘价，一般通过集合竞价产生。

⑥总手。总手是从开市到当前的总成交量，以"手"为单位，一手等于100股。

⑦量比。量比是衡量相对成交量的指标。它是开市后每分钟的平均成交量与过去5个交易日每分钟平均成交量之比。

其计算公式为：

量比＝［每分钟平均成交量（即时成交总手数）］÷［（过去 5 个交易日每分钟平均成交量×当日累计开市时间）］

当量比大于 1 时，说明当日每分钟的平均成交量大于过去 5 日的平均数值，交易比过去 5 日火爆；当量比小于 1 时，说明现在的成交比不上过去 5 日的平均水平。

（3）外盘与内盘

委托以卖方成交的纳入"外盘"，委托以买方成交的纳入"内盘"。"外盘"和"内盘"相加为成交量。

分析时，由于卖方成交的委托纳入外盘，如外盘很大意味着多数卖出价位都有人来接，显示买势强劲；而以买方成交的委托纳入内盘，如内盘过大，则意味着大多数的买入价都有人愿卖，显示卖方力量较大。如内盘和外盘大体相近，则买卖力量相当。

实验项目三　金融工具的选择和运用

实验项目：金融工具的选择和运用

实验学时：4 学时

实验类别：综合性实验

实验目的与要求：

学生能够在复杂的经济环境中，通过分析宏观经济状况、经济政策（如财政政策、货币政策）、国际政治经济形式、经济周期阶段、我国金融市场与国际金融市场的联动效应、市场环境、投资者行为，根据公司经营特点、竞争优势、战略定位，行业发展水平，正确选择适合的金融投资工具，估算投资的时机和合理的价格区间，建立风险防范方案，并体会金融工具在投资中的作用和意义。掌握证券投资可行性分析报告的编制规范，掌握证券投资分析综合报告的编写。

实验过程要点：

学生对投资环境进行描述和分析，确定一家企业，对该企业的经营状况进行分析，选择一种金融工具进行投资，说明选择的理由。对选择的金融工具进行投资体验，包括投资时间和价位的确定，投资后，对其价格变化进行跟踪，观察金融工具价格的表现，看是否与预测的一致，如果差距较大，对其原因进行分析，记录投资的过程要点及结果。编写证券投资可行性分析报告和证券投资分析综合报告。

实验设备、工具及材料：

钱龙证券投资分析资讯系统软件（含股票、债券、基金、外汇、权证、期货品种等模拟交易软件）、互联网系统、计算机硬件系统、多媒体教学系统。

编写报告及实物制作：

按要求完成实验报告。报告内容包括三个部分：①对投资环境的分析，公司经营能力分析，确定金融工具，选择金融工具的理由；②投资过程分析，金融工具的运用；何时何价介入证券市场，观察其价格变化，是否达到投资决策的预期目标；③投资结果分析，运用所学知识从理论与实践两个方面总结。

一、确定一家公司

（1）设计公司，对公司经营情况进行评定。

可模拟熟悉的公司，内容包括：公司规模、所属行业、主营业务、盈利能力、产品线、公司的组织结构、核心竞争能力、公司的发展目标、战略定位，公司目前的竞争优势和威胁，在行业中的地位等，公司的现有的资金使用状况及使用效率，融资和投资情况，资金的使用情况，资本结构，经营效率，偿债能力、内部融资与外部融资比例，主要的融资方式，偿债能力等。

给出财务报表，如资产负债表、利润表、现金流量表，见表4－13、表4－14、表4－15。

举例：

表4－13　　　　　　　　美国××公司年资产负债表（2012年）　　　单位：百万美元

资产		负债与股东权益	
流动资产		流动负债：	
现金及其等价物	$140	应付账款	$213
应收账款	294	应付票据	50
存货	269	应计费用	223
其他	58	流动负债合计	$486
流动资产合计	$761		
长期负债：			
固定资产		递延税款	$117
财产、厂房及设备	$1.423	长期债务	471
减累计折旧	（550）	长期负债合计	$588
财产、厂房及设备净值	873		
无形资产及其他资产	245	股东权益：	
固定资产合计	$1.118	优先股	$39
		普通股（面值$1）	55
		股本溢价	347
		累积留存收益	390
		减库藏股票	（26）
		股东权益合计	$805
资产总计	$1.879	负债与股东权益总计	$1.879

表4-14	美国××公司年损益表（2012年）	单位：百万美元
总销售收入		$2 262
产品销售成本		（1 655）
销售、一般费用及管理费用		（327）
折旧		（90）
营业利润		$190
其他利润		29
息前税前利润		$219
利息费用		（49）
税前利润		$170
所得税		（84）
当期：$71		
递延：$13		
净利润		$86
留存收益		$43
股利		$43

表4-15	美国××公司的财务现金流量（2012年）	单位：百万美元
企业现金流量		
经营性现金流量		$238
（税前息前利润加折旧减税）		
资本性支出		（173）
（固定资产的取得减固定资产的出售）		
净营运资本的增加		（23）
合计		$42
企业流向投资者的现金流量		
债务		$36
（利息加到期本金减长期债务融资）		
权益		6
（股利加股票回购减新权益融资）		
合计		$42

（2）根据财务报表，计算财务指标，对指标进行分析，得出公司经营状况的描述。

从以下五个方面反映企业的财务业绩：

①短期偿债能力——企业偿付短期债务的能力；

②营运能力——企业运营资产的能力；

③财务杠杆——企业对债务融资的依赖程度；

④获利能力——企业的盈利水平；

⑤价值——企业的价值。

短期偿债能力：

$$流动比率 = \frac{流动资产}{流动负债}$$

$$速动比率 = \frac{速动资产}{流动负债}$$

营运能力：

$$总资产周转率 = \frac{销售收入总额}{平均的资产总额}$$

$$应收账款周转率 = \frac{销售收入总额}{平均的应收账款净额}$$

$$平均收账期 = \frac{会议期的天数}{应收账款周转率}$$

$$存货周转率 = \frac{产品销售成本}{平均的存货}$$

$$存货周转天数 = \frac{会议期的天数}{存货周期率}$$

财务杠杆：

$$负债比率 = \frac{总负债}{总资产}$$

$$负债权益比 = \frac{总债务}{总权益}$$

$$权益乘数 = \frac{总资产}{总权益}$$

$$利息保障倍数 = \frac{息前税前利润}{利息费用}$$

盈利能力：

$$销售净利润率 = \frac{净利润}{总销售收入}$$

$$销售总利润率 = \frac{息前税前利润}{总销售收入}$$

$$资产净收益率 = \frac{净利润}{平均总资产}$$

$$资产总收益率 = \frac{息前税前利润}{平均总资产}$$

可持续增长率：

财务分析中一个非常重要的比率是可持续增长率，这是企业在不提高财务杠杆的情况下，仅利用内部权益所能达到的最高增长率。可持续增长率的价值可按以下公式计算：

可持续增长率 = 净资产收益率（ROE）×留存比率

二、确定投资的金融工具类型

（1）选择影响公司发展的经济信息，信息的采集已在实验一中介绍，这里不再叙述。分析公司在金融市场中的投资方向（投资哪类证券），从而发掘利润增长点。

（2）根据国际、国内的经济环境，结合公司的经营特点，在确定金融投资方向后，进一步限定投资的具体哪几支股票、债权、基金、外汇、期货、期权、权证，或不同证券的组合。

举例：假设选定投资股票市场，那么，选择哪几只股票呢？可以利用钱龙软件的智能选股模块。操作如下：

①进入主画面，选择智能选股，见图4－46。

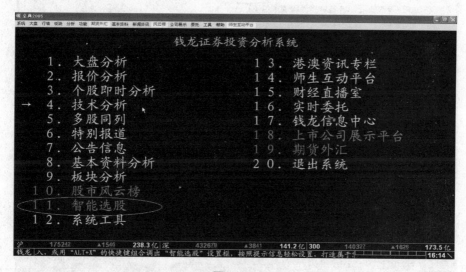

图4－46

②按回车键进入智能选股画面，见图4－47。

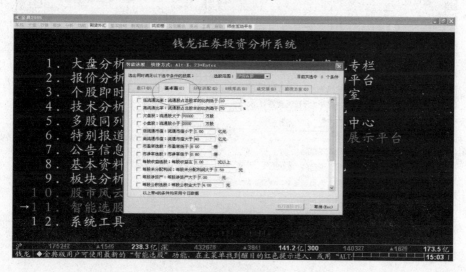

图4－47

③在盘口、基本面、分红送配、K 线形态、成交量、股改方案六种大类别中选择相应条件，见图 4 - 48。

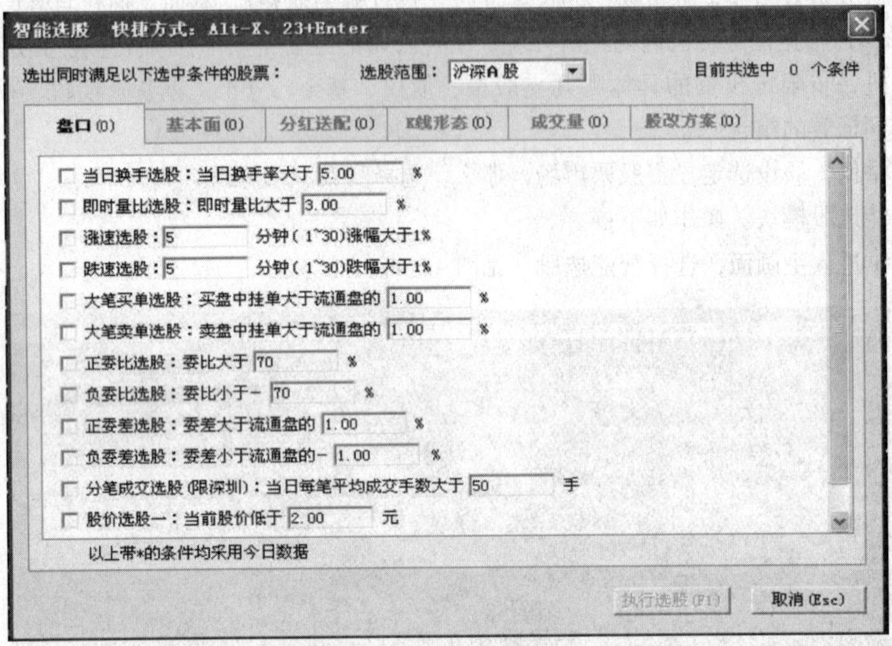

图 4 - 48

④设定选股范围，如图 4 - 49 中的下拉菜单。

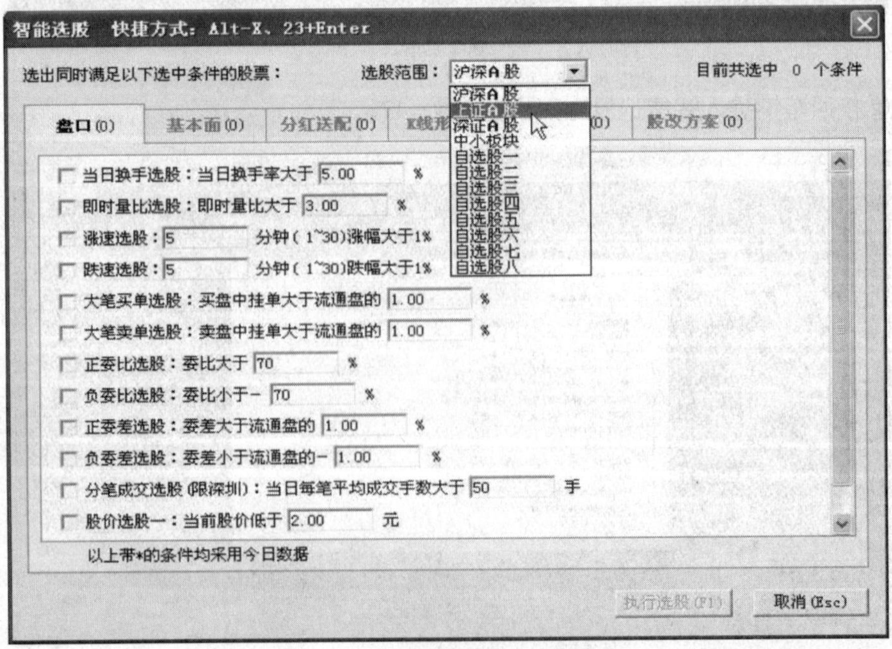

图 4 - 49

⑤设定选股条件后，按 F1 键或点击右下角按钮执行选股，见图 4 - 50。执行后，符合条件的股票就可以显示出来。

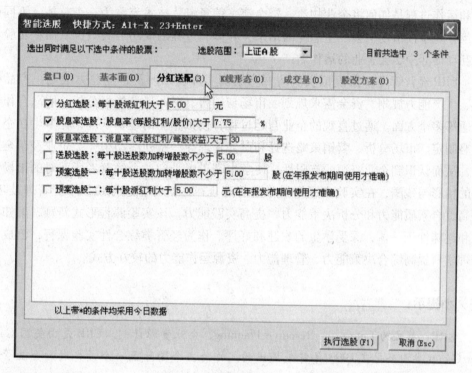

图 4 - 50

第四节　ERP 沙盘模拟实验

实验项目：ERP 沙盘模拟实验

实验学时：20 学时

实验类别：综合性实验

实验设备、工具及材料：实验教学沙盘

编写报告及实物制作：

该项实验是以小组为单位。每一小组 5～8 人，在小组内分为不同的职业角色，配合起来完成各个业务周期的工作，角色可以轮换，每一个小组为一个团队。由于是多个小组对抗竞争中完成实验、而实验都要计算出结果，提交实验报告。

"ERP"是企业资源计划的简称，"ERP 沙盘模拟实验"是将企业资源在生产过程的综合性运用植于实验室的环境中，将生产运作浓缩于桌面沙盘系统，通过过程模拟、角色模拟，使实验者参与企业生产经营全过程和资金运作全过程，并比较各小组在对抗模拟中的结果，在过程中通过组与组之间的动态对抗过程和小组模拟角色间的协作过程，进行企业资源运作的谋划、指挥、决策，体会企业生产经营的决策和运作过程是如何将企业物流、资金流、信息流、技术流融为一个整体、不同的决策在竞争性市场中会产生怎样的结果，并体验过程的成功与失败，从而在实验者的互动博弈中学会企业的运作。

ERP 经营管理沙盘模拟实验按照市场真实环境，涉及企业总体战略、产品研发、生产能力规划、资金需求规划、市场与销售、财务经济指标分析、团队合作与沟通等多个方面。通过直观的企业营运过程，模拟企业的经营状况，让学生在企业战略制定、市场分析、营销策略选择和财务管理等一系列活动中体会企业经营全过程，从而认识到企业资源的有限性，使学生真正感受到一个经营者所面对的市场竞争的精彩与残酷，在实验中领悟科学的管理规律，学习管理知识，掌握管理技巧，提高综合素质能力和分析决策能力，提高实践能力。该实验课程形式新颖，融知识性和趣味性于一体，深受学生的欢迎和好评。作为经管类综合性实验课程，已成为管理学科提高综合决策能力、管理能力、资源运作能力的较好方式。

小提示：

ERP：英文为 Enterprise Resource Planning，企业资源计划。ERP 是由美国 Gartner Group 咨询公司在 1993 年首先提出的。作为当今国际上一个最先进的企业管理模式，它在体现当今世界最先进的企业管理理论的同时，也提供了企业信息化集成的最佳解决方案。它把企业的物流、人流、资金流、信息流统一起来进行管理，以求最大限度地利用企业现有资源，实现企业经济效益的最大化。

一、实验前准备

ERP 沙盘模拟课程是借鉴国际流行的体验式教学的授课方式，将企业经营理论与实际模拟紧密地结合在一起，以生产型企业为背景，让每个参赛学员置身商业实战场景，以企业经营管理者的身份，模拟财务、物流、生产、营销等重要角色，根据受训者实际操作的数据，动态的分析企业成败的原因和关键因素。让同学们在游戏般的比赛中体验完整的企业经营过程，感悟正确的经营思路和管理理念，体会企业进行信息化建设的必要性和急迫性。

每次训练时，所有受训人员分为六组，每组为一个公司（5~8 人），六组组成竞争的市场。各公司在一周实验中，将自主经营一个公司。训练结束后，每组写出经营总结，总结经营过程中发现的问题以及经营企业带给各位的体会。本课程的成绩将根据各组对经营过程的总结及对问题感悟的深度给出结业成绩。开始训练之前，我们需要作如下准备工作：

（一）资料准备

ERP 沙盘模拟训练所用的全部资料，都在 ERP 沙盘指导书中，训练时要求人手一册。

（二）分组准备

经营伊始，任何一个企业都要建立与其企业类型相适合的组织机构。组织机构是保证企业正常运转的基本条件。在"ERP沙盘模拟"课程中，采用了简化企业组织机构的方式，企业组织由几个主要角色代表，包括企业首席执行官、营销总监、生产总监、采购总监、财务总监。考虑到企业业务职能部门的划分，可以把教学对象按5~8人分为一组，组成一个企业，每个人扮演不同的角色。

（三）了解企业组织机构及主要角色的职能

每个小组代表一个企业团队。其人员分工及主要职责如下：

（1）首席执行官（CEO）：负责整个小组的组织和决策工作，组织小组人员进行工作的进行。

（2）财务总监（CFO）：负责财务核算和报表工作。

（3）运营总监（COO）：负责整个生产的经营运作，包括安排生产和组织购买材料等。

（4）销售总监：负责销售分析、预测，并进行销售订单的竞标工作。

（5）信息情报员：负责市场中其他小组信息的收集、分析工作。

（四）各岗位角色职责描述

下面对每个角色的岗位职责做简单描述，以便于受训者根据自身情况来选择扮演相应角色。

1. 首席执行官

企业所有的重要决策均由首席执行官带领团队成员共同决定，如果大家意见相左，由首席执行官拍板决定。企业的首席执行官是企业核心。其职能是：制定发展战略、竞争格局分析、经营指标确定、业务策略制定、全面预算管理、管理团队协同、企业绩效分析、业绩考评管理和管理授权与总结。

2. 营销总监

企业的利润是由销售收入带来的，销售实现是企业生存和发展的关键，营销总监在企业中的地位不言自明。营销总监所担负的责任是：开拓市场，实现销售。

（1）开拓市场

作为一个民营企业，最初大多都在其所在地注册企业并开始运营，经过几年的经营，在本地市场上已站稳脚跟。在全球市场广泛开放之时，一方面要稳定企业现有市场；另一方面要积极拓展新市场，争取更大的市场空间，才能力求在销售量上实现增长。

（2）销售管理

销售和收款是企业的主要经营业务之一，也是企业联系客户的门户。为此，销售主管应结合市场预测及客户需求制订销售计划，有选择地进行广告投放，取得与企业生产能力相匹配的客户订单，与生产部门做好沟通，保证按时交货给客户，监督货款的回收，进行客户关系管理。

营销总监还可以兼任商业间谍的角色，因为他最方便监控竞争对手的情况，比如对手正在开拓哪些市场？未涉足哪些市场？他们在销售上取得了多大的成功？他们拥有哪类生产线？生产能力如何？充分了解市场，明确竞争对手的动向可以有利于今后的竞争与合作。

3. 生产总监

生产总监是企业生产部门的核心人物，对企业的一切生产活动进行管理，并对企业的一切生产活动及产品负最终的责任。生产总监既是计划的制订者和决策者，又是生产过程的监控者，对企业目标的实现负有重大的责任。他的工作是通过计划、组织、指挥和控制等手段实现企业资源的优化配置，创造最大经济效益。

生产管理的范畴主要包括：负责公司生产、安全、仓储、保卫及现场管理方面的工作，协调完成生产计划，维持生产低成本稳定运行，并处理好有关的外部工作关系；生产计划的制订落实及生产和能源的调度控制，保持生产正常运行，及时交货；组织新产品研发，扩充并改进生产设备，不断降低生产成本；做好生产车间的现场管理，保证安全生产；协调处理好有关外部工作关系。

4. 采购总监

采购是企业生产的首要环节。采购总监负责编制并实施采购供应计划，分析各种物资供应渠道及市场供求变化情况，力求从价格上、质量上把好第一关，确保在合适的时间点、采购合适的品种及数量的物资，为企业生产做好后勤保障。

5. 财务总监

在企业中，财务与会计的职能常常是分离的，它们有着不同的目标和工作内容。会计主要负责日常现金收支管理，定期核查企业的经营状况，核算企业的经营成果，制定预算及对成本数据进行分类和分析。财务的职责主要负责资金的筹集、管理；做好现金预算，管好、用好资金。在这里，我们将其职能归并到财务总监。财务总监的主要任务是管好现金流，按需求支付各项费用、核算成本，按时报送财务报表并做好财务分析；进行现金预算、采用经济有效的方式筹集资金，将资金成本控制到较低水平。

（三）选择各组首席执行官

方法是自己报名，或同组的实习学员协商，一般每实习小组需要1~2名。

（四）组队

由各位首席执行官自己招聘营销总监、生产总监、采购总监、财务总监等，组成运行团队，每个团队最多不能超过8人。

（五）了解沙盘布局及运行规则

沙盘布局简介：按流程排序，见图4-51。

（1）市场订单区域（图第二行）；

（2）营运资金筹集区域（图第三行）；

（3）原材料采购区域（图第七行）；

（4）生产线区域（图第四行）；

（5）成品库区域（图第五行）；

（6）固定资产、设备价值区域（图第六行）；

（7）生产成本、费用核算区域（图第一行）。

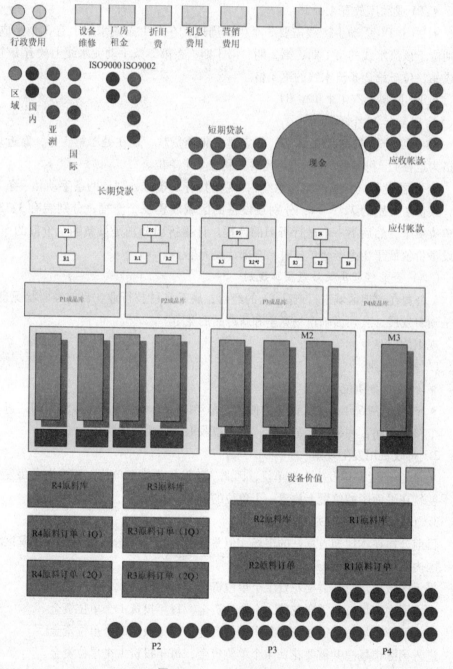

图 4 - 51 ERP 沙盘布局

二、初始资料设置及规则约定

（一）企业经营决策沙盘初始设置

● 应收账款 18 处于第 4 期。

● 企业在厂区第 1 格和第 2 格放置手动 P1 生产线；第 3 格放置半自动 P1 生产线。

● P1 成品库放置 4 个 P1。

● 由于 P1 手动生产线需要 3 个生产周期，在第 1 条流水线上有 3 个半成品，分别位于该流水线的第 1 期、第 2 期、第 3 期；在第 2 条手动流水线上放有 1 个 P1 半成品，位于第 2 条流水线的第 3 格。

● R1 原料库有 4 个单位 R1。

● 现金有 20 个单位。

● 长期贷款 40 位于第 5 格（假定是 6 年期贷款，现在处于第 5 年，靠近现金的格为近格），利率为 5%，每年需要交利息 2 个单位。

● 机器设备（仅指生产流水线），现在共有 3 条，分别是两条手动和一条半自动，其价值分别为 3、3、4；分别在设备的区域放置三个空桶，分别装有 3、3、4 个单位资金。然后下一步进行折旧的计提。计提折旧分别是设备剩余价值的 50%，当设备价值低于 2 个资金单位时，全部计提完毕。

（二）企业经营决策沙盘模拟规则

A 公司在本地区域进行产品 P1 的经营，属于高科技行业，目前经营状况良好。但是随着发展，公司面临市场竞争和新产品的竞争。

规则约定：

1. 基本规则

● 经营资金单位为百万元。

● 约定经营 5 年，为了简化方便约定每年以一个季度为一个核算期间，每年共有四个核算期间，在每一年结束后，将可以收取的费用收取完毕。

2. 行政费用发生规则

● 每个季度平均发生 1 个单位，因此一年发生为 4 个单位。要求学员每发生一个季度就在平面图的位置上放置一个单位的资金。

3. 市场开拓费用规则

目前公司在本地拥有良好的市场，但是从存在市场的分布来看，存在着区域市场、国内市场、亚洲市场、国际市场。

进入区域市场总共需要花费 1 个单位资金，每年投资 1 个单位资金。

进入国内市场总共需要花费 2 个单位资金，每年投资 1 个单位资金。

进入亚洲市场总共需要花费 3 个单位资金，每年投资 1 个单位资金。

进入国际市场总共需要花费 4 个单位资金，每年投资 1 个单位资金。

不进行新市场的开拓投资，便不能取得该地域的订单。以上四个区域的投资，小组可以同时投资，也可以部分投资。但是，对于国际市场需要 2 年才能投资完毕，亚洲市场需要 3 年才能投资完毕，国际市场需要 4 年才能投资完毕。

要取得某个地域的订单资格，必须在该区域的投资全部完成之后的第 2 年才能进行。如要进入国内市场，从第 1 年开始投资 1 个单位资金，第 2 年投资 1 个单位资金，则需要在第 3 年才能有资格取得该区域的订单。

学员如需要投资，需要将 1 个单位的资金放置在平面图的对应位置上。

该项货币在年末不需要收取，一直存在于沙盘上，但小组学员不能挪作他用。

该项投资可以间断进行。

每个公司在某个市场的占有率不超过 40%。

4. ISO 资格认证投资

随着国际竞争的需要，公司可能面临着资格认证的压力，国际上的某些客户订单可能需要具备 ISO9000 或 ISO9002 资格认证的公司才能取得，因此公司从长远考虑，可以进行认证 ISO9000 和 ISO9002 的认证，但是认证需要花费投资和时间。具体见表 4-16。

表 4-16　　　　　　　　　　　认证投资费用表

名称	总共费用	每年投资	需要时间
ISO9000	2	1	
ISO9002	4	1	

该项投资可以间断进行，但是必须在费用全部投资完毕后才能有资格取得该资格的订单。约定必须在取得该项资格的第 2 年才能进行。

学员如需要投资，需要将 1 个单位的资金放置在平面图的对应位置上。

该项货币在年末不需要收取，一直存在于沙盘上，但小组学员不能挪作他用。

5. 支付设备维修费

只考虑生产设备，约定每一条流水线 1 年的维护费用为 1 个货币单位。企业有几条流水线，则每年便需要几个单位的货币资金。出于简化，不考虑每个年度的时间，只要设备在当年使用，则必须收取设备维修费用。

该项费用在年末需要由小组人员放置在规定的位置上，并由教师在第 2 年年初收取，作为企业资金的减少。

6. 折旧

折旧采用加速折旧法，每年计提设备的剩余价值的 50%，按 1 个货币单位四舍五入，当最后剩余价值为 1 时，全部提取完毕。房屋建筑物暂不提折旧。提取的折旧放在沙盘指定位置，年末时由教师收取。

企业购买设备后，购买设备的资金不收取，暂时放置在沙盘的设备区，按照设备分组放置，以便于提取折旧。

7. 投资新生产线

新生产线的标准和相关约定见表4-17。

表4-17　　　　生产线投资与生产周期表

产品	生产线	总投资	期间	每期投资	生产周期	第1年后变卖生产线价值
P1	手动	4	1	4	3	1
P1	半自动	8	2	4	2	2
	柔性	15	5	3	1	5
P2	手动	4	1	4	3	1
P2	半自动	9	3	3	2	2
P3	手动	5	1	5	3	1
P3	半自动	8	2	4	2	2
P4	手动	5	1	5	3	1
P4	半自动	10	2	5	2	3

假设在第2年后生产线的变卖价值为0。

8. 产品研发费用

需要生产新产品，就需要进行研发的投资，研发投资按照季度进行。各个产品研发投资的时间和费用见表4-18。

表4-18　　　　产品研发投资时间表

产品名称	费用	周期（季度）	每次投入费用
P2	6	6	1
P3	12	6	2
P4	18	6	3

学员想进行产品研发的投资，便需要将货币单位放置在沙盘相对应的表格上。

9. 支付建筑物租金

厂房可以出租，具体出租价格见表4-19。

表4-19　　　　厂房出租或购买价格表

厂房名称	每年租金	一次购买价格
M2	4	20
M3	2	10

10. 产品

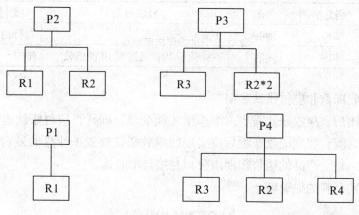

图 4 - 52 产品

11. 材料价格和预计产品价格

材料价格和预计产品价表分别见表 4 - 20、表 4 - 21。

表 4 - 20 材料价格表

材料名称	最近价格		
R1	1		
R2	2		
R3	2		
R4	2		

表 4 - 21 预计产品价格表

产品名称	标准材料成本	人工制费	总成本
P1	1	1	2
P2	3	3	6
P3	6	6	12
P4	6	6	12

12. 企业融资方式以及还本利息

表 4 - 22 融资方式

方式	利息率	年限	贷款限制	支付利息方式
长期贷款	5%/年	2~6	和短期贷款之和不超过所有者权益，按照 20 的倍数贷款	每年年末，到期还本
短期贷款	2%/季	按年处理	和长期贷款之和不超过所有者权益，按照 50 的倍数借款	每季付息，年末还本

表4－22（续）

方式	利息率	年限	贷款限制	支付利息方式
高利贷	20%	随时	和高利贷者协商	自行约定
应收账款变现	10%	随时	不能低于10，且按照10的倍数	随时

13．应收账款和应付账款账期

产品发出后，应收账款需要4个季度才能变现；同样，应付账款也可以有4个账期的支付时间。实现应收账款后将实现的应收账款放置于沙盘的最右边，每过一个季度移动一格。产品的销售账期由公司在接订单时确定。

14．采购材料的提前期

表4－23　　　　　　　　　采购提前期

材料名称	提前期	
R1	1	
R2	1	
R3	2	
R4	2	

15．制造费用

制造费用和材料配比额度为1∶1。

16．所得税

按照税前利润的25%进行计提。

17．市场竞争规则

各个小组在与客户见面会之前首先进行营销费用的投资，营销费用大的首先选取订单，按照营销费用的大小依次选取。

从第2年开始，每年在每个地区按照总营销费用累计金额计算，累计金额大的首先选取该类型的订单。

对于营销费用的投资，金额没有绝对限制，按相对值进行比较。各个小组在投资之前首先进行综合比较，然后做出自己的决定，在接到订单后将费用金额放在沙盘的营销费用区域内。本项目费用年末由教师收取。

（三）财务报表及其编制

表4－24　　　　　　　　　综合管理费用明细表

项目	行政管理	市场营销	设备维护	厂房租金	转产费用	市场开拓	ISO认证	产品研发	其他	合计
金额										

表 4 - 25　　　　　　　　　　收入汇总表

P1			P2			P3			P4		
收入	数量	成本	收入	数量	成本	收入	数量	成本	收入	数量	成本

表 4 - 26　　　　　　　　　　损益表

项目	当年金额	累计金额
销售		
直接成本		
毛利		
综合费用		
折旧前利润		
折旧		
支付利息前利润		
财务收入/支出		
额外收入/支出		
税前利润		
所得税		
净利润		

表 4 - 27　　　　　　　　　　资产负债表

资产	年初数	年末数	负债及权益	年初数	年末数
流动资产：			负债：		
现金			长期负债		
应收款			短期负债		
在制品			应付款		
成品			应缴税		
原料			一年内到期长贷		
总流动资产：			总负债：		
固定资产：			权益：		
土地和建筑			股东资本		
机器和设备			利润留存		
在建工程			年度净利		
总固定资产			所有者权益		
总资产			负债＋权益		

表4-28 现金收支明细表

项目	1	2	3	4
支付上年应缴税				
市场营销				
折现费用				
短期及贷款利息				
原料采购支付现金				
成品采购支付现金				
转产费用				
生产线投资				
变卖生产线（+）				
产品加工费				
产品研发				
应收款到期（+）				
管理费用				
变卖材料（+）				
长期贷款及利息				
设备维护费				
租金				
购买新建筑				
市场开拓费				
ISO 认证投资				
收入总计				
支出总计				
现金流量				
应收（计入到期日）				

表4-29 订单明细表

订单号						
市场						
产品						
数量						
账期						
销售额						
成本						

（四）任务执行清单

年初：

支付应付税（根据上年度结果）	☐
准备好新的一年	☐
准备好与客户见面/登记销售订单	☐

	1 季度	2 季度	3 季度	4 季度
更新短期贷款/还本付息/申请短期贷款	☐	☐	☐	☐
更新应付款/归还应付款	☐	☐	☐	☐
原材料入库/更新原料订单	☐	☐	☐	☐
下原料订单	☐	☐	☐	☐
更新生产/完工入库	☐	☐	☐	☐
投资新生产线/变卖新生产线	☐	☐	☐	☐
开始下一批生产	☐	☐	☐	☐
产品研发投资	☐	☐	☐	☐
更新应收款/应收款变现	☐	☐	☐	☐
按订单交货	☐	☐	☐	☐
支付行政管理费用	☐	☐	☐	☐

年末：

更新长期贷款/支付利息	☐
支付设备维修费	☐
支付租金（或购买建筑）	☐
折旧	☐
新市场开拓投资/ISO 资格认证的投资	☐
结账	☐

三、ERP 沙盘模拟经营决策实训成绩评价标准

（一）评价内容

（1）设计情况：小组研究、分工合理；资料详尽，能够进行一定市场调查，完成大纲规定的任务。

（2）设计报告情况：文字、内容符合大纲要求，图表规范，文字表述符合基础理论的要求，能够反映出经营决策实训的调查、分析、设计的全过程。

（3）评价其他情况：自述简练，概括全貌；从答辩中反映出技术或管理团队合作情况。

（二）答辩程序

（1）由组长自述，时间为 5 分钟。

（2）答辩委员会其他成员提问，时间为 5 分钟。

（三）成绩评定

（1）小组设计成绩根据评价内容完成情况，综合评价，成绩分为优、良、中、及格、不及格五个档次。

（2）小组成员成绩为小组完成设计成绩，由答辩组评定。

（3）成绩组成：答辩占 50%，指导教师评定占 50%。

（4）不能完成全部过程，成绩降一个档次。

小提示：

ERP 在中国的应用与发展

有关 ERP 的引入是许多企业颇为关注的问题。自从 1981 年沈阳第一机床厂从德国工程师协会引进了第一套 MRPII 软件以来，MRPII/ERP 在中国的应用与推广已经历了从起步、探索到成熟的风雨历程。据不完全统计，我国目前已有约 700 家企业购买或使用了这种先进的管理软件。然而，其应用的效果很不平衡，各个企业差距较大。

参考文献

1. 李洁明，祁新娥. 统计学原理 [M]. 5 版. 上海：复旦大学出版社，2010.

2. 黄良文. 统计学原理 [M]. 北京：中国统计出版社，2009.

3. 袁卫，刘超. 统计学——思想、方法与应用 [M]. 北京：中国人民大学出版社，2011.

4. 贾俊平. 统计学概论 [M]. 北京：中国人民大学出版社，2011.

5. 马庆国. 管理统计 [M]. 北京：科学出版社，2002.

6. 耿修林，兆茹. 应用统计学 [M]. 北京：科学出版社，2002.

7. 周首华，陆正飞，汤谷良. 代财务理论前沿专题 [M]. 大连：东北财经大学出版社，2000.

8. 王化成. 财务管理研究 [M]. 北京：中国金融出版社，2006.

9. 沈艺峰，沈洪涛. 公司财务理论主流 [M]. 大连：东北财经大学出版社，2003.

10. Robert. C. Merton，等. 财务学 [M]. 欧阳颖，等，译. 北京：中国人民大学出版社，2000.

11. William L Megginson，等. 公司财务理论 [M]. 刘明辉，等，译. 大连. 东北财经大学出版社，2002.

12. Stephen A. Ross，等. Corporate Finance [M]. 英文版. 北京：机械工业出版社，2003.

13. Craig W. Holden. 基于 Excel 的投资学 [M]. 李志赟，译. 北京：中国人民大学出版社，2003.

14. 财政部注册会计师考试委员会办公室. 财务成本管理 [M]. 北京：经济科学出版社，2005.

15. 林万祥. 成本会计 [M]. 成都，西南财经大学出版社，2003.

16. 于富生，等. 成本会计学 [M]. 北京：中国人民大学出版社，2002.

17. 刘新立. 金融风险管理 [M]. 北京：北京大学出版社，2006.

18. 陆文莹. 金融风险管理 [M]. 上海：复旦大学出版社，2006.

19. 哈林顿，尼豪斯. 风险管理与保险 [M]. 2 版. 北京：清华大学出版社，2001.

20. 刘钧. 风险管理概论 [M]. 北京：中国金融出版社，2005.

21.《运筹学》教材编写组. 运筹学 [M]. 北京：清华大学出版社，2003.

22. 杨民助. 运筹学 [M]. 西安：西安交大出版社，2000.

23. 徐渝，胡奇英. 运筹学 [M]. 西安：陕西人民出版社，2001.

24. 陶谦坎. 运筹学应用案例 [M]. 西安：西安交大出版社，2002.

25. 胡运权，等. 运筹学教程 [M]. 北京：清华大学出版社，1998.

26. 钱颂迪. 运筹学 [M]. 修订版. 北京：清华大学出版社，1990.

27. 丁以中. 管理科学——运用 Spreadsheet 建模和求解 [M]. 北京：清华大学出版社，2003.

28. 徐渝，胡奇英. 运筹学 [M]. 西安：陕西人民出版社，2001.

29. 徐渝，贾涛编著. 运筹学（上册）[M]. 北京：清华大学出版社，2005.

30. 杨助民. 运筹学 [M]. 西安：西安交大出版社，2000.

31. 樊莹，罗淑贞. 财务学原理 [M]. 广州：暨南大学出版社，2002.

32. 冯建. 财务学原理 [M]. 北京：高等教育出版社，2000 年.

33. 郭复初，王庆成. 财务管理学 [M]. 北京：高等教育出版社，2005 年.

34. 李一智. 期货期权教程 [M]. 2 版. 北京：清华大学出版社，2004.

35. [美] 戈登·亚历山大，威廉·夏普. 证券投资原理 [M]. 倪克勤，等，译. 成都：西南财经大学出版社，1992.

36. 段文斌，等. 现代期货市场学 [M]. 3 版. 北京：经济管理出版社，2003.

37. 张新民，钱爱民. 财务报表分析 [M]. 2 版. 北京：中国人民大学出版社，2011.

38. 李海涛. 财务报表分析 [M]. 上海：立信会计出版社，2005.

39. 沈关祥. 会计报表分析 [M]. 北京：中国人民大学出版社，2002.

40. 盖地. 税收筹划 [M]. 北京：首都经济贸易大学出版社，2004.

41. 张中秀. 纳税筹划宝典 [M]. 北京：机械工业出版社，2003.

42. 尹音频，刘科. 税收筹划 [M]. 成都：西南财经大学出版社，2002.

43. 毛夏鸾. 税收筹划教程 [M]. 北京：首都经济贸易大学出版社，2005.

44. 计金标. 税收筹划 [M]. 北京：中国人民大学大学出版社，2004.

45. 陈勇，弓剑炜，荆新. 财务管理案例教程 [M]. 北京：北京大学出版社，2003.

46. 罗珉. 资本运作案例精选 [M]. 成都：西南财经大学出版社出版，2006.

47. 谢云琪，陈杰忠. 项目投资与管理 [M]. 北京：经济科学出版社，2006.

48. 王景山. 项目投资与管理 [M]. 北京：机械工业出版社，2004.

49. 白思俊. 项目管理案例教程 [M]. 北京：机械工业出版社，2002.

50. 成其谦. 投资项目评价 [M]. 北京：中国人民大学出版社，2004.

51. 戚安邦. 现代项目管理 [M]. 北京：对外经济贸易大学出版社，2001.

52. 中国证券业协会. 证券投资分析 [M]. 上海：上海财经大学出版社，2006.

53. 吴晓求. 证券投资学 [M]. 北京：中国人民大学出版社，2004.

54. 任淮秀. 证券投资学 [M]. 北京：高等教育出版社，2004.

55. 陈共. 证券投资分析 [M]. 北京：中国人民大学出版社，2004.

56. 曹凤岐，刘力. 证券投资学 [M]. 北京：北京大学出版社，2006.

57. 许谨良，周江雄. 风险管理 [M]. 北京：中国金融出版社，1998.

58. 刘新立. 金融风险管理 [M]. 北京：北京大学出版社，2006.

59. 陆文莹. 金融风险管理 [M]. 上海：复旦大学出版社，2006.

60. [美] 哈林顿，尼豪斯. 风险管理与保险 [M]. 2 版. 陈秉正，等，译. 北京：清华大学出版社，2001.

61. 刘钧. 风险管理概论 [M]. 北京：中国金融出版社，2005.

62. 胡怡建. 税收学 [M]. 上海：上海财经大学出版社，2004.

63. 徐孟洲. 税法学 [M]. 北京：中国人民大学出版社，2005..

64. 注册会计师考试委员会组. 税法 [M]. 北京：经济科学出版社，2006.

65. 邓力平. 中国税制 [M]. 北京：经济科学出版社，2005.

66. 张亦春. 金融市场学 [M]. 北京：高等教育出版社，2003.

67. 谢百三. 金融市场学 [M]. 北京：北京大学出版社，2003.

68. 唐五湘，曹波. Excel 在财会管理中的应用 [M]. 北京：电子工业出版社，2004.

69. 周升业，王兆星. 金融市场学 [M]. 北京：中国金融出版社，2002.

70. 何国华. 金融市场学 [M]. 武汉：武汉大学出版社，2004.

71. 王化成. 高级财务管理学 [M]. 北京：中国人民大学出版社，2003.

72. 陈明珠，赵永伟. 企业并购：成本收益与价值评估 [M]. 北京：经济管理出版社，2003.

73. 席西民. 企业集团竞争力与业绩综合评价 [M]. 北京：机械工业出版社，2004.

74. 王新玲. ERP 沙盘模拟学习指导书 [M]. 北京：电子工业出版社，2006.

75. 刘后平，王丽英. 我国上市公司会计信息造假行为的原因及对策研究 [J]. 兰州商学院学报，2006 (3).

76. 陈庆红. 售后回租给企业集团带来节税 [J]. 财会月刊（会计），2007 (7).

77. 陈庆红. 刍探上士公司反收购策略 [J]. 财会月刊（理论），2006 (11).

78. 雷佑新，曹愉. 高等学校实践教学环节设计初探 [J]. 经济师，2006 (12).

79. 王鲁志，程夏. 对高校主体性实践教学模式的思考——校园微观经济环境多元驱动教学体系的构建 [J]. 成都理工大学学报：社会科学版，2005 (2).

80. 张锐，程夏. 利用 EVA 评价上市公司并购绩效 [J]. 财会月刊（综合），2006（2）.

81. 何玉梅，等. 运用期货市场功能进行组合投资的研究 [J]. 统计与决策，2005（10 下）.

82. 王丽英. 中小企业财务管理问题及对策研究 [J]. 兰州商学院学报，2004(5).

83. 程夏，吴永和. 关于会计实践本质与新兴学科产生条件问题的研究 [J]. 现代会计与审计，2006（2）.

84. 何玉梅. 论我国会计与税法中"收入"确认问题 [J]. 特区经济，2006(1).

85. 荆蕾. 对财务管理、管理会计和成本会计关系探讨 [J]. 天府新论，2005(6).

86. 刘后平，王丽英. 高校财务管理专业综合性实验模式的构建 [J]. 财会月刊，2008（6）.

图书在版编目(CIP)数据

财务管理课程实训/刘后平,王丽英主编 . —2 版 . —成都:西南财经大学出版社,2013.8(2014.6 重印)

ISBN 978 - 7 - 5504 - 1157 - 9

Ⅰ. ①财… Ⅱ. ①刘…②王… Ⅲ. ①财务管理 Ⅳ. ①F275

中国版本图书馆 CIP 数据核字(2013)第 173727 号

财务管理课程实训(第二版)

主　编:刘后平　王丽英

责任编辑:张明星
助理编辑:涂洪波
封面设计:杨红鹰
责任印制:封俊川

出版发行	西南财经大学出版社(四川省成都市光华村街 55 号)
网　　址	http://www.bookcj.com
电子邮件	bookcj@foxmail.com
邮政编码	610074
电　　话	028 - 87353785　87352368
照　　排	四川胜翔数码印务设计有限公司
印　　刷	郫县犀浦印刷厂
成品尺寸	185mm×260mm
印　　张	24.5
字　　数	545 千字
版　　次	2013 年 8 月第 2 版
印　　次	2014 年 6 月第 2 次印刷
印　　数	2001— 5000 册
书　　号	ISBN 978 - 7 - 5504 - 1157 - 9
定　　价	42.80 元